普通高等职业教育“十三五”规划教材

高等职业教育文秘专业“十二五”规划教材

21世纪高职高专精品教材 ◆ 现代秘书系列

中文速录

（第二版）

ZHONGWEN SULU

主　编　张素德

副主编　李艳蛟　韩诗奇　张晓丹

中国人民大学出版社

·北京·

前 言

“话音毕，文稿出”，这是对速录师打字速度快的一种形容。据统计，普通人的语速在160～180字/分钟，演讲语速可达240字/分钟，播音语速可达300字/分钟，相声表演、体育解说语速可达360字/分钟。用普通打字方式每分钟输入200个汉字是什么概念？一分钟击键约600次！从生理学的角度讲，这个数字是一个不可逾越的极限。因而用传统打字方式在同一时间内，把说话人的语音变成文字，几乎是幻想。

然而，随着亚伟中文速录机的研制成功，这个幻想已经成为现实。如今，在很多会场都能看到速录师静悄悄地坐在一旁，双手不停地敲击键盘。随着工作节奏的加快，人们对工作效率的要求越来越高，许多领域的大型会议也越来越依赖速录师来提高会议效率。

速录作为一项技能，最早应用于司法系统，专门进行庭审记录和为律师取证服务，后来逐渐推广到政务、商务、新闻媒体领域。以政府机关为例，有很多事务性工作需要快速处理，如领导口述文件、重要会议记录等，以前是用录音机录下来，一个小时的录音要想整理成文字，需要四五个小时的时间，有了专职的速录师之后，大大提高了政府的工作效率。此外，网络文字直播也因速录师的出现成为现实，现在我们经常可以在人民网、新浪网、TOM网、搜狐网等网站看到新闻“实录”字样，每场访谈几万字的“实录”完全归功于优秀速录人员的现场速录。

随着社会对速录师价值的认可，目前除了会议和媒体为提高效率聘用速录师外，很多大型企业的主要领导者在处理大量的日常事务时，也开始选择自己口述，速录师记录的方式。据了解，国外很多大型公司中都有速录人员从事文秘工作。在美国，速录从业人员达500万人，法庭、商务会谈等场合普遍使用速录技术。

在速录工作领域，最具有挑战性的是会议现场记录，发言人的速度比正常讲话速度要快，速录机记录会议的速度必须要跟上发言人的语速，但令人遗憾的是，真正做到“话音毕，文稿出”的成熟速录师却不多，根本满足不了日益增长的市场需求。

本书以培养高素质、高技能型速录人才为出发点，讲述了中文速录技能的基本知识和科学的训练方法。本书作为一本提升速录技能的训练性教材，适合速录技能零起点学习者。为了更好地展示速录教学的效果，体现知识的完整性和实用性，我们在教材的形式上采用“七个阶段训练”的形式，即“速录机基本操作阶段”“速录员提速阶段”“速录员工作实务阶段”“速录师提速阶段”“速录师工作实务阶段”“高级速录师提速阶段”“高级速录师工作实务阶段”，并且加入几个虚拟人物小苏（男孩）、露露（女孩）、李老师陪同大家一起学习，使初学者能够由浅入深、由易到难地学习速录技术。

希望读者在阅读本书之后，不但可以开阔视野，而且能提高实践操作技能，并从中学习与总结操作的经验和规律，达到灵活运用的目的。鉴于编者水平有限，书中纰漏和错误之处在所难免，欢迎读者予以批评、指正。

本书配有不同语速和难度的音频，读者可登录中国人民大学出版社官网（www. crup. com. cn）搜索书名后下载使用。

编　者

目　录

第一章

速录机基本操作阶段

本阶段要点

1. 速录基础知识。
2. 亚伟中文速录专用文字处理系统概览。
3. 速录键盘简介。
4. 速录声码。
5. 速录韵码及其系列音节码。

老师：小苏、露露，你们两人毕业后的理想职业是什么？

小苏：我毕业后想当一名书记官。

露露：我毕业后想当一名速录师。

老师：欢迎你们学习亚伟中文速录技能，我们先进入速录的基本知识学习阶段，了解亚伟中文速录。

第一节　速录基础知识

速录是一种运用速录机设备从事语音信息实时采集并生成电子文本的技术。它可以将中文有声信息及相关无声信息电子文档化，也是语文应用工具和中文信息处理现代化的重要手段。

速录是一种创造性劳动，主要解决从语言信息到文字信息的实时转化问题，它虽然要遵循“有文必录”的原则，但并不是对语音信息一一对应地机械照搬，而是一个再创造的过程，是对语义的再创作，需要在对语音信息进行实时记录的同时进行分析、过滤、整理，与此同时，还要对无声信息如眼神、手势、动作、服饰、场景等进行实时记录。

一、亚伟中文速录机的特点

作为一种高新技术产品，亚伟中文速录机的特点如下。

（一）高速度

速录机输入汉字的速度是一般汉字输入法输入速度的 2～3 倍，无论是听打还是看打，长时间（两个小时以上）平均工作速度可达到 220 字/分钟以上。

（二）多功能

速录机既能“听打”，又能“看打”和“想打”。

（三）高效率

速录机通过译码和编校系统，可以投影屏幕，实现即打即显；其优势在于快速编校，打印成文，可以完全做到“会议毕，文稿出”。

（四）新形式

速录机机身小巧，便于携带；键盘灵活，便于操作。

二、速录的过程

速录的基本过程是：信息收集—编码输入—文档输出。

从形式上看，其过程是将语言或文字信息通过人的感官接收，经过大脑的分析整理，通过操作速录机键盘以速录编码方式记录，并经过计算机进行编译处理，最后以电子文档的形式输出。

（一）信息收集

信息收集一般指对“有声语言”和“无声语言”的收集，“有声语言”是速录信息收集的最基本内容，信息收集的准确性取决于准确地把握语音特点和规律，实时采集语音信息，从而完整地记录语音内容。此外，还包括“无声语言”的收集，如时间、空间、场景及体态语等，以使收集的语言信息更加真实、准确、生动、形象。

（二）编码输入

速录工作人员对语言或文字源信息进行整理加工后，形成待输入的完整语句，通过速录设备以速录编码的方式存储和输入计算机，计算机将其转换成可识别处理的中文电子文档，从而完成编码输入过程。

（三）文档输出

输入完成后，一是可以根据“即打即校”的方式即时输出电子文档，二是速录工作人员根据原始记录和追忆，对记录内容所形成的中文电子文档进行字词、语句、标点、版面格式的调整校对后，即可打印输出。

三、速录的产生与发展

计算机技术的发展为中文信息处理带来了极大的便利。汉字的计算机输入已经成为人们进行中文信息处理的最普遍的方式，在通用键盘上输入汉字的难题早已解决。但是，这些输入方法都是基于通用键盘所进行的，从录入速度上讲，这仅适合于将书面文字信息输入计算机，即通常所指的“看打”。由于受击键频率和编码方案的制约，这些输入方法一般很难实现语音信息的实时输入，即通常所说的“听打”。

（一）速录的产生

1994 年春，专用键盘速录机设备由唐亚伟教授（见图 1-1）研制成功，中文速录技术从此诞生。它以汉语拼音为基础，采用双手多键并击的方法，大大提高了击打速度，特别是听打能与语言同步，可以达到平均 180 字/分钟以上，从而解决了汉语听打输入的难题，填补了我国计算机电子速录技术的空白。中文速录机现已广泛应用于新闻发布会、听证会、论坛、展会、磋商会、高峰会等大型会议记录、庭审记录、仲裁记录、电视字幕制作（场记）及记者采访中。值得特别指出的是，速录技术的应用催生了“网上同步文字直播”的新方式，为“第四媒体”插上了飞翔的翅膀。应用速录技术播发新闻成为各大网站、报纸抢发新闻的最有力工具。从此，社会上出现了一大批从事速录工作的职业群体——速录师。

图 1-1　亚伟中文速录机发明人唐亚伟教授

（二）速录的发展

速录应用可总结为“五重要”，即“重要时间、重要场合、重要部门、重要人物、重要事件”五个重要的方面。

速录常常应用在涉及政治、经济、军事、外交重要历史事件中，在重要场合把重要人物的重要语言信息记录下来。例如：我国每年召开的人大、政协会议等与国家命脉紧密相关的种种重要历史时刻，都需要把转瞬即逝的语言转化为可以永久保存的历史。因此，速录工作对政务工作具有重要的意义。速录的应用领域如下。

1. 政务工作领域

全国两会、国务院和外交部的新闻发布会、各种听证会等重要会议上，亚伟速录机已经成为必不可少的基本装备。会议是集体决策的有效形式，越是重要的会议，越需要有记录。会议记录是形成会议文件的最原始、最直接的蓝本和依据。2001 年，全国人大组建了专门的速录队伍，用于会议同声记录。目前，我国外交部主办的国家领导人的中外会谈、例行记者会、新闻发布会均已使用了速录技术，因工作需要还面向全国选拔优秀速录人才。

按照国际惯例，外事会谈是不允许使用录音机的，在这种场合，速录就成为重要且合法的记录语言信息的手段。一些重要的领导出访时也有速录师随行记录，有效地保存了外事档案，客观真实地反映了会谈原貌，这些速录工作有着极其重要的现实和历史意义。

2. 司法工作领域

法院庭审、公安笔录、律师问询、调查取证等，都需要速录。速录机记录信息迅速、准确、翔实，并且能够当场打印成文稿，由当事人签字。1997 年，最高人民法院正式发文《关于在全国法院系统大力推广使用亚伟中文速录机实现庭审记录计算机化》，直接导致了我国法院的一项重要变革——书记官单独序列。到目前为止，全中国近3 000家人民法院购买了亚伟中文速录机应用于庭审记录和办公自动化领域；在全国的法院系统，大概有一万名使用亚伟中文速录机进行庭审记录的书记员。

3. 军事国防建设

速记技术曾在军事活动的许多场合发挥过重要的作用，“兵贵神速”，这在中外军事史上屡见不鲜。在新的历史时期，我军正在全面推进军事现代化、信息化，实现质量建军、科技强军的战略目标。速录是中文信息快速处理的现代化手段，必将在现代军事信息化建设中发挥重要的作用。

4. 新闻媒体

速录是新闻工作者的辅助专业技能，能使新闻工作者在采编过程中迅速、准确、全面地反映人物、事件的全貌，大大提高了工作效率。目前，不少新闻记者采访记录、现场报道发稿远程记录中已经使用亚伟中文速录。作为“第四媒体”的网络，也采用了网上直播的方式，实时网上传送相关信息。此外，速录还催生了网络新闻发布会、在线嘉宾访谈、网上路演文字直播，使得各大门户网站成为新闻报道的一个新窗口。

5. 商务、服务领域

目前，许多大型企业、外企中都有专职速录师记录内部会议（见图 1－2)、重要商务谈判的全过程或作为高层主管的秘书快速起草口授意见。九三学社办公厅、一些著名企业都已经把速录作为一项提高效率的重要手段。另外，随着我国市场经济的发展，会展经济已经成为一个新的经济增长点，大型展览、展示活动成为展现我国改革开放新成就的一种新形式，各种大型的会议、论坛、展览展示会、高峰会等都采用了速录技术。

6. 文字整理、文学创作

视听资料整理也使用了中文速录技术。以往电视台节目配字幕，常常需要花费大量的时间，效率极低。现在，在电影、电视字幕制作和场记等工作中，速录技术得到了广泛的应用。中央电视台全台的电视节目字幕制作几乎全由专业的亚伟速录师完成。很多场记以及剧本的讨论等工作也都由亚伟速录师担任现场速录。作家、文字工作者、科技工作者作品、论文口授或录音记录、讲座、演讲、串讲内容记录中，速录技术能帮助作者及时抓住灵感，将灵感顺畅地转化为文字，起到“意到笔随”的效果。随着速录技术的普及，一些作家、编辑等文字工作者或自己学习使用亚伟速录技术，或雇用私人速录师，为其创作工作带来了前所未有的便利和革命性的变革。

图 1-2　高级速录师为教育部做速录服务

四、速录师的职业特点及从业要求

1994 年，我国著名速记学专家唐亚伟教授领导的科研小组，将速记技术由传统的手写符号方式发展为以专用键盘速录机设备和计算机技术有机结合为特征的速录方式，并由此衍生了一个代表先进速记技术的新职业——速录师。图 1-3 为法庭上的书记员正在利用速录设备进行速记。

图 1-3　法庭上的书记员

随着计算机技术的普及和人们文化素质的不断提高，计算机文字录入技能已为大多数人所掌握，其职业性也逐渐在淡化；但速录无论是从其技术含量和技能形成过程上讲，还是从对速录人员的技术水平和素质要求上看，这个职业的稳定性都是比较强的，它在各种社会工作中的地位也是不易被替代的。从发展上看，这个职业的需求前景越来越广阔，它将广泛存在于社会的各个领域里。

(一)职业特点

1. 技能性强

速录职业是一项高速处理汉语和汉字信息的工作。它要求从业人员有较高的听辨能力，反应敏捷，有良好的双手协调操作；从业人员要接受一定时间的专业强化训练，同时还要有实践经验的积累，才能较好地适应实际工作需要。

2. 技术含量高

速录技术集中了计算机技术、人工智能和速录设备等，曾被列为“1996 年国家级火炬计划项目”，技术含量高。

3. 综合素质高

速录职业从其工作的领域和对象来看，要求从业人员有较高的职业道德水准和文化素养，要掌握现代汉语知识、公文写作知识，了解外语，熟悉方言及多领域的专业术语等，同时还要求从业人员有较强的学习能力。

4. 服务性强

速录人员常常直接工作或服务于社会的各决策层，由于他们涉密机会多、涉密级别高，因此，要求速录人员有相关的保密知识和很强的保密意识。

(二)从业要求

速录师在速录工作中要保证“三高”，即“高速度、高效率、高准确率”，因此，一名合格的速录师应具备以下条件。

1. 快速反应和动作协调能力

这是速录师胜任工作的首要条件。人的正常语言表达速度平均为 160～180 字/分钟，在专业播报或情绪激动时，语速还要更快一些。业内人士曾对中央人民广播电台《新闻和报纸摘要》及中央电视台《新闻联播》节目播音员的平均速度进行了测试，分别为平均 254 字/分钟和平均 309 字/分钟。这样快的语速，速录师也可以记录下来，甚至可记录达 500 字/分钟的语速。

这就是说，速录师必须能够快速反应，做到心、脑、耳、眼、手等各部位高度协调配合，要“一心多用”，能够边听、边记、边整理，还要始终循环做到“耳朵里听一句，手指上打一句，脑子里存一句”。不仅要采集语言信息，还要采集非语言信息（掌声、微笑、手势、情景等）。同时，速录师需要有很强的语感和语言逻辑推测能力，能从语境中准确推测出讲话的内容。

2. 较强的听辨能力和抗干扰能力

速录师应该具备在一定噪声背景下听辨同音词、方言甚至是外文单词等信息的能力，并能够迅速、准确地筛选和采集有用信息。速录从记音入手，通过“记音”达到“记意”的目的。准确率是衡量速录水平的一个重要指标。汉语普通话中同音字词多，是从声音信息过渡到文字信息的一个难点。如以“同等 xueli 考研”是“学历”还是“学力”，“这个工作是王某某 zhishi 我做的”，是“指示”还是“指使”，其意义有天壤之别。这些同音字词对速录师的听辨能力和抗干扰能力提出了很高的要求。

3. 扎实的中文基础和广博的知识积累

完成从口语信息到书面信息的实时转化，速录师需要在记录时进行同步过滤和整理，达到“信、达、雅”的要求，必须有扎实的中文基础和广博的知识积累作为支撑。记录的场所、对象千变万化，记录的主题千差万别，自然科学和社会科学都可能会涉猎，如生命科学、生物工程、妇女儿童问题、环境保护、朝核问题、纳米知识等，这些都可能成为记录的内容。因此，速录师应该努力成为“杂家”，成为“通才”。

4. 一定的外语基础和学习能力

我国加入世界贸易组织后，英语越来越成为国际交往中的通用语言，中英文混合的现象成为一种新的语言表达形式。因此，速录师要熟悉语言发展的情况，不断接受相关的新信息，提高英语水平，学习语言新词语。

5. 良好的身体和心理素质

速录师从事的是从语言到文字之间的实时转换工作，速录时注意力必须高度集中，稍一分神，就听不到下面的语音信息了。因此，在长时间高强度的工作中，速录师需要具备良好的身体素质和心理素质，要能承受较大的工作压力和精神压力，这是圆满完成速录任务的重要保障。

（三）速录师的职业现状与发展前景

信息化建设是今后数十年推动国民经济快速发展的一个重要举措。信息社会要求高效率地处理信息，许多语言信息需要尽快记录下来，或通过互联网及时传递出去，这些都为速录人才的成长提供了良好的社会环境，为速录技术、速录服务提供了广阔的天地。速录师通过自己的劳动，使得大量的重要信息在第一时间保存或传递出去，为社会记录下具有文献价值的资料。自 1994 年以来，全国已有 2 万余人掌握了这项技能，他们凭借自己的新技术获得了相应的社会地位和劳动报酬，成为新时代的白领时尚一族。

在国外，一位速录师从青年时代一直工作到老是很普遍的现象。随着职业年龄的增长，速录师的知识面越来越广，其专业技能也越来越精湛，这个优势弥补了因年龄增长所带来的手指灵活度降低的不足。我国出现速录技术至今已有二十多年，培养出来的第一批青年速录师，已成为速录行业的中坚力量，但是速录作为一个新兴事业，其人才缺口还很大。信息社会新的知识与日俱增，新旧知识更替频率加快，信息处理量之大是任何社会所不可比拟的。

速录技术在美国、意大利等国家和地区早已被采用，而且这些国家和地区都有相应语言的机械速录机或电子速录机，并广泛应用于国会、议会、外事、军事和司法等领域中。其法院多设有专职速录师等职位。一些国家的驻外使领馆也设有速录师岗位。2001 年，全国人大成立了一支速录队伍；2002 年 8 月，“两会”上第一次出现了速录师的身影，有 10 名速录师为大会服务。目前，我国外交部也正式组建了速录师队伍，以承担重要外事活动的记录工作。

第二节　亚伟中文速录专用文字处理系统概览

在学习中文速录技能之前，首先要了解亚伟中文速录专用文字处理系统。下面介绍YW6.2.3版本的亚伟中文速录专用文字处理系统。由于亚伟中文速录专用文字处理系统与其他文字处理系统非常相似，因此具体的命令操作不作详细介绍。

一、软件的启动方法

安装速录软件后，在“桌面”上会自动出现“亚伟中文速录机版本6”图标（见图1-4），用鼠标双击即可启动软件（见图1-5）。

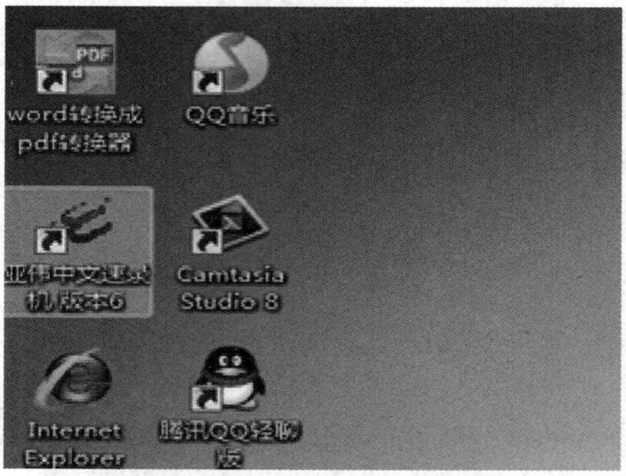

图1-4　亚伟中文速录图标

图1-5　启动亚伟中文速录软件

二、中文速录专用文字处理系统概览

（一）标题栏

在窗口的最上方，显示当前打开文件的位置和名称，以及当前程序的名称（见图 1－6）。

图 1－6　标题栏

（二）主菜单

在标题栏的下面，显示所有功能菜单项（见图 1－7），包括“文件”“编辑”“字词处理”“模板处理”“选项”“查看”和“帮助”等。一般程序的窗口中也都有“主菜单”，具体项目随着程序的不同而有所不同。

图 1－7　主菜单

（三）工具栏

在主菜单的下面，排列着许多按钮（见图 1－8），点击这些按钮可以迅速地执行相应的操作。一般程序的窗口中也有工具栏，具体按钮的设置随着程序的不同而有所不同，但相同操作的按钮图案是相同的。

图 1－8　工具栏

（四）状态栏

在窗口的最下方，提示当前的光标位置、当前的时间以及当前速录机录入的状态等（见图 1－9），同时还有提示鼠标指向的操作项和工具栏的简要说明。

图 1－9　状态栏

（五）录入提示框

在状态栏的上面，是速录机的录入提示框（见图 1－10）。

图 1－10　录入提示框

（六）编辑区

上述项目中间的区域是本窗口中最大的区域——编辑区。编辑区显示当前文件中的内容，为灰白底，黑字。见图 1－11。

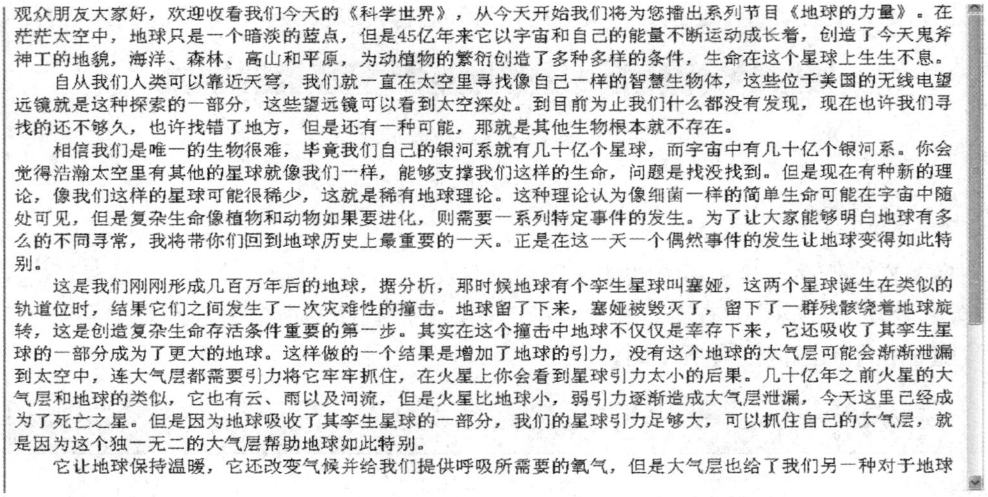

观众朋友大家好，欢迎收看我们今天的《科学世界》，从今天开始我们将为您播出系列节目《地球的力量》。在茫茫太空中，地球只是一个暗淡的蓝点，但是45亿年来它以宇宙和自己的能量不断运动成长着，创造了今天鬼斧神工的地貌，海洋、森林、高山和平原，为动植物的繁衍创造了多种多样的条件，生命在这个星球上生生不息。

自从我们人类可以靠近天穹，我们就一直在太空里寻找像自己一样的智慧生物体，这些位于美国的无线电望远镜就是这种探索的一部分，这些望远镜可以看到太空深处。到目前为止我们什么都没有发现，现在也许我们寻找的还不够久，也许找错了地方，但是还有一种可能，那就是其他生物根本就不存在。

相信我们是唯一的生物很难，毕竟我们自己的银河系就有几十亿个星球，而宇宙中有几十亿个银河系。你会觉得浩瀚太空里有其他的星球就像我们一样，能够支撑我们这样的生命，问题是找没找到。但是现在有种新的理论，像我们这样的星球可能很稀少，这就是稀有地球理论。这种理论认为像细菌一样的简单生命可能在宇宙中随处可见，但是复杂生命像植物和动物如果要进化，则需要一系列特定事件的发生。为了让大家能够明白地球有多么的不同寻常，我将带你们回到地球历史上最重要的一天。正是在这一天一个偶然事件的发生让地球变得如此特别。

这是我们刚刚形成几百万年后的地球，据分析，那时候地球有个孪生星球叫塞娅，这两个星球诞生在类似的轨道位时，结果它们之间发生了一次灾难性的撞击。地球留了下来，塞娅被毁灭了，留下了一群残骸绕着地球旋转，这是创造复杂生命存活条件重要的第一步。其实在这个撞击中地球不仅仅是幸存下来，它还吸收了其孪生星球的一部分成为了更大的地球。这样做的一个结果是增加了地球的引力，没有这个地球的大气层可能会渐渐泄漏到太空中，连大气层都需要引力将它牢牢抓住，在火星上你会看到星球引力太小的后果。几十亿年之前火星的大气层和地球的类似，它也有云、雨以及河流，但是火星比地球小，弱引力逐渐造成大气层泄漏，今天这里已经成为了死亡之星。但是因为地球吸收了其孪生星球的一部分，我们的星球引力足够大，可以抓住自己的大气层，就是因为这个独一无二的大气层帮助地球如此特别。

它让地球保持温暖，它还改变气候并给我们提供呼吸所需要的氧气，但是大气层也给了我们另一种对于地球

图 1－11　编辑区

（七）滚动条

编辑区的右边有上、下移动按钮和滚动滑块。用鼠标单击上、下移动按钮可以使文件上、下移动一行；拖动滑块上下移动可以快速移动文件；单击滑块的滑行区域可以实现上、下翻页的操作。

第三节　速录键盘简介

在汉字输入时，一般计算机使用的标准键盘只适合一次一键的打法，其键码的排列既不太符合汉语拼音的频率与手指关系的要求，也不适合多个指头同时并击的要求，因而必须另行设计更加合理的、实用的专用键盘。这种键盘必须适合人的双手十指活动的运动机理和区域范围，在操作时，应尽量缩短手指运动的时间，缩小手指运动的空间，让相应的手指能很便捷地同时按下几个键，不但速度要求“快”，而且出码要求“准”，同时又要机身轻巧，便于携带。

图 1－12　YW-Ⅲ型亚伟中文速录机

根据以上要求，唐亚伟教授经过精心调配，优化组合，设计出了一种只有 24 个键的专用键盘（见图 1－12），并规定了下列几项原则：

(1) 整个键盘分为左右两个部分，键位码左右对称，两边完全一样，保证双手并击一次各出一个完整的音节码，代表两个汉字。

(2) 音节码的组合次序，以“声码排在前、韵码排在后”为原则，这既符合拼缀的规范，也符合手指活动的频率要求。

(3) 声、韵码的形式，可用单码或组合码表示，以发挥多键并击的优势。

(4) 声码的制定，均按发音部位分组；韵码的制定，尽量与《汉语拼音方案》保持一致，以便于学习和记忆。

(5) 根据汉语拼音声、韵母的出现频率，安排“声、韵码”的键位位置，使之符合手指活动频率的要求。

一、速录机的结构

(一) 正面

速录键盘、功能键、液晶显示屏、指示灯、电源开关如图 1 - 13 所示。

图 1 - 13　速录机正面

(二) 侧面

速录机的侧面为信号线插口，如图 1 - 14 所示。

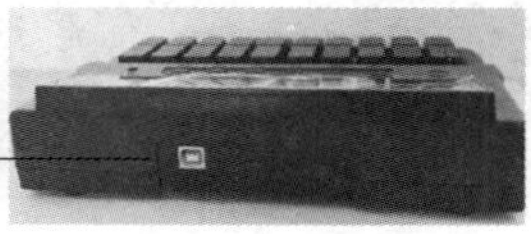

图 1 - 14　速录机侧面

(三) 背面

速录机的背面为电池盒、出厂标签、出厂编号，如图 1 - 15 所示。

(四) 基本配置

速录机配备了信号线、无线传输器，如图 1 - 16 所示。

图 1-15 速录机背面

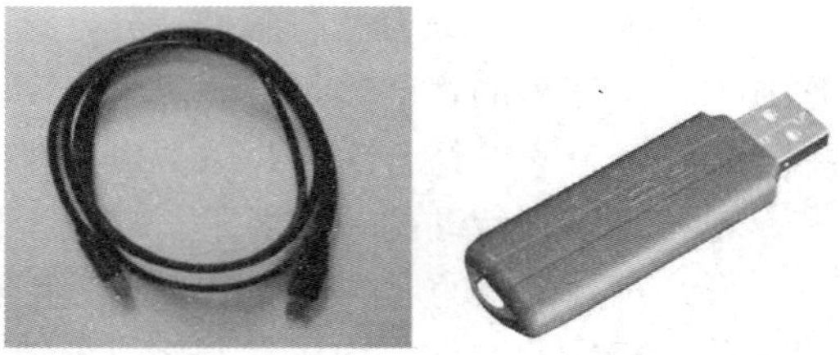

图 1-16 基本配置

二、速录机的日常维护

速录机属精密设备，键芯和存储器是速录机的心脏。为延长速录机的使用寿命，日常使用时应注意以下事项：

（1）轻拿轻放，不要带电插拔接口。

（2）击键力度要轻，“点”或“摁”即可。

（3）非专业维修人员，不要拆卸速录机。

（4）长时间不用，应将机内电池取出，以防止漏液，腐蚀机芯。

（5）遇到故障应马上通知维修人员，或送专业维修点维修。

（6）平时多检测速录机的工作状态，把故障排除在萌芽状态。

三、亚伟中文速录机专用键盘

亚伟中文速录机的专用键盘（见图 1-17）分左、右两部分，各 12 个键位，其键位码的安排左右一致，均采用大写的拉丁字母印刷体（在实际键盘中没有体现）。左边的键位码供左手用，右边的键位码供右手用。

图 1-17 亚伟中文速录机专用键盘

（一）读音

亚伟中文速录机的键位码读音见表 1-1。

表 1-1

键位码	X	B	D	Z	G	W	I	U	N	E	A	O
拼音注音	xi	bu	de	zhi	ge	wa	yi	wu	en	e	a	o
汉字注音	系	不	的	之	个	挖	以	无	恩	额	啊	喔

（二）排序

键位码是按照一定的顺序排列的，将“X”“B”排列在最前面，并按照“从上到下，从中间到两边”的原则进行排列。其顺序依次为：

X—B—D—Z—G—W—I—U—N—E—A—O

键位码的排列顺序是固定不变的，总是按顺序自左至右书写；但是，为了照顾认读习惯，凡是“N”“A”同时出现的，还是写作“AN”。（注：速录机的液晶屏上仍然显示为“NA”）

问：我总是把键位码的读音与英文字母混淆，读错了对以后的学习有影响吗？

答：有影响，因为亚伟中文速录是“汉语拼音编码”，编码的读音错了，就会给后面的学习带来障碍。

四、速录机操作

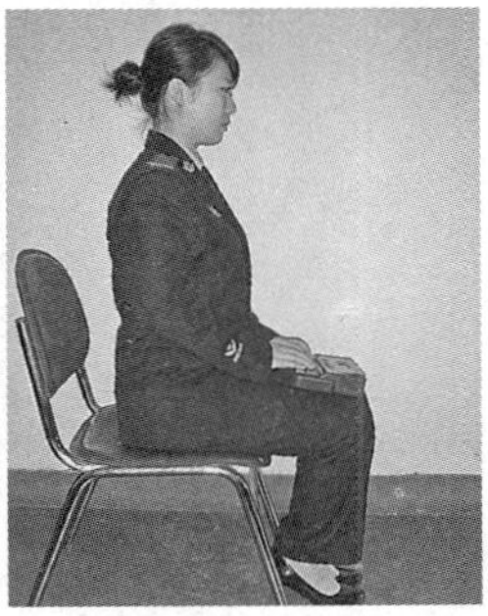

图 1-18　操作速录的坐姿

（一）速录操作的姿势和指法

1. 坐姿

速录机操作的坐姿具体要求如下：

两眼向前平视；上身自然挺直；上臂下垂，前臂平伸；左右手五指分别轻松地放在键盘上；大腿向前平伸，小腿下垂；脚掌轻触地面（见图 1-18）。

问：我将速录机放在电脑桌的键盘台上击打可以吗？

答：放在键盘台上会让你的肩部不知不觉地往上抬，容易形成肩周疾病，放在腿上非常有利于手指均匀用力，且长时间击打键盘不觉得疲乏。

2. 指法

(1) 左右手五指在键盘上的摆放位置见图 1-19。

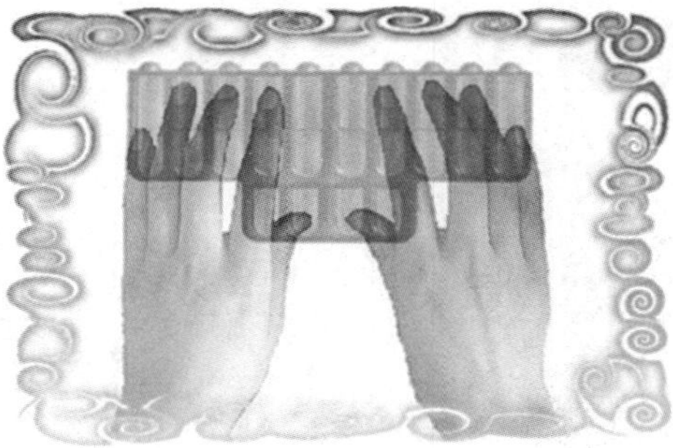

图 1-19　操作速录机键盘的指法

1）拇指放在 X、B 键槽中间。

2）食指位于 G 键或 D、Z、G、W 键槽的中部。

3）中指位于 I 键上。

4）无名指位于 N 键上。

5）小指位于 O 键或 A、O 键的中间。

（2）左、右手五指击打的分工。

1）小拇指：A、O 键。

2）无名指：N、E 键。

3）中指：I、U 键。

4）食指：D、Z、G、W 键。

5）大拇指：X、B 键。

提示：个别情况下，中指、无名指和小拇指要灵活地借用来前移击打前面相邻的键。

下面几个图示为正确速录指法与错误速录指法的对比。

正确速录指法见图 1－20。

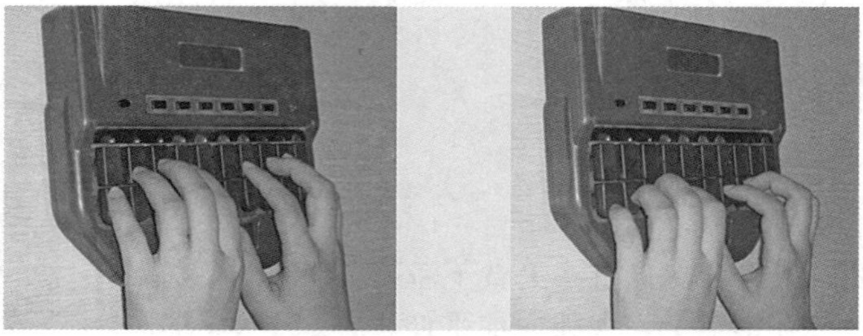

图 1－20　正确速录指法

错误速录指法见图 1－21。

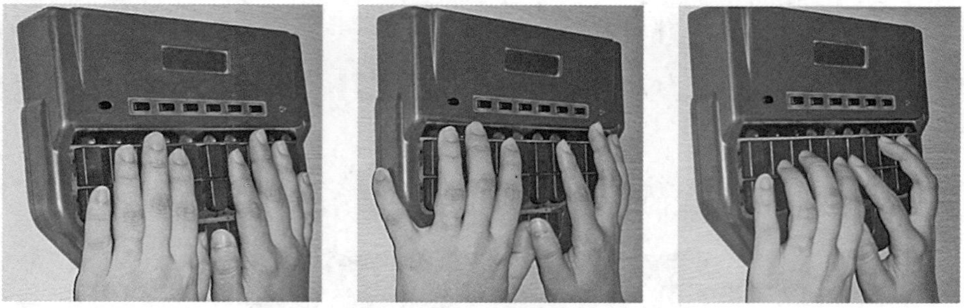

图 1－21　错误速录指法

问：在击打“D、Z”键时，中指自然而然就跟过来，出现“G、W”键时用中指击打可以吗？

答：手指串位是一种错误的指法，容易造成击键不准，从而导致准确率不高。

高手指点

手指串位是初学者容易出现的错误指法，必须予以纠正，只有形成正确的速录指法，才会为以后的速录学习扫清障碍。

（二）速录击键方法

1. 单指并击两键

该击键方法是指用一个手指同时击打两个键位码的方式，这两个键位码一般都是并列在一起的，或是横向并列，或是纵向并列。如 XB 和 AO 都是用单指击打的。

2. 多指并击多键

该击键方法是指用单手多个手指同时击打多个键位码，这种击键方法又有以下几种方式：

方式一：靠指并击。几个相邻的手指同时击打多个键位码，如 IN、EO 等。

方式二：跨指并击。互不相邻的手指同时击打相应的键位码，如 GIA 等。

方式三：平击。多指在同一排击键，如 GIAN、ZUEO 等。

方式四：斜击。两个手指一上一下击打相应的键位码，如 UA、IE 等。

3. 双手并击

两只手同时各击打一个速录编码，如 XDZU：XDU（速录）、XBZN：ZNE（认证）都是双手并击（键位码之间的“：”并非标点符号“冒号”，而是界码标志，即分界编码的标志，在“：”左边的码用左手击打，在“：”右边的码用右手击打。在速录机的液晶屏幕上，“：”以两个空格表示）。

露露：我们学习完基本键位码、指法及击键方法后，是不是就可以击打一些汉字了？

李老师：是。下面这个综合实训里包括我们可以录入的汉字，大家要通过这个练习来巩固前面所学习的内容。

小苏：我们学习的是基本键位码可以输出的汉字，我们要通过什么方式学会所有的汉字输入呢？

李老师：亚伟中文速录编码的设计是以汉语拼音编码为基础的，所以我们也要像学习汉语拼音一样先学习声码，后学习韵码，这样我们就可以用这个速录机输入所有的汉字了。

综合实训

把下列词语读准确，然后用键位码双手并击，打准、打熟。

步步	不得	得以	植物	歌舞	一摁	五个	遏制	我不	制止	布置	的啊
之恩	异步	一额	无疑	恶意	我的	各个	不一	支部	葛布	医德	一我
五额	讹误	我之	意义	不无	值得	歌德	一直	无不	无我	啊不	我啊

无误　不啊　制革　搁置　一个　武德　恩德　阿哥　摁摁　得知　旨意　各异
义务　物质　摁之　阿姨

第四节　速录声码

一、唇齿音组声码“B、BG、XB、XBU”

（一）编码及读音

唇齿音组编码及读音见表 1－2。

表 1－2

编码	B	BG	XB	XBU
拼音注音	bu	pu	mu	fu
汉字注音	不	铺	木	副

提示：

（1）亚伟速录机的编码统称为“亚伟码”，它代表汉语的语音及亚伟速录机的各种功能。

（2）汉语拼音的声母，本来的发音称本音。由于大多数声母的发音是不响亮的，为了便于教学，在每个声母本音的后边，加上一个读音。本组声母在单独使用时，后面各加上一个元音“u”，读“bu、pu、mu、fu”，在拼音时依然读“bo、po、mo、fo”。

（3）在本组声码中，除 XBU（fu）之后需要加元音“U（u）”，以便与“XB（mu）”相区别外，其他声码之后均不加元音而自成音节，就是说，能直接读出如同汉字所注的音，这是亚伟码较之汉语拼音更为简便的特点。

（二）指法

（1）“B”用拇指单击，用于击打与“不”同音的所有汉字（不考虑声调，后同），见图 1－22。

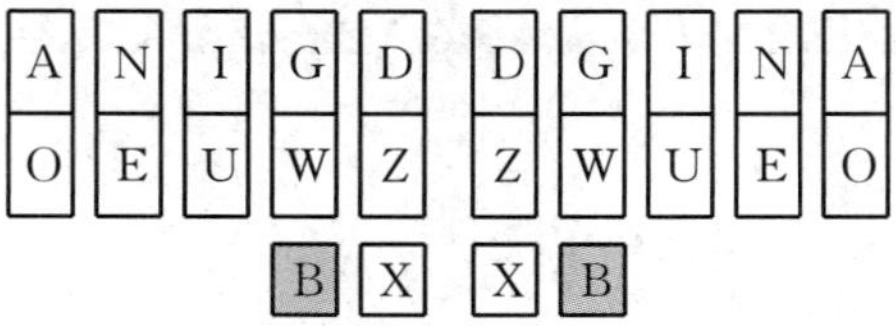

图 1－22　声码“B”的码位

（2）“BG”用拇指、食指并击，用于击打与“铺”同音的所有汉字，见图 1－23。

（3）“XB”用拇指并击两键，用于击打与“木”同音的所有汉字，见图 1－24。

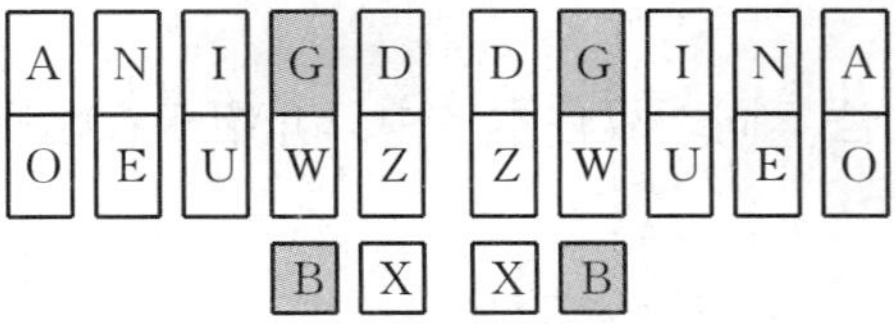

图 1-23　声码“BG”的码位

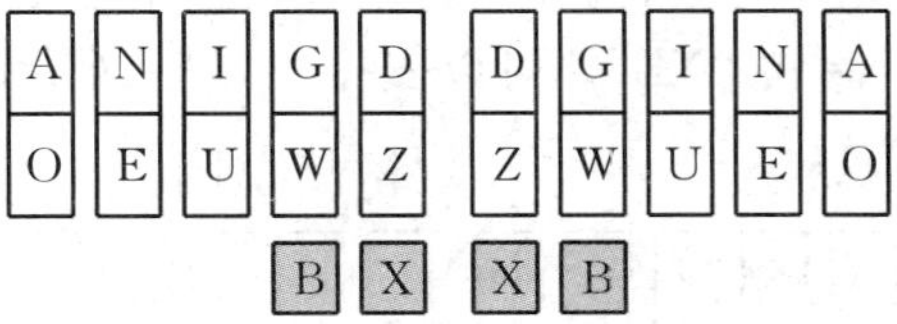

图 1-24　声码“XB”的码位

（4）“XBU”用拇指、中指并击，用于击打与“副”同音的所有汉字，见图 1-25。

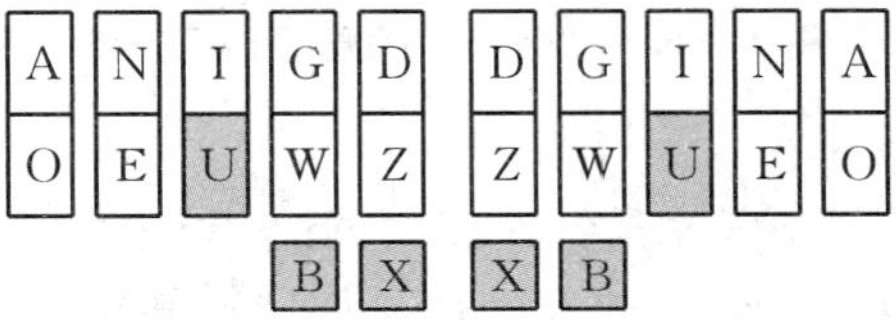

图 1-25　声码“XBU”的码位

问：我在记忆这些声码时，是先记忆组成这个声码的基本键位码，然后按照这些基本键位码所在位置组合在一起，按照正确的指法输入。这种记忆方式对吗？

答：不对。按照这种方式记忆会延长反应整个声码键位的时间。我们要按照手指的指形记忆这些声码的键位，例如：“BG”是拇指和食指按直线的形状击打，“XBU”的指法有点像“兰花指”。

（三）略码、特定码及编辑功能码

1. 略码

（1）概念。

略码，顾名思义就是“省略的编码”，是指对高频词语的亚伟码按照一定的规则进行省略，用来简略而唯一地录入这些词语。如：不能，音节码为“B：XBDNE”，略码为“B：X”。

（2）原则。

略码与词语之间是一一对应的关系，一个略码只能固定地代表一个特定的高频词语。如：击打“B：X”只能用于“不能”这个词，如果文章中需要录入“不要”，就必须击打“B：IAO”。

（3）分类。

略码按照词的长度分为双音略码词语、三音略码词语、四音略码词语和多音略码词语等（最多不超过七个字）。如：不能、不能不、部级干部、中华人民共和国。

(4) 省略方法。

由于各类略码的省略方法不同，故在本节中只介绍双音略码词语的省略方法，即

音节码：X

音节码：W

如：双音词语“普遍”的音节码为“BG：BIAN”，其略码为“BG：X”（见图1-26），“普通”的音节码为“BG：BDUEO”，其略码为“BG：W”。因此，每一个音节都可以安排两个双音词语略码。如：音节“XB”，可以安排“XB：X”（目的）和“XB：W”（目前）两个略码。

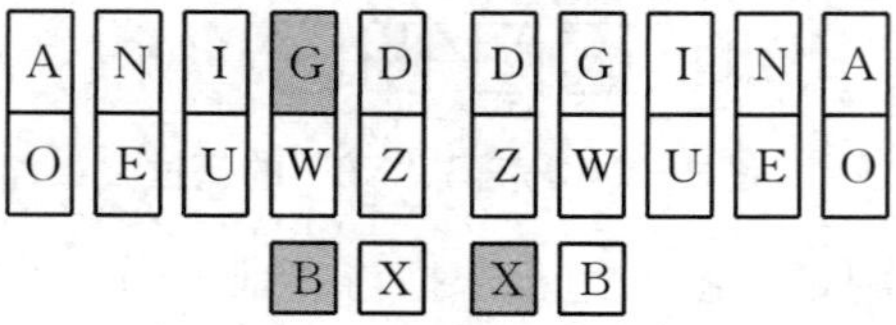

图 1-26　“普遍”的省略击打方法

(5) 意义。

由于汉语同音词很多，而略码又是针对高频词语特定的。因此，使用略码可以有效地离散同音词，提高软件识别率和记录的准确性。如“通知同志们”，如果仅仅击打音节码的结果就是“通知通知们”，这就给理解造成了困难，使用“同志”的略码“BDUEO：X”，就可以准确地录入。

另外，略码都用于高频词语，使用频繁，击打简单，在一定程度上减轻了速录员的负担，提高了录入速度。

(6) 使用。

略码都用于特定的词汇，如果用错便会带来较多的错误，如：“不能使用毒品”中的“不能”（略码为“B：X”），如果录成“部分”（略码为“B：W”，仅一键之差），即为“部分使用毒品”，意思就完全错了。因此略码必须是先记忆后使用。在高速听打过程中，如果对某些词是否是略码稍有含糊，就应该不使用略码。除非对某些略码词语的使用达到了条件反射的程度，才可以放心地应用。

对于三音、四音或者多音略码，如果记得不清楚，还会造成打不上字的结果。如：“办公设备”不是四音略码，则击打“BNA：BE/X：X”就什么也不显示。因此，略码必须要记住。

高手指点

略码记忆方法：

(1) 集中记忆。这种方法耗费的时间和精力都比较多，但可以在短时间内尽可能多地掌握略码。不过，如果方法不当，也会记得多，忘得多。因此，集中记忆一定要有计划地进行，定期复习，随时强化。比如可以拿一支笔在看报纸的时候，边看边对略码进行标记，用这种方法可以有效地复习、巩固所记忆的略码。还可以采取看到一个字就想同字音的双音、三音略码的方法来记忆略码。

（2）分散记忆。这种方法就是在速度练习的过程中，对文章中所涉及的略码加以掌握。这种记忆方法效果好，而且所记住的基本上是更常用的略码。对于没有时间和精力进行集中记忆的学习者来说，不失为一种很好的略码记忆方法。

（3）是否带“U”。符合这样规律的略码大约占全部双音略码的一半。

（4）在实际记忆过程中，还可采用连锁记忆的方法，即将双音略码成对记忆，并把双音、三音略码同时记忆。如：不能、部分、不能不。

（5）词语联想法。即将成对出现的略码按照一个固定的顺序排列，比如将右手并击“X”的略码词放在前，然后根据两个略码词语联想出一个情景、组成一句话或一个短语。

常见的略码有：

不能 部分 普遍 普通 目的 目前 复杂 负责

2. 汉字特定码

汉字特定码包括“是”、中文小写数字和中文大写数字特定码。

数字分为中文小写数字，如“一、二……”；中文大写数字，如“壹、贰……”；阿拉伯数字，如“1、2……”；罗马数字，如“Ⅰ、Ⅱ……”汉字特定码的构成是在音节码内同时加击一个功能码“W”，标志此音节码所代表的是特定的汉字。如中文小写数字“八”的具体构成是：

BW（八）

注：左右手均可。

高手指点

中文小写数字特定码的编定与单音词不同，是通过略码或者增加键位的方法特定的。因此，中文小写数字特定码在记忆上没有太好的方法，必须通过专门的训练来提高熟练程度。中文小写数字录入的专项练习可以从“一”开始，按照顺序打数字，一直到“一百一十”。这样的练习必须专门进行才能收到效果。

3. 标点符号码

通常情况下，人们讲话是以句或分句为单位进行的，中间往往使用停顿进行分隔，语气停顿的地方，恰恰就是记录时需要使用标点符号的地方。使用标点符号，标志着某一部分内容的结束，通过“上屏”来暂时结束速录系统软件内部的工作。标点符号的准确录入与否，标志着一个速录员速录水平的高低。所以速录员既要准确掌握标点符号的击打方法，又要掌握标点符号的运用。标点符号的速录编码多由“D”“Z”“G”“W”“I”“U”等键构成。

（1）标点符号码的特点。

1）多成对出现。为了录入方便，标点符号的速录编码充分利用了速录键盘的对称性，把一些相互关联的标点符号设计成同样的速录编码，仅用左右手进行区分。如逗号与句号，顿号与问号，叹号与分号，前后引号，前后书名号等。

2）基本上都需要变换指法，即借指。由于速录键盘的设计是左右横向的键位距离远，使用单一手指横向并排按相邻的键，不仅不舒适，也容易漏键。此时，就需要临时将其他的手指（多是中指和无名指）“借”过来使用，即“借指”，如用中指击打“G”，用无名指击打“I”，用小指击打“N”等。

3）只能单独使用。在速录系统中，规定所有的标点符号都必须单独使用，既不能与其他标点符号并击，也不能与其他音节码并击。击打任何标点符号均要将提示行中所有的内容以及标点符号本身全部上屏，不空行。

（2）标点符号码的学习。

标点符号一般无须单独练习，只要在打文章中注意区分不同标点符号的指法即可。但是，标点符号的使用需加以注意，一般情况下在记录过程中应适当加标点。一个高水平的速录员甚至可以基本正确地将顿号、分号、破折号、省略号等在记录过程当中予以使用。要使所记录的文字具有很强可读性，就需要学习者平时注意留心文章中标点符号的使用，并应用到今后的速录当中。

本节先介绍句号（。）和逗号（，）：

。（DGI：）　，（：DGI）

用食指、中指、无名指平击（此时中指、无名指要“借”来使用）。

4. 功能码

速录机系统不仅可以完成速录，还可以完成与编辑处理有关的一些功能。为了方便速录师操作，亚伟中文速录专用文字处理系统中设计了系列功能码。这些功能码可以让速录师仅仅使用速录机就可以完成速录、校对、编辑等全部工作。掌握好这些功能码，对速录工作效率的提高有很大帮助。

常用的功能码包括空格、删除、换行、翻页、添加或插入状态的转换、重码提示行的选择等。首先学习添加或插入状态转换功能码：

XU：BZA 或 XEO：XN

小苏：一下子学习这么多的知识，记不住怎么办？

李老师：我们可以在下面的综合实训当中找到相关的练习，来巩固我们前面学习的各种编码。

露露：双音略码词语需要一下子都记住吗？

李老师：由于双音略码词比较多，而且难以记忆，我建议大家用“先分散、后集中”的方法来记忆双音略码词语，即先记住在综合实训中出现的双音略码词，当大部分双音略码词都已经熟练掌握后再进行集中记忆。

综合实训

1. 课上实训

步步　扑扑　木木　夫妇　不铺　瀑布　不睦　木铺　幕府　父母

腹部　不服　不无　质朴　服务　颚部　衣服　卧铺　拇指　歌谱

2. 课后实训

不符 部分 八不 复杂 腹部 普遍 匍匐 瀑布 不能 布铺

八亩 目的 幕布 负责 夫妇 父母 普通 不睦 幕府 目前

夫妇不睦，目前不普遍。

父母不能不负责。

二、舌尖音组声码“D、BD、XBD、XD”

（一）编码及读音

舌尖音组编码及读音详见表1-3。

表1-3

编码	D	BD	XBD	XD
拼音注音	de	te	ne	le
汉字注音	的	特	呢	了

（二）指法

(1)“D”用食指单击，用于击打与“的”同音的所有汉字，见图1-27。

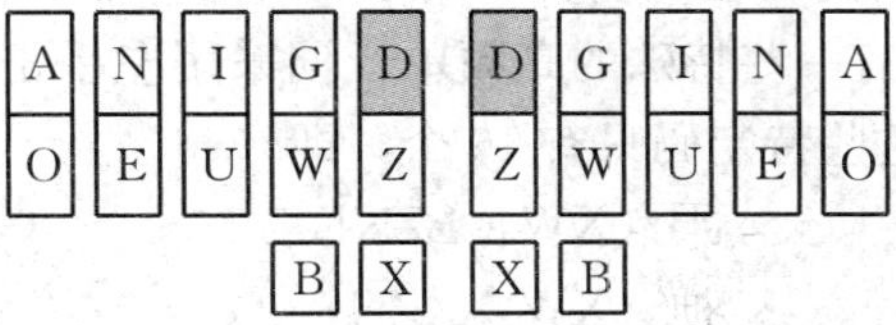

图1-27 声码“D”的码位

(2)“BD”用拇指、食指并击，用于击打与“特”同音的所有汉字，见图1-28。

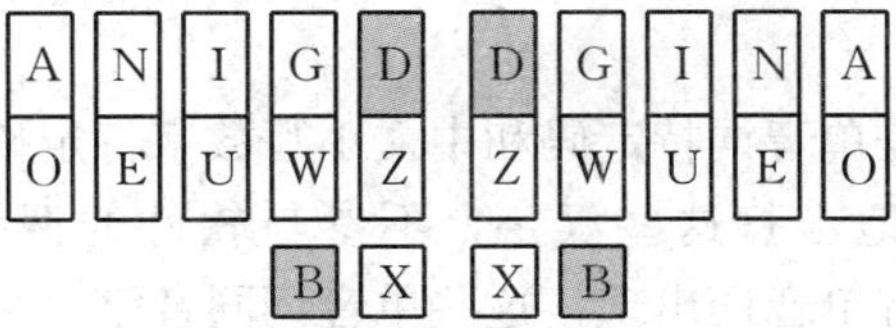

图1-28 声码“BD”的码位

(3)“XBD”用拇指、食指并击，用于击打与“呢”同音的所有汉字，见图1-29。

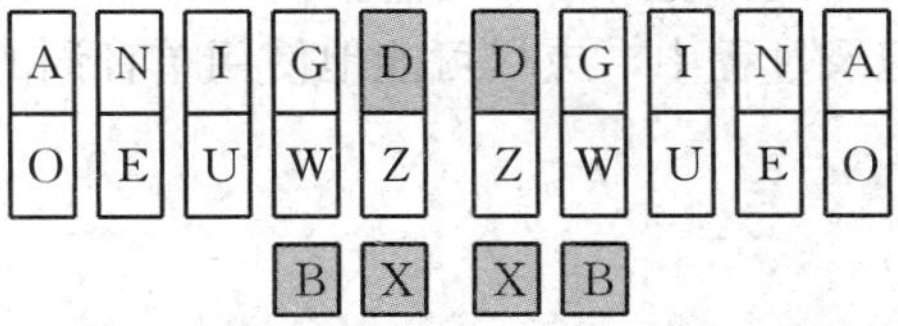

图1-29 声码“XBD”的码位

(4)"XD"用拇指、食指并击，用于击打与"了"同音的所有汉字，见图 1-30。

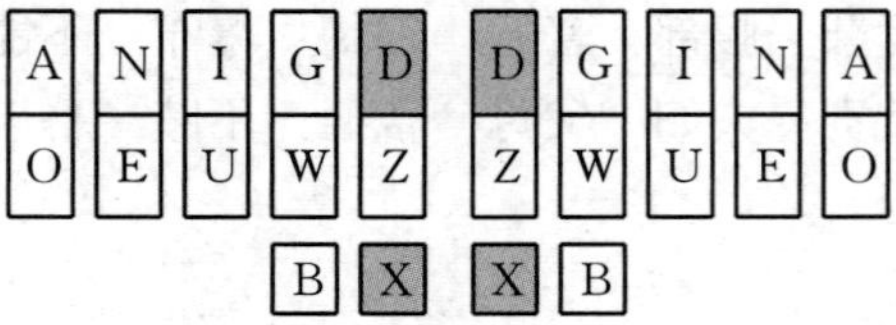

图 1-30　声码"XD"的码位

(三) 略码、特定码及编辑功能码

1. 高频特定单音词特定码

(1) 概念。

单音词特定码就是为某些高频汉字专门编订的，特定用于击打这些汉字的亚伟码。特定码与词语是一一对应的，没有重码。如：汉字"各"的特定码是"X：G"。因此，略码也是一种特定码。

(2) 类型。

单音词特定码包括汉字特定码、高频单音词特定码等。本节重点介绍高频特定单音词特定码。

单音词特定码的构成方式为右手击打音节码，同时左手击打"X"或"W"。因此，一个音节可以编订两个单音词的特定码。如：音节码"D"可以有"的"(X：D)和"得"(W：得)两个特定码。还有一些特殊的高频单音词采用左手击打"XW"，右手击打相应音节码的方式进行特定。这些特定码只有 10 个，即

争(XW：ZNE)　　乘(XW：BZNE)

处(XW：BZU)　　神(XW：XZN)

省(XW：XZNE)　　县(XW：XINA)

即(XW：GI)　　又(XW：IEO)

唯(XW：UE)　　於(XW：IU)

(3) 作用。

特定码中最常用的就是单音词特定码和中文小写数字特定码，这些特定码都是针对高频单字的，可以准确无误地击打这些汉字，不参与软件的捆绑，如：一、二、三、是、期、使等。在汉语中经常有单音词出现，这些单音词同音字居多，而软件的捆绑识别能力又有限，因此如果能够尽量正确地把这些常用单音词击打出来，将会对记录的准确性产生至关重要的影响。如："请你过来"，如果仅仅击打音节码，结果是"清你过来"，有可能被误解为要一个名字叫"清"的人过来。如果使用"请"的特定码"X：XGINE"，就可以准确录入了。因此，在记录过程中，应尽可能地使用单音词的特定码。

高手指点

单音词特定码的使用必须是先记忆，后使用。只有记得熟，才能打得准。

（4）使用。

使用特定码是不会影响速度的，因为常用的单音词特定码都是针对单字的，而在击打单字的时候，要么用右手，要么用左手单手击打，使用特定码只不过是双手并击，并没有增加击键的次数，而且熟练掌握后无须思考即可录入。从准确率的角度来说，使用特定码还会提高录入的速度。如："使我们在出行时"，其中，"使""在""时"都应该单独击打。若不使用特定码，结果就是"是我们在出行是"，而"使""时"都是特定码，使用以后就可以正确录入，并且击键次数不增加。

（5）记忆方法。

特定码尤其是单音词特定码都是高频汉字，总共不过几百个，而且是在文章中经常出现的，非常容易记忆。学习者可以采用集中与分散两种方法，并且还可以将特定码与略码组合记忆。教材的附录中提供了单音词特定码和双音、三音略码列表，以便学习者记忆。

2. 略码

（1）双音略码词语。

本节涉及三组双音略码词语，即

得到　德国　　特点　特别　　乐趣　乐观

（2）三音略码词语。

三音略码是指用于三个字词语的略码。这些略码是通过省略后两个字的音节码以"X：X"代替来击打的。其击打方法：

首音节码/X：X

目前涉及七个三音略码词语，即

不能不　普遍性　穆斯林　服务员　得罪人　特别是　乐天派

3. 功能码

（1）空格键：右手的"X 键"，即

：X

（2）换行键：

换行顶格键 XBW：

换行空格键 ：XBW

问：学习完这课，我对高频特定单音词和双音略码词语在指法上混淆了，怎么区分？

答：左手按功能码"X"或者"W"的是高频特定单音词，右手按功能码"X"或者"W"的是双音略码词语。

综合实训

1. 课上实训

木木　特特　夫妇　讷讷　步步　的的　乐了　扑扑　不符　不得　腹部　福德

匍匐　德芙　瀑布　福特　父母　特了　幕布　呢了

2. 课后实训

幕府　复杂　的了　木铺　了特　布铺　不符　乐观　不得　腹部　福德　乐趣
匍匐　德芙　部分　瀑布　福特　德国　普通　父母　特了　幕布　呢了

三、舌尖后音组声码“Z、BZ、XZ、XBZ”

（一）编码及读音

舌尖后音组编码及读音见表1-4。

表1-4

编码	Z	BZ	XZ	XBZ
拼音注音	zhi	chi	shi	ri
汉字注音	之	吃	是	日

（二）指法

（1）“Z”用食指单击，用于击打与“之”同音的所有汉字，见图1-31。

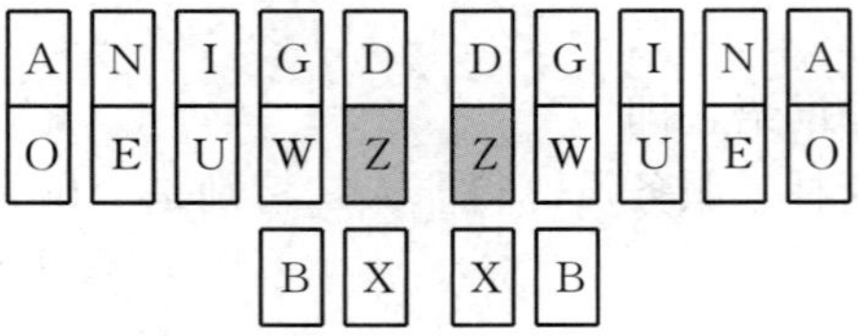

图1-31　声码“Z”的码位

（2）“BZ”用拇指、食指并击，用于击打与“吃”同音的所有汉字，见图1-32。

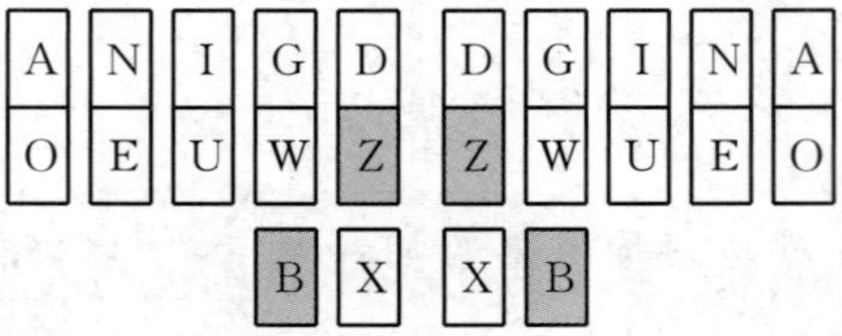

图1-32　声码“BZ”的码位

（3）“XZ”用拇指、食指并击，用于击打与“是”同音的所有汉字，见图1-33。

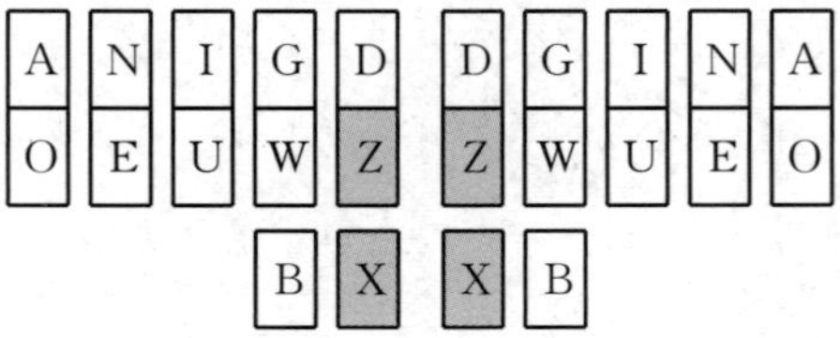

图1-33　声码“XZ”的码位

(4)“XBZ”用拇指、食指并击，用于击打与“日”同音的所有汉字，见图 1-34。

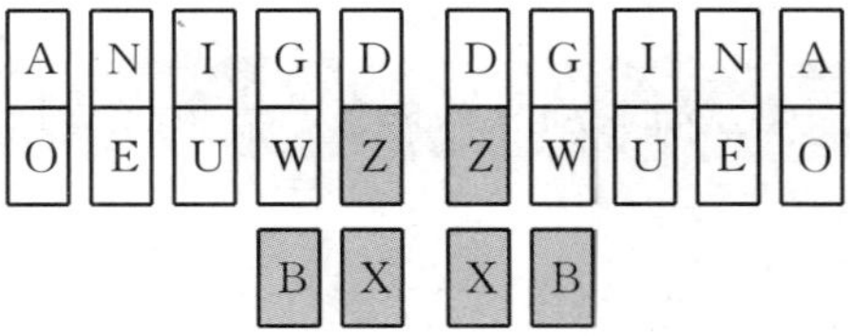

图 1-34　声码“XBZ”的码位

问：为什么这里的“zhi、chi、shi、ri”不拼“I”键呢？

答：这就是速录声码编制的“自成音节”原则，不用再拼韵码，自己即可成为完整的音节码。

(三) 略码、特定码及编辑功能码

1. 略码

(1) 高频特定单音词。

本节涉及四组高频特定单音词，即

之　只　　吃　尺　　使　时　　日

(2) 双音略码词语。

本节涉及四组双音略码词语，即

知道　只有　　持续　持久　　时间　时候　　日期　日本

(3) 三音略码词语。

本节涉及四个三音略码词语，即

指战员　吃不上　事实上　日用品

2. 功能码“W”

(1) 删除错字。

在录入过程中，难免出现击错键的情况。此时可以立即用双手并击“W：W”键，将最后一个字、词（有可能还在提示行中）删除。

(2) 联词消字定字。

在亚伟中文速录系统中，为了准确地录入某个单音词，可以采用一些技巧。如需要录入单音词“知”时，可先击略码“知道”（联词），然后右手单击“W”消去“道”字（消字），而留下“知”字（定字）。这种打法称作“联词消字定字法”。

问：我觉得用“：W”键删除更方便，不必用“W：W”键删除错字，可以吗？

答：亚伟中文速录系统是双手多键并击，一次击键即可实现一个词语的录入，如用单手删除错字需要按两次，如用双手删除错字只需要按一下就可删除两个或两个以上的错字（词），因此还得用双手击“W”的方式删除错字，单手击“W”适合联词消字定字。

高手指点

联词消字定字法是中文速录机准确录入的技巧中最常用也是最重要的一种。

综合实训

1. 课上实训

制止 迟迟 事实 日日 支持 迟滞 时日 日食 市尺 吃食 至日
日至 扶持 不迟 日吃 牧师 食谱 使得 特质 之呢

2. 课后实训

复杂 支持 迟滞 特点 时日 日食 市尺 只有 吃食 至日 日至
之呢 了日 持续 扶持 不迟 日吃 日本 牧师 食谱 时间 使得
特质 持久 日期 师傅

特别是指战员的日用品得到了普遍的支持。
不能不知道持续的日期。
不能不知吃不上的时候。

四、舌尖前音组声码“DZ、BDZ、XDZ”

(一)编码及读音

舌尖前音组编码及读音见表1-5。

表1-5

编码	DZ	BDZ	XDZ
拼音注音	zi	ci	si
汉字注音	子	此	四

(二)指法

(1)“DZ”用食指并击两键,用于击打与“子”同音的所有汉字,见图1-35。

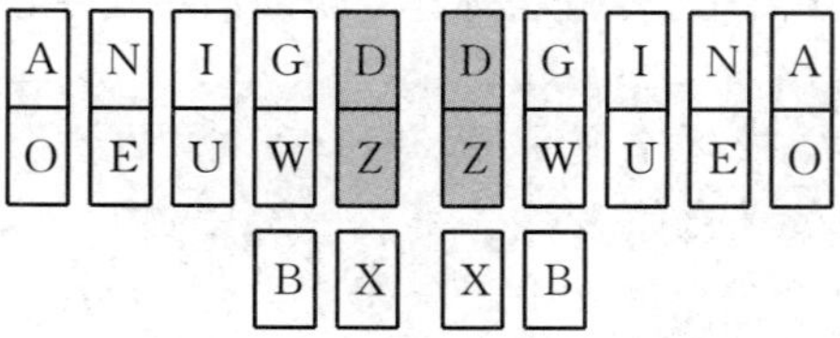

图1-35 声码“DZ”的码位

(2)“BDZ”用拇指、食指并击,用于击打与“此”同音的所有汉字,见图1-36。

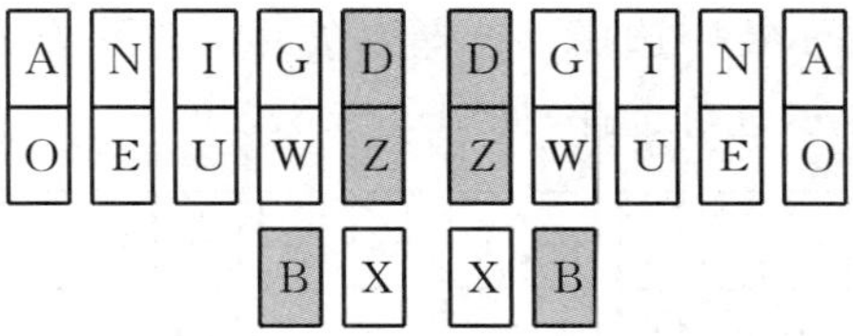

图 1-36　声码“BDZ”的码位

（3）“XDZ”用拇指、食指并击，用于击打与“四”同音的所有汉字，见图 1-37。

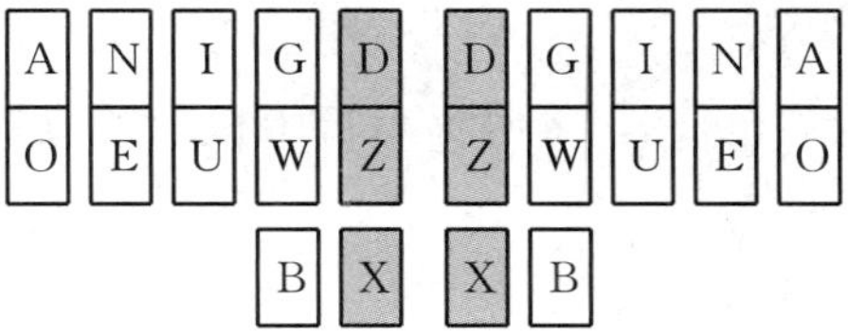

图 1-37　声码“XDZ”的码位

高手指点

这一组声码的组成就是在上一组声码的键位码的基础上加一个“D”键，记忆量不大，但由于需要区分平卷舌音，所以本节课是声码练习当中的一个难点。

（三）略码、特定码及编辑功能码

1. 略码

（1）高频特定单音词。

本节涉及三组高频特定单音词，即

自　字　　此　次　　似　死

（2）双音略码词语。

本节涉及三组双音略码词语，即

自然　自己　　刺激　此外　　思想　饲料

（3）三音略码词语。

本节涉及两个三音略码词语，即

自动化　　思想家

2. 汉字特定码

（1）中文小写数字特定码。

四（ZW）　十（XZW）

四川　四月　　十分　十月

（2）单音词特定码。

是（XZI）

3. 重码提示行

由于亚伟编码的编制是以汉语拼音为基础的，单字用联词消字定字法来解决同音字的问题，同音词需要在重码提示行中选择，选择方法为：左手按功能码“XNE”的同时，右手在键盘上按照提示行的提示进行选择(见图 1-38)。

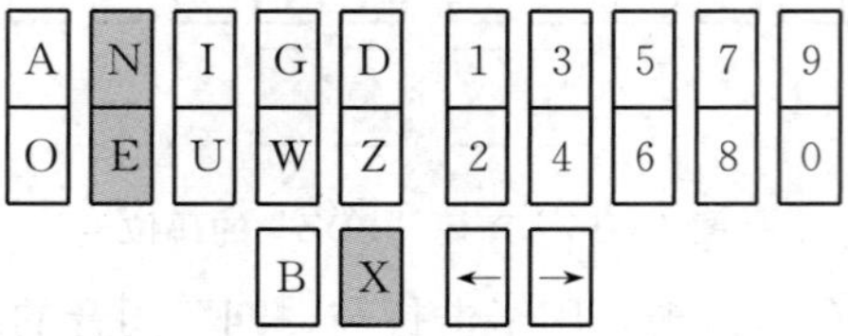

图 1-38

以“值日”为例：输入“至日”，重码提示行中提示“值日”是 3，左手按“XNE:”键，右手同时按“3”。

高手指点

左手的功能码“XNE”和右手选择的数值要同时按下，千万不要先按功能码“XNE”，然后再考虑应该选择的数值，这样会造成按键不同步。

4. 速录机的功能键

速录机在脱离计算机的情况下也可以独立工作，录入内容被保存在速录机的存储器上，随时可以上传到计算机上进行编辑。具体方法为：

(1) 按 F2 键，输入文件名“AA”(或其他文件名)。
(2) 再按一下 F2 键。
(3) 按两下 F1 键后，开始录入文字。
(4) 文字录入结束后，再按两下 F1 键，该文件就会保存在“AA”文件名下。
(5) 开启“亚伟速录专用文字处理系统”。
(6) 按一下 F3，用 F1、F2 来寻找“AA”文件名。
(7) 再按一下 F3，实现文件上传。
(8) 速录机存储器格式化时，按组合键“F1+F6”。

综合实训

1. 课上实训

事实　字词　吃食　誓死　资质　日食　迟滞　私自　次之　日子　食谱
诗词　扶持　赤字　特制　四德　师傅　复次　自负　特此　牧师　慈母

2. 课后实训

事实　此外　字词　吃食　思想　誓死　资质　自己　日食　饲料
迟滞　四川　私自　十月　次之　日子　自然　食谱　诗词　自负
事实上只有次子扶持父母至死。
师傅日日值日，不自私。

日本的自动化是普遍的。
布铺只有八十市尺的布了。
四是四，十是十，四十是四十，十四是十四。

小苏、露露：这个练习将上一节的卷舌音和这一节的平舌音放在了一起，让我一下子分不清哪个是平舌音，哪个是卷舌音。

李老师：由于方言的原因，一部分同学分不清平、卷舌音。告诉大家一个区分平卷舌音的窍门：找出有代表性的平舌音汉字，这个汉字再加上偏旁部首大多数也是平舌音。例如“曾”是平舌音，“僧、赠、增”也是平舌音。

五、舌根音组声码“G、XBG、XG”

（一）编码及读音

舌根音组编码及读音见表 1－6。

表 1－6

编码	G	XBG	XG
拼音注音	ge	ke	he
汉字注音	个	可	和

（二）指法

（1）“G”用食指单击，用于击打与“个”同音的所有汉字，见图 1－39。

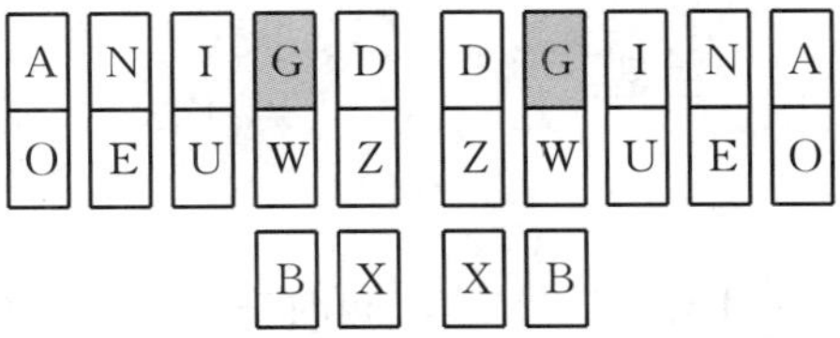

图 1－39　声码“G”的码位

（2）“XBG”用拇指、食指并击，用于击打与“可”同音的所有汉字，见图 1－40。

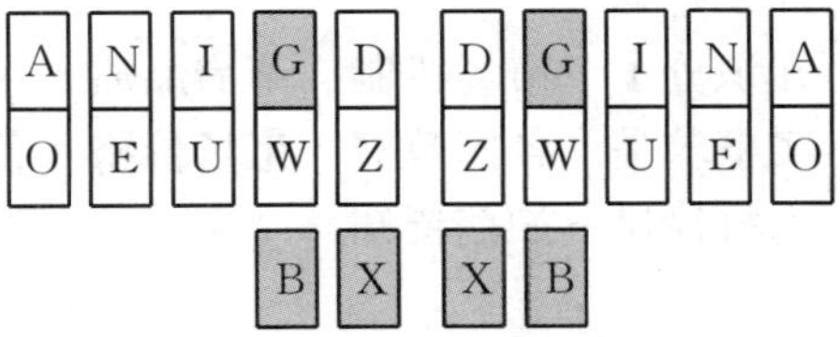

图 1－40　声码“XBG”的码位

（3）“XG”用拇指、食指并击，用于击打与“和”同音的所有汉字，见图 1－41。

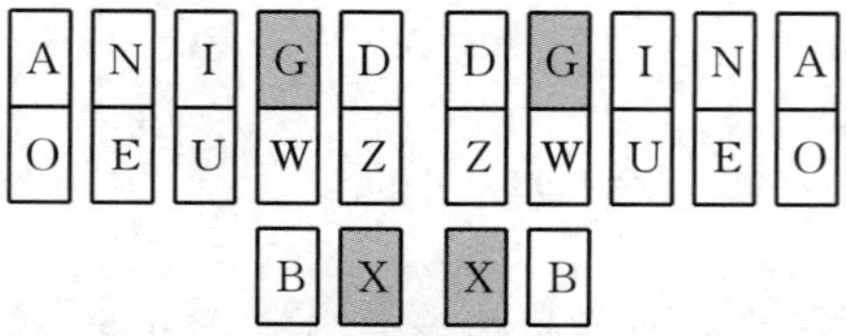

图1－41 声码“XG”的码位

高手指点

“XG”声码的指形与“BD”声码的指形相近，因此容易混淆，在练习时须注意区分。

（三）略码、特定码及编辑功能码

1. 略码

（1）高频特定单音词。

本节涉及以下三组高频特定单音词：

各 个　可　和 合

（2）双音略码词语。

本节涉及以下三组双音略码词语：

革命 各个　可能 客观　和平 合乎

（3）三音略码词语。

本节涉及以下三个三音略码词语：

革命化 科学家 核试验

（4）四音略码词语。

常用四音略码词语的略打方法是：

首音节码：末音节码。

X：X

以“不好意思”为例，左手击“B”键，同时右手击“XDZ”键，抬起后双手并击“X：X”。

2. 四音略码词语练习

将下列四音略码词语打准、打熟。

不好意思 不仅仅是 知识分子 市场机制 革命品质 可喜可贺

克莱斯勒 弗洛伊德 实事求是 各国政府 市场价格 各行其是

各级干部 可想而知 木材检尺 妇孺皆知

综合实训

1. 课上实训

各个 苛刻 各科 可歌 可贺 贺客 合格 隔阂 歌词 扑克 不合

制革　此刻　贺词　和服　克服　妇科　科目　可耻　此何　思科　格式

2. 课后实训

各个　苛刻　和平　荷荷　各科　可歌　可贺　各个　贺客　可能　合格
隔阂　歌词　扑克　不合　格式　合乎　制革　此刻　贺词　革命　和服
克服　妇科　科目　可耻　客观　此何

科学家是革命化的知识分子。

四哥是个乐天派的知识分子，时时刻刻乐不可支。

贺客各行其是，自娱自乐。

六、舌面音组声码“GI、XGI、XI”

（一）编码及读音

舌面音组编码及读音见表 1－7。

表 1－7

编码	GI	XGI	XI
拼音注音	ji	qi	xi
汉字注音	及	其	系

（二）指法

（1）“GI”用食指、中指并击，用于击打与“及”同音的所有汉字，见图 1－42。

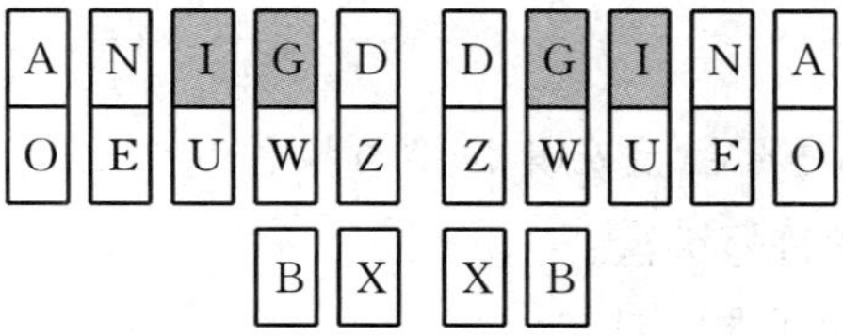

图 1－42　声码“GI”的码位

（2）“XGI”用拇指、食指、中指并击，用于击打与“其”同音的所有汉字，见图 1－43。

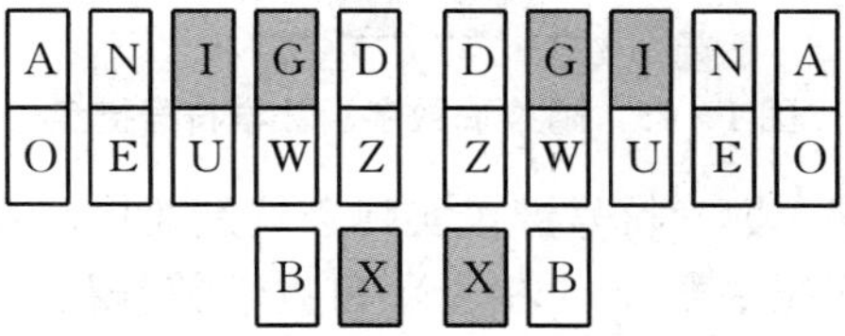

图 1－43　声码“XGI”的码位

（3）“XI”用拇指、中指并击，用于击打与“系”同音的所有汉字，见图 1－44。

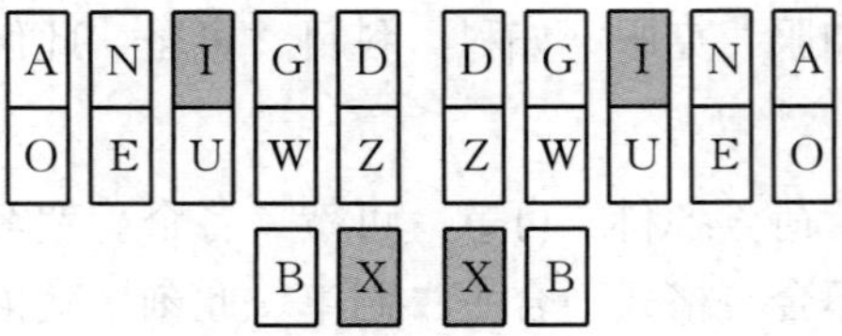

图 1-44　声码“XI”的码位

（三）略码、特定码及编辑功能码

1. 略码

(1) 高频特定单音词。

本节涉及三组高频特定单音词，即

及　几　即　　其　期　　系

(2) 双音略码词语。

本节涉及三组双音略码词语，即

基础　技术　　起来　其他　　吸收　希望

(3) 三音略码词语。

本节涉及三个三音略码词语，即

积极性　企业家　吸引力

2. 汉字特定码

七（XGWI）　　九（GW）

七月　　　　　九月

3. 标点符号码

分号（；）（DGIN：）

4. 阿拉伯数字、数学符号键盘及其转换与操作

(1) 阿拉伯数字、数学符号键盘。

阿拉伯数字、数学符号键盘见图 1-45。

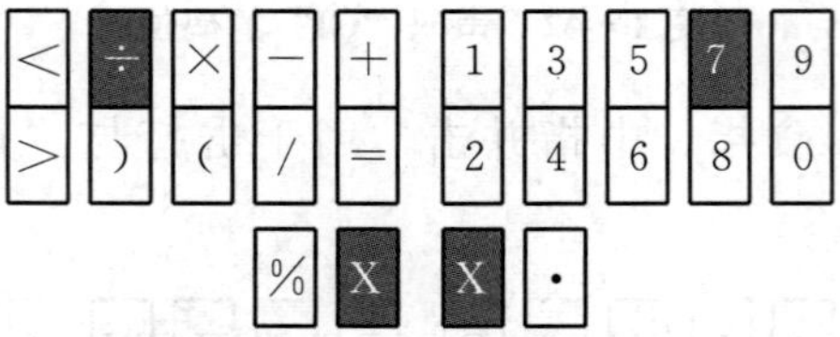

图 1-45　阿拉伯数字、数学符号键盘

由图可见，阿拉伯数字、数学符号键盘实际上就是亚伟速录机的专用键盘。只是原大写拉丁字母键盘码改换成阿拉伯数字（右边）和数学符号码（左边）罢了。其中右边的“X”码为空格，左边的“X”码暂空；“.”码是小数点。

(2) 阿拉伯数字、数学符号键盘的转换与操作。

1) 左手击固定的编码“XN”，右手同时击阿拉伯数字或小数点，屏幕即显示阿拉伯数字或小数点。双手并击后，抬手即恢复为原亚伟码键盘。

2）右手击转换数学符号标志功能码“XN”，左边即转换为数学符号键盘；左手同时击某个数学符号，屏幕即显示。双手并击后，抬手仍恢复为原亚伟码键盘。

3）如果需要多次击打数字和数学符号，除须多次双手并击外，也可击打锁定功能码“XNO”来把键盘锁定住，这时击打数字和数学符号时，就不必再同时并击“XN”了。如再用左或右手单击“XNO”一次，则数字、数学符号的锁定解除，仍恢复为原亚伟码键盘。

（3）阿拉伯数字和数学符号的使用技巧。

一般情况下，击打阿拉伯数字和常用数学符号不应使用锁定的方法。因为在文章中，它们的出现都是临时性的，而使用锁定需要额外耗费击键的时间，影响记录速度。如果忘记了解除锁定而继续录入，将不能正确输入。因此，锁定功能只有在极特殊的情况下才使用。

由于锁定功能键与音节码“XINO（项）”只差一个中指，因此，在击打 XINO（项）时一定要注意不要漏击“I”。否则很容易无意中锁定键盘，影响正常录入。如果不小心锁定了，速录机的液晶屏上也会出现大量的错误。

（注：RF 型速录机无锁定功能）

高手指点

连续击打数字时既可以采用左手按住“XN”不松手的方法，也可以采用反复按“XN”的方法。一般根据个人的使用习惯不同加以选择。但是，一旦确定了，必须始终如一地坚持使用一种方法，否则会影响速录的速度和准确率。

问：当用速录机录入阿拉伯数字时总是有“恩”字出现，这是怎么回事？

答：这是由于左手将键盘转换功能码“XN”抬起时，拇指和无名指不同步造成的，随着五指力量逐渐均衡，就会慢慢好起来。

综合实训

1. 课堂实训

细细　积极　七七　各级　奇迹　吸气　可贺　计息　合格　袭击　隔阂　集合
客气　喜歌　气息　科技　克服　贺词　奇迹　合资　扑克　不合　稀客

2. 课后实训

七八九　九八七　七八九十四十四　十九八七十四十
四哥及其妻子的革命事迹是可歌可泣的。
夫是集体经济的企业家，妻是基层组织的积极分子。
不切实际的事，是不可企及的。
妻子不好意思起来。

七哥是革命化的积极分子，和和气气的；可是，其妻子不积极，不和气。

3. 阿拉伯数字实训

145　589　670　1458　3670　2367　1990　1994　2005　14589　23670　8＞5
98＞38　13＜25　89＜103　2/5　8/10　1/6　3/4　3/7　30％　8.5％　2.3％
24.5％　70％　2＋3＝5　15－8＝7　40×9＝360　8÷2＝4　（3＋6）÷8＝9÷8＝1.125
（4＋5）×3＝9×3＝27

七、速录声码总复习

（一）声码组成

声码是与汉语拼音声母相对应的编码，共有 21 个声码，见表 1－8。

表 1－8

声组	编码	读音	汉字注音	声组	编码	读音	汉字注音
唇齿音	B	bu	不	舌尖后音	XBZ	ri	日
唇齿音	BG	pu	铺	舌尖前音	DZ	zi	子
唇齿音	XB	mu	木	舌尖前音	BDZ	ci	此
唇齿音	XBU	fu	副	舌尖前音	XDZ	si	四
舌尖音	D	de	的	舌根音	G	ge	个
舌尖音	BD	te	特	舌根音	XBG	ke	可
舌尖音	XBD	ne	呢	舌根音	XG	he	和
舌尖音	XD	le	了	舌面音	GI	ji	及
舌尖后音	Z	zhi	之	舌面音	XGI	qi	其
舌尖后音	BZ	chi	吃	舌面音	XI	xi	系
舌尖后音	XZ	shi	是				

（二）编制速录声码遵循的原则

编制速录声码遵循以下几个原则：

（1）编制声码所用的键位码本身就是声码的只有 4 个，即“B（bu）”“D（de）”“Z（zhi）”“G（ge）”，其余的都是要靠这些键位码相互组合来构成。

（2）所有 21 个声码都有固定的读音，与一个固定的音节码相对应，这便是声码所代表的音节码，可以通过单独击打声码来输入。这一点与汉语拼音有所不同，汉语拼音的声母虽然也都有固定的读音，但是为了交流方便，使不发音或发音很微弱的声母能够读出声音来，不能单独为汉字的注音。

（3）声码使用的键位码主要是“X”“B”“D”“Z”“G”，个别的声码用到了“I”和“U”，这些都是排列在前面的键位码。

（4）构成声码的键位码主要是靠大拇指和食指进行击打，有个别声码用到了中指。

（三）看编码辨读音实训

A：I	Z：BZ	XGI：Z	BDZ：XZ	G：XD	XI：XBZ	XG：DZ
XBG：U	O：BG	B：GI	XDZ：DZ	XB：XZ	XBG：XB	GI：G
B：W	BG：X	XB：X	XBU：W	D：W	BD：X	XD：W
Z：X	BZ：X	XZ：W	XBZ：W	DZ：W	BDZ：W	XDZ：X
G：X	XBG：X	XG：W	GI：X	XGI：X	XI：W	

（四）看汉字辨编码实训

将下列词语打准、打熟，听打达到30字/分钟，准确率达到98%以上。

布置　牧歌　得失　讷讷　赤字　日期　各级　歌德　可惜　记忆　企鹅
习武　布置　不睦　木屋　德格　木讷　齿科　日子　词义　搁置　合计
饥饿　起步　西部　不服　幕府　得计　呢可　吃喝　自治　慈母　歌舞
河西　鸡窝　棋谱　吸附　不得　母子　得悉　其呢　诗歌　资格　辞赋
戈恩　积极　缉捕　起伏　细致　不可　木器　德国　值得　事物　子午
此时　歌谱　及其　继母　奇特　稀释　不惜　复制　特制　旨意　师部
自我　次日　格勒　积习　基辅　其实　昔日　步子　服务　特意　植物
师母　滋补　瓷器　格尺　合格　记得　妻子　细瓷　仆役　俯卧　特制
质朴　诗词　字符　各科　可以　和睦　疾驰　其次　稀客　瀑布　父母
特使　支持　时刻　姿势　四肢　可恶　和服　即日　淇河　袭击　匍匐
腐蚀　特此　纸盒　实习　字词　肆意　科普　赫特　集资　奇迹　朴直
复课　特级　窒息　日至　自私　私了　科目　呵斥　祭祀　气息　朴实
服气　特系　迟滞　日益　资格　司机　可耻　合资　集合　西德　扑克
得以　乐意　迟误　日食　自欺　伺隙　刻字　贺词　旗帜　细致　铺砌
德芙　乐观　迟暮　日记　仔细　科技　记得　起义　喜歌　拇指　吸气

第五节　速录韵码

一、韵码“I、U、IU”及其系列音节码

（一）编码及读音

韵码“I、U、IU”的编码及读音见表1-9。

表1-9

编码	I	U	IU
拼音注音	yi	wu	yu
汉字注音	一	五	与

(二) 指法

(1) “I”用中指单击，见图 1-46。

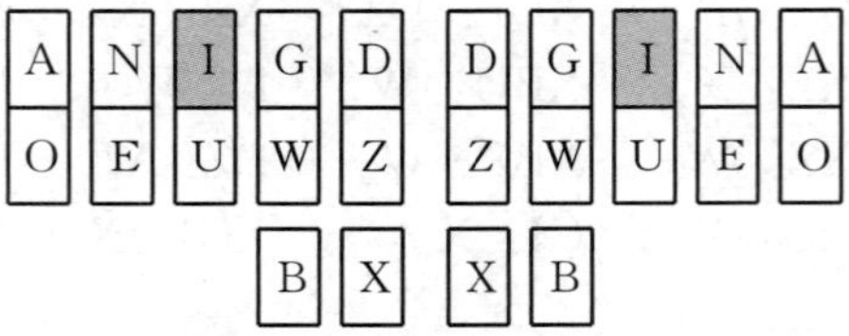

图 1-46 韵码“I”的码位

(2) “U”用中指单击，见图 1-47。

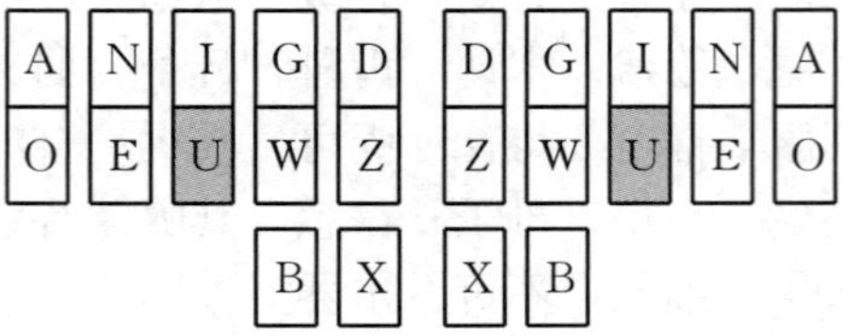

图 1-47 韵码“U”的码位

(3) “IU”用中指并击两键，见图 1-48。

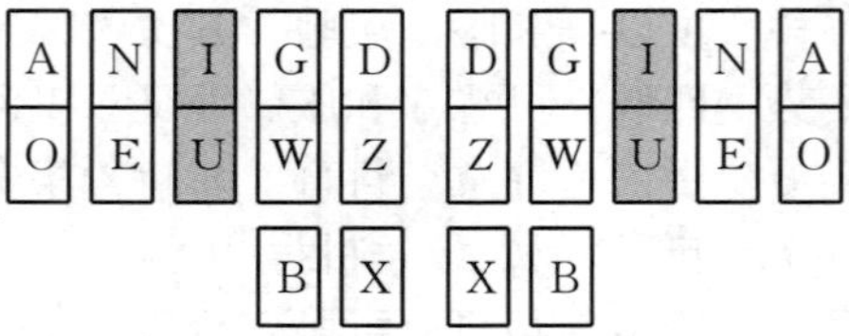

图 1-48 韵码“IU”的码位

(三) 韵码“I、U、IU”的系列音节码

(1) 韵码“I”的系列音节码。

BI (比)　BGI (批)　XBI (米)　DI (地)　BDI (体)　XBDI (你)　XDI (里)

(2) 韵码“U”的系列音节码。

DU (度)　BDU (图)　XBDU (努)　XDU (路)　ZU (住)　BZU (出)　XZU (数)　XBZU (如)　DZU (组)　BDZU (粗)　XDZU (素)　GU (故)　XBGU (苦)　XGU (户)

(3) 韵码“IU”的系列音节码。

XBDIU (女)　XDIU (率)　GIU (据)　XGIU (去)　XIU (需)

问: “XBDIU”的指法实在太难了，怎么才能按得又快又准?

答: 保持每个指关节的弯曲，尤其是食指的第一指关节保持弯曲，防止带“Z”键；中指用指尖击“I”键和“U”键的中缝，不要用中指肚或整个中指平按“IU”键。

（四）略码、特定码及编辑功能码

1. 略码

（1）高频特定单音词。

本节涉及 42 个高频特定单音词，即

比　笔　批　皮　米　密　地　第　题　提　你　泥　里　离　度　图　土
路　住　主　出　除　数　书　如　入　组　素　速　故　股　苦　哭　户
女　率　据　举　去　区　需　须

（2）双音略码词语。

本节涉及 25 组双音略码词语，即

比较　必须　　批评　批判　　密切　密谋　　地方　地区　　提高　提出
你们　拟稿　　利用　例如　　独立　赌博　　突然　土地　　努力　怒容
主要　主席　　出来　出去　　数量　属于　　如下　如果　　组成　足球
促成　促进　　塑料　速度　　固定　古代　　苦难　库存　　忽然　互相
女士　女人　　履行　绿色　　举行　具有　　去年　区别　　需要　许多

（3）三音略码词语。

本节涉及 19 个三音略码词语，即

必需品　批评家　第一次　体育场　尼泊尔　利润率　独立性　土耳其
奴隶制　主席团　出发点　促进派　诉讼法　顾不上　哭鼻子　女主人
旅游业　具体化　叙利亚

2. 汉字特定码

一（WI）　五（WU）
一切　一般　　五月

3. 标点符号码

叹号（!）（：DGIN）

（注：叹号和分号要借中指、无名指、小拇指分别击打“G、I、N”键）

综合实训

1. 词实训

意识　无比　迟疑　予以　独特　比拟　出题　脾气　富裕　俗气　布匹
不符　弥补　女子　突击　细密　数目　妇女　地步　鼓励　基地　普及
律师　体格　怒斥　个体　例子　纪律　拟议　酷暑　河泥　依据　木器
利益　路基　去路　治理　组织　机密　特区　呼吸　实际　负极　许可
及其　逐步　吸气　秩序　粗读　可惜

2. 句子实训

（1）五月，各地区、各地方必须密切注意此事。

（2）比较起来，妇女的体力是合适的。

（3）努力提高数量和速度！

（4）父母知道你的一切以后，哭了。

（5）你们已经得到律师的支持。

二、韵码“N、E、NE”及其系列音节码

（一）编码及读音

韵码“N、E、NE”的编码及读音见表1-10。

表1-10

编码	N	E	NE
拼音注音	en	e、ei	eng
汉字注音	恩	额	嗯

（二）指法

（1）“N”用无名指单击，见图1-49。

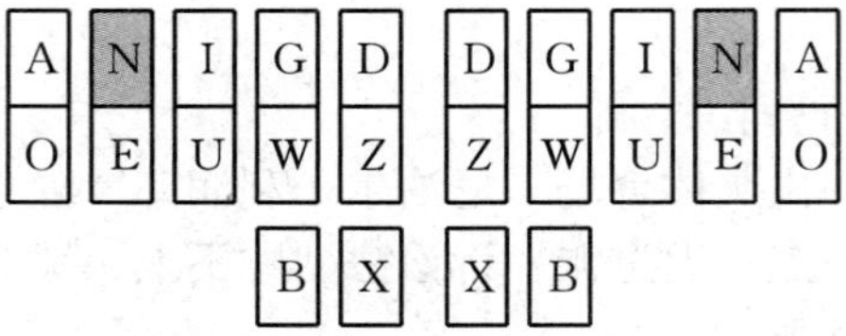

图1-49 韵码“N”的码位

（2）“E”用无名指单击，见图1-50。

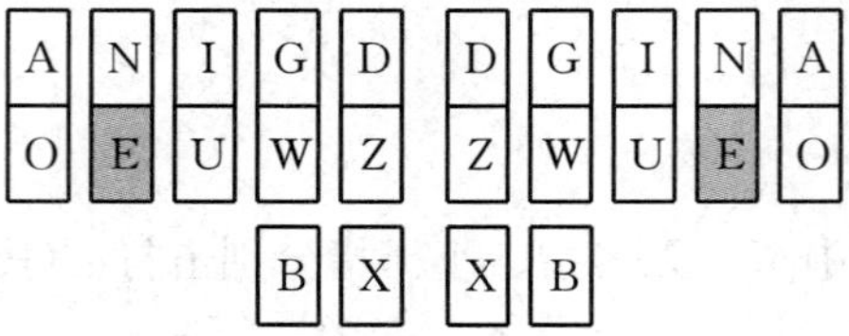

图1-50 韵码“E”的码位

（3）“NE”用无名指并击两键，见表1-51。

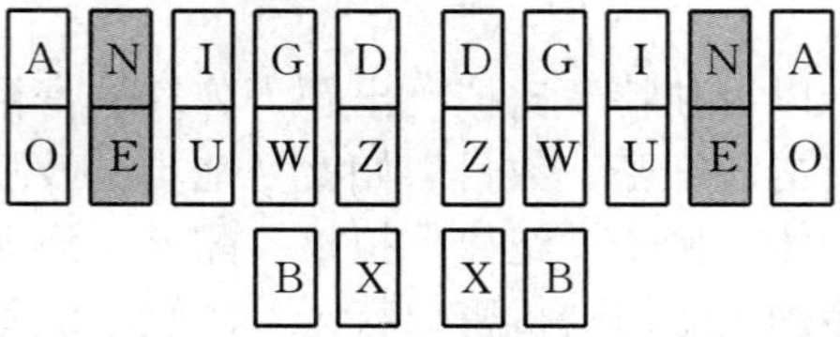

图1-51 韵码“NE”的码位

（三）韵码“N、E、NE”的系列音节码

（1）韵码“N”的系列音节码。

BN（本） BGN（喷） XBN（们） XBDN（嫩） ZN（真） BZN（陈）

XZN（深）　XBZN（人）　DZN（怎）　BDZN（岑）　XDZN（森）　GN（跟）
XBGN（肯）　XGN（很）

（2）韵码“E（e）”的系列音节码。

XBE（么）　ZE（这）　BZE（车）　XZE（社）　XBZE（热）　DZE（则）
BDZE（侧）　XDZE（色）

（3）韵码“E（ei）”的系列音节码。

BE（被）　BGE（配）　XBUE（非）　DE（得）　XBDE（内）　XDE（类）
GE（给）　XGE（黑）

XBIU（每）　ZIE（这）　XZIE（谁）　DZIE（贼）

上述几个音节码因为和“E（e）”音节码有重叠的情况，所以是特殊编订的音节码。

（4）韵码“NE”的系列音节码。

BNE（泵）　BGNE（碰）　XBNE（蒙）　XBUNE（风）　DNE（等）
BDNE（BDN）（腾）　XBDNE（能）　XDNE（XDN）（冷）　ZNE（正）　BZNE（成）
XZNE（生）　XBZNE（仍）　DZNE（增）　BDZNE（层）　XDZNE（僧）
GNE（更）　XBGNE（坑）　XGNE（横）

亚伟码中有七个字是兼容码，兼容码比全音节码容易一些，所以学习者在遇到兼容码的时候要打兼容码，而不要打全音节码。本课出现两个兼容码，即“腾”“冷”及其同音字。

> **问：**我出现了“N、NE”不分的情况，怎么办？
>
> **答：**这是因为你将亚伟编码与汉语拼音相混淆了。汉语拼音中“en”在亚伟编码中就是“N”键的读音，你还是总想把“E”键拼上，就形成了“N、NE”不分的情况。西北地区的同学也会出现这种情况，那是因为方言造成的。

（四）略码、特定码及编辑功能码

1. 略码

（1）高频特定单音词。

本节涉及 48 个高频特定单音词，即

本　喷　分　份　真　陈　深　身　人　根　跟　肯　很　着　者　车　社
设　热　则　侧　色　被　倍　配　没　每　非　飞　内　类　给　黑　碰
风　封　等　能　正　称　成　生　升　仍　层　曾　更　横

（2）双音略码词语。

本节涉及 44 组双音略码词语，即

恩情　恩爱　　本质　本身　　闷热　门口　　分析　分子　　真正　镇压
沉淀　沉重　　什么　深入　　人们　人民　　怎么　怎样　　森林　森严
根本　根据　　肯定　恳求　　很小　很快　　折价　折算　　彻底　车间
设计　设备　　热烈　热心　　责备　责任　　测定　测量　　色彩　色盲
北京　北方　　配合　培养　　每年　没有　　飞机　非常　　内勤　内容
类型　类似　　这些　这样　　黑天　黑暗　　崩塌　崩溃　　膨胀　朋友
猛烈　猛攻　　封建　丰富　　等等　等于　　腾空　疼痛　　能力　能够

冷藏 冷却 正确 政府 成为 程度 生产 生活 仍然 仍旧
增加 增长 曾经 层次 坑害 坑人 横行 衡量

(3) 三音略码词语。

本节涉及27个三音略码词语，即

本部门 门市部 分界线 真实性 沉甸甸 审判员 人贩子 怎么样 肯尼亚
很难看 哲学家 奢侈品 热心肠 被告人 陪审员 没什么 废品率 内蒙古
雷雨云 黑龙江 猛回头 丰产田 等于零 能动性 政治犯 成活率 生产量

2. 汉字特定码

三 (WN)

3. 标点符号码

省略号 (……)(DGIU：) 破折号 (——)(：DGIU)

综合实训

1. 词实训

恩赐 折合 风泵 本地 记者 烹饪 愚笨 撤离 蒙蔽 冷气 舍弃 美德
风气 骨盆 取舍 妩媚 每逢 苦闷 炽热 等级 沉思 气氛 侧目 职能
认真 色泽 谁知 扔弃 除根 累计 基层 参差 飞贼 横溢 痕迹 黑幕
僧侣 身体 这次 斥责 成本 主任 本色 腾飞 熄灯 森森 陪审 自馁
基层 具备

2. 句子实训

(1) 你是不是本地人……，目前不能肯定。

(2) 你——是一个真正的革命知识分子。

(3) 不努力，你不能取得成绩。

(4) 三月的门市部里，人民需要的生活必需品十分丰富。

(5) 你的能力不等于是你的成绩。

(6) 此事，门市部主任必须认真负责。

(7) 本部门出来的人，许多是仁人志士。

(8) 你们怎么不吭声了？

三、韵码“A、O、AO”及其系列音节码

(一) 编码及读音

韵码“A、O、AO”的编码及读音见表1-11。

表1-11

编码	A	O	AO
拼音注音	ɑ	wo	ɑo
汉字注音	啊	我	奥

（二）指法

（1）“A”用小拇指单击，见图 1－52。

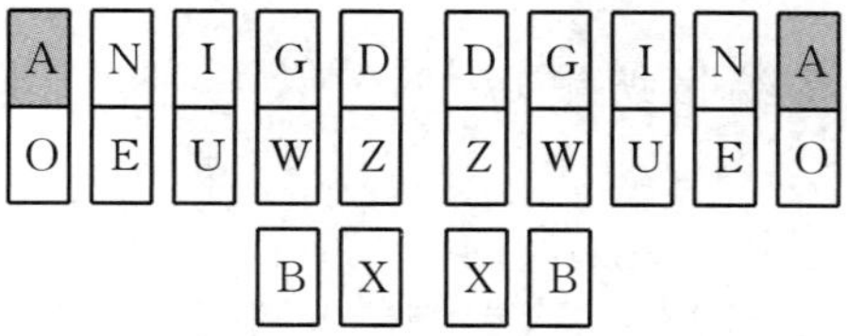

图 1－52 韵码“A”的码位

（2）“O”用小拇指单击，见图 1－53。

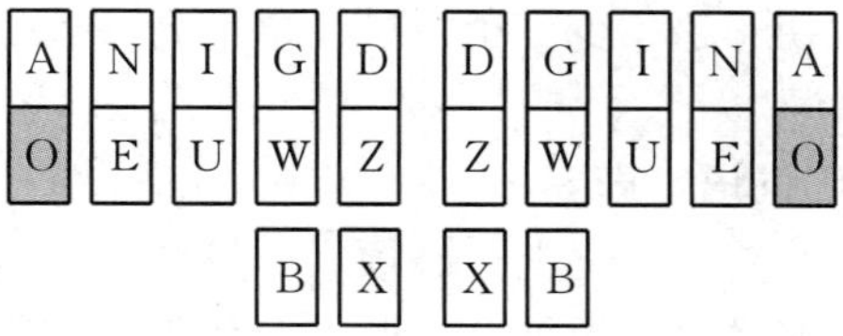

图 1－53 韵码“O”的码位

（3）“AO”用小拇指并击两键，见图 1－54。

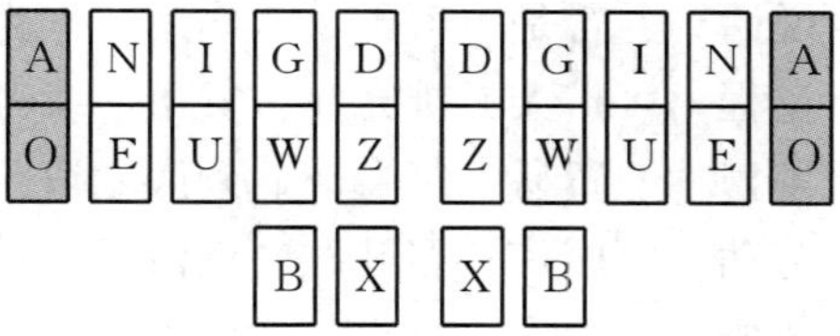

图 1－54 韵码“AO”的码位

（三）韵码“A、O、AO”的系列音节码

（1）韵码“A”的系列音节码。

BA（把） BGA（怕） XBA（吗） XBUA（BIU）（法） DA（大） BDA（他） XBDA（那） XDA（拉） ZA（渣） BZA（差） XZA（杀） DZA（杂） BDZA（擦） XDZA（撒） GA（嘎） XBGA（卡） XGA（哈）

（2）韵码“O”的系列音节码。

BO（波） BGO（破） XBO（末） XBUO（佛） DO（多） BDO（脱） XBDO（诺） XDO（落） ZO（捉） BZO（戳） XZO（说） XBZO（若） DZO（作） BDZO（错） XDZO（所） GO（过） XBGO（扩） XGO（或）

（3）韵码“AO”的系列音节码。

BAO（报） BGAO（跑） XBAO（毛） DAO（到） BDAO（套） XBDAO（脑） XDAO（老） ZAO（找） BZAO（朝） XZAO（少） XBZAO（绕） DZAO（早） BDZAO（草） XDZAO（嫂） GAO（高） BGAO（靠） XGAO（好）

问：在击打“AO”键时，小拇指总是使不上劲，怎么办？

答：小拇指是五个手指中力量最小的，所以要借助手掌的力量多给小拇指加力，等小拇指经过一段时间的专门练习以后，力量自然就增强了。

(四)略码、特定码及编辑功能码

1. 略码

(1) 高频特定单音词。

本节涉及54个高频特定单音词，即

把 怕 马 法 发 大 打 他 她 那 拿 拉 差 查 杀 卡 我 破 末
多 夺 脱 落 说 若 弱 作 做 错 所 过 国 活 或 报 包 跑 到
道 套 老 着 找 朝 超 少 稍 早 草 高 搞 靠 好 号

(2) 双音略码词语。

本节涉及45组双音略码词语，即

巴黎	爸爸	怕死	怕羞	马上	麻烦	发展	法国	大家	达到
他们	她们	那么	那样	拉扯	拉开	诈骗	榨取	差别	差距
杀死	杀人	杂质	杂用	我们	我国	玻璃	剥削	迫害	破坏
摩擦	磨损	佛教	佛祖	多少	多数		妥协	落实	落后
着手	着重	说明	说话	若是	若干	作用	作为	措施	错误
所谓	所有	国家	过程	扩大	扩充	货币	或者	澳门	
保证	包括	抛弃	抛售	贸易	茂盛	到底	道路	逃犯	讨论
脑袋	恼怒	劳改	劳动	照片	召开	潮流	超过	少年	少数
饶命	扰乱	遭到	造成	操作	操纵	告诉	过程	考验	考虑
好像	豪华								

(3) 三音略码词语。

本节涉及33个三音略码词语，即

阿拉伯	芭蕾舞	马尼拉	发言人	大规模	拉关系	诈骗犯	差不多	杀人犯
哈尔滨	博览会	破天荒	莫斯科	多方面	托儿所	逻辑性	说不上	所有权
国务院	扩大化	火车站	奥运会	保护人	泡病号	毛织品	到时候	讨论会
闹革命	劳动力	招待所	少先队	高强度	好容易			

2. 标点符号码

左双引号(“)(DW:)　右双引号(”)(:DW)

综合实训

1. 词实训

阿爸 剥夺 傲气 所以 各国 包庇 大巴 泼墨 活泼 怕事 击破 炮制

麻痹　他杀　奔跑　法人　佛门　冒昧　大地　增多　遭遇　踏实　托福　逃跑
捕拿　许诺　大脑　拉扯　逻辑　劳保　挣扎　笨拙　依照　刹那　戳破　超支
审查　丰硕　很少　洒泪　若是　绕道　合作　报告　咖啡　差错　考试　哈气
自豪

2. 句子实训

（1）妈妈的四妹，即我们的四姨，北京人，她已经扎根拉萨，热心设计拉萨人民的服饰，得到拉萨人民政府的大力支持，取得了很大的成绩。她真是一个“热泪洒大地、不怕苦和累”的人！我们大家很佩服她。

（2）侦查取证证实，他目无国法，是个杀人犯，已被捕获。

（3）遇事必须分析利弊，不可考虑个人得失。

四、韵码“AN、EO、IN、UE”及其系列音节码

（一）编码及读音

韵码“AN、EO、IN、UE”的编码及读音见表 1-12。

表 1-12

编码	AN	EO	IN	UE
拼音注音	an	ou	in	ui
汉字注音	按	欧	因	为

（二）指法

（1）“AN”用无名指、小拇指并击两键，见图 1-55。

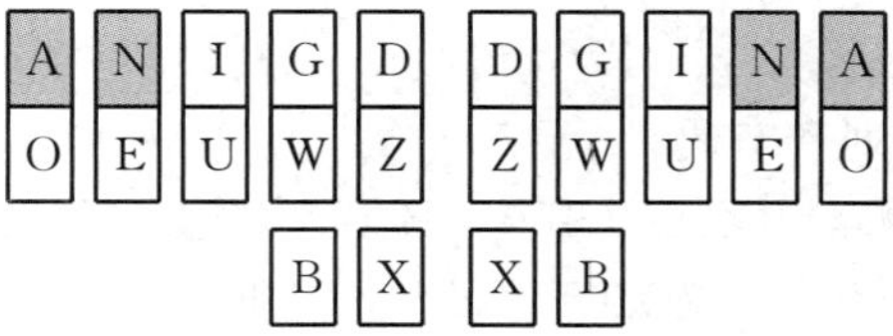

图 1-55　韵码“AN”的码位

（2）“EO”用无名指、小拇指并击两键，见图 1-56。

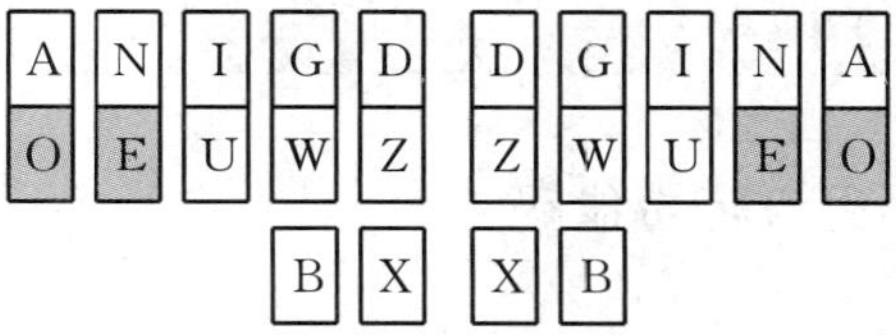

图 1-56　韵码“EO”的码位

（3）“IN”用中指、无名指并击两键，见图 1-57。

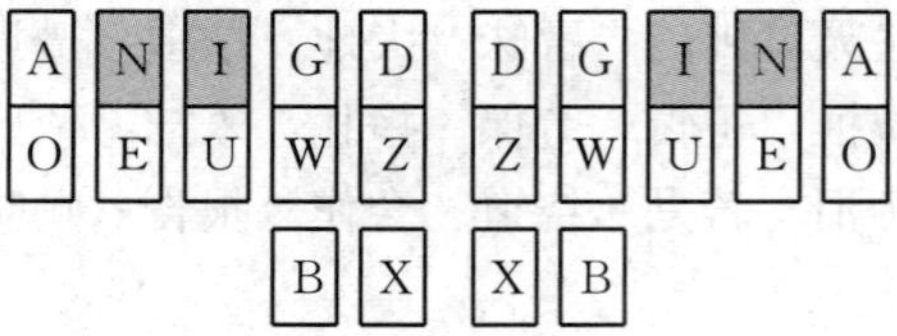

图 1-57 韵码“IN”的码位

(4)“UE”用中指、无名指并击两键，见图 1-58。

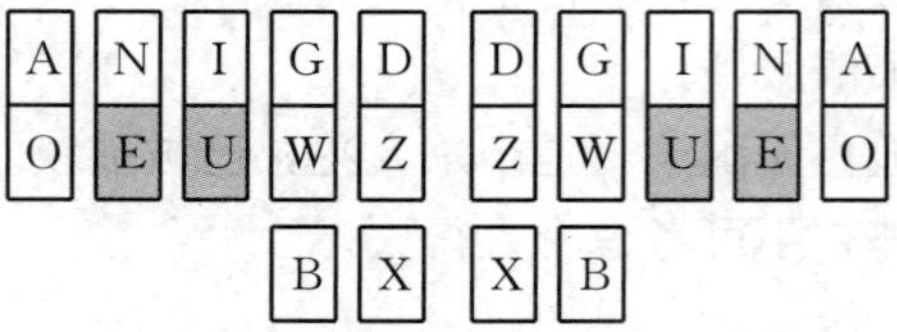

图 1-58 韵码“UE”的码位

(三)韵码“AN、EO、IN、UE”的系列音节码

(1)韵码“AN”的系列音节码。

BAN(板) BGAN(盘) XBAN(满) XBUAN(反) DAN(但) BDAN(谈) XBDAN(南) XDAN(蓝) ZAN(占) BZAN(产) XZAN(山) XBZAN(然) DZAN(咱) BDZAN(残) XDZAN(三) GAN(干) XBGAN(看) XGAN(含)

(2)韵码“EO”的系列音节码。

BGEO(剖) XBEO(某) XBUEO(否) DEO(都) BDEO(头) XBDEO(耨) XDEO(楼) ZEO(轴) BZEO(抽) XZEO(受) XBZEO(肉) DZEO(走) BDZEO(凑) XDZEO(艘) GEO(够) XBGEO(口) XGEO(后)

(3)韵码“IN”的系列音节码。

BIN(宾) BGIN(品) XBIN(民) XBDIN(您) XDIN(林) GIN(进) XGIN(亲) XIN(新)

(4)韵码“UE”的系列音节码。

DUE(对) BDUE(推) ZUE(追) BZUE(吹) XZUE(水) XBZUE(瑞) DZUE(最) BDZUE(翠) XDZUE(虽) GUE(归) XBGUE(亏) XGUE(会)

问：我对“O、EO”两个键位码分不清，为什么？

答：是因为“O”键的英文读音造成的，仔细辨别一下读音，当读“EO”键位时带有“E”音，这样就分清了。

(四)略码、特定码及编辑功能码

1. 略码

(1)高频特定单音词。

本节涉及 57 个高频特定单音词，即

按 案 半 办 满 漫 凡 反 但 谈 难 男 蓝 占 站 山 善 然 染
散 干 敢 看 汉 含 某 都 头 投 楼 周 受 收 走 够 口 后 因
引 民 您 亲 新 信 为 位 对 队 推 退 水 最 虽 岁 归 会 回

（2）双音略码词语。

本节涉及 54 组双音略码词语，即

按照　安全　办理　办法　攀登　判决　漫谈　满足　反应　反对
但是　单位　谈到　谈话　难道　南方　篮球　蓝图　战争　战斗
产品　产生　陕西　山区　燃烧　然后　咱们　赞成　参加　参考
散漫　散布　感到　感觉　看到　看出　含量　含有　偶然　欧洲
剖析　剖开　某些　谋划　否则　否认　都是　斗争　投资　投入
楼房　漏洞　周期　周围　抽象　仇恨　受到　首先　柔和　柔软
走向　走狗　搜集　搜查　构造　构成　口号　口头　后来　后面
因此　因为　宾客　宾馆　品种　频率　民族　民主　临时　邻国
近来　进行　亲自　侵略　心里　信号　为了　委员　对象　对于
推行　推动　追求　追究　垂直　吹捧　水分　水平　最小　最后
摧残　摧毁　虽然　随着　规定　规律　回来　恢复

（3）三音略码词语。

本节涉及 39 个三音略码词语，即

安理会　办公室　判决书　反革命　单方面　贪污犯　男子汉　拦河坝　战斗力
颤巍巍　参加者　感觉到　看样子　含水量　偶然性　剖面图　否决权　斗争性
投保人　周期性　筹备会　受不了　走后门　凑热闹　购买力　扣帽子　候选人
贫困户　民主党　临时工　尽可能　侵略者　新加坡　为什么　对立面　推销员
水电站　规范化　会员国

2. 汉字特定码

六（WEO）　二（XWE）

六月

3. 多音略码词语

多音词语略码是指五个音节码和五个音节码以上的词语略码。其击打方法是：

第一音节码：第二音节码

末音节码：XO（省略标志功能码）

左右手先并击多音词语的第一、二两个音节码，然后左、右手并击末音节码和省略标志功能码“XO”。多音词语略码已编订一批进入词库，具体参见本书附录。

多音词语略码中的开头两个音节必须打音节码，不能击打略码，如“发展生产力”中的“发展”不能打成“XBUA（BIU）：X”，因为略码是直接上屏的，无法捆绑。

综合实训

1. 词实训

班级　剖视　出殡　车队　判处　谋杀　废品　追捕　自满　陋习　找您　吹奏

超凡　非洲　考勤　锐利　河南　能手　心理　心醉　聚餐　等候　扣除　琐碎
惭愧　发汗　购置　至今　干脆　鼓吹　赞许　蛮横　报酬　亲人　指挥　分散
搜捕　林区　随时　展览　走漏　今后　辞退　奋战　收购　贪污　伟大　民办
路口　主犯

2. 句子实训

(1) 你们单位的负责人不能逃避这个事故的责任。
(2) 他三妹的高考成绩很好，不过她不能因此自傲、满足。
(3) 违法制造爆炸物的犯人必须依法判处，特别是主犯和累犯。
(4) 被盗事故的发生，不能说是偶然的。
(5) 北京市人民政府为人民服务，给大家办了不少实事。
(6) 一去二三里，烟村四五家。亭台六七座，八九十枝花。

五、韵码“IA、IO、NO、IE”及其系列音节码

(一) 编码及读音

韵码“IA、IO、NO、IE”的编码及读音见表 1-13。

表 1-13

编码	IA	IO	NO	IE
拼音注音	ya	ai	ang	ye
汉字注音	压	爱	昂	也

(二) 指法

(1)“IA”用中指、小拇指并击两键，见图 1-59。

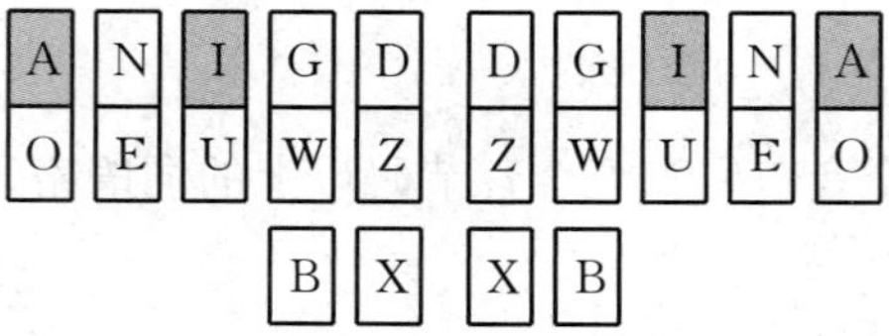

图 1-59　韵码“IA”的码位

(2)“IO”用中指、小拇指并击两键，见图 1-60。

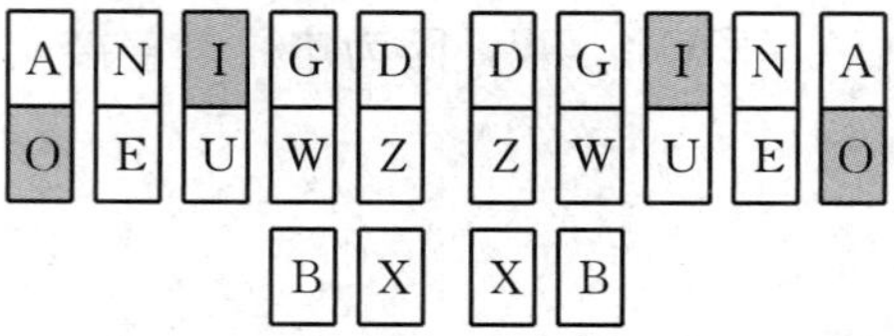

图 1-60　韵码“IO”的码位

(3)“NO”用无名指、小拇指并击两键，见图 1－61。

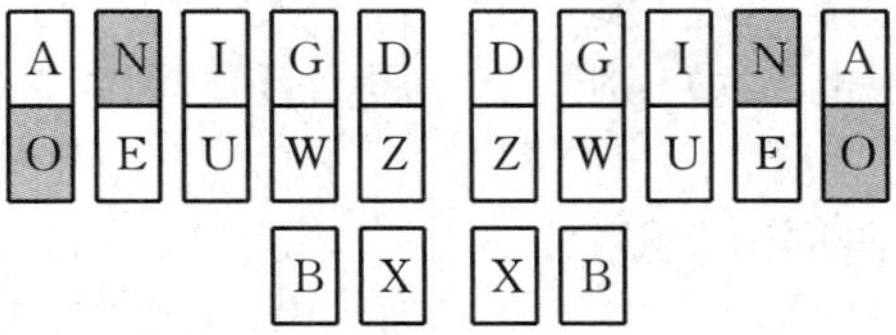

图 1－61　韵码“NO”的码位

(4)“IE”用中指、无名指并击两键，见图 1－62。

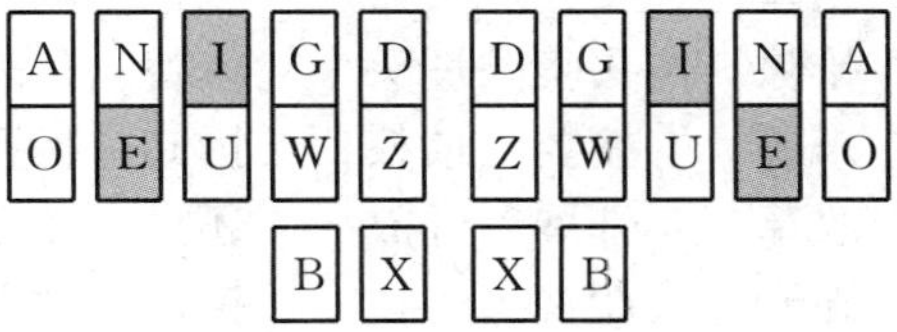

图 1－62　韵码“IE”的码位

(三) 韵码“IA、IO、NO、IE”的系列音节码

(1) 韵码“IA”的系列音节码。

DIA（嗲）　XDIA（俩）　GIA（家）　XGIA（恰）　XIA（下）

(2) 韵码“IO”的系列音节码。

BIO（百）　BGIO（派）　XBIO（买）　DIO（带）　BDIO（太）　XBDIO（乃）
XDIO（来）　ZIO（寨）　BZIO（柴）　XZIO（筛）　DZIO（在）　BDZIO（才）
XDZIO（塞）　GIO（该）　XBGIO（开）　XGIO（还）

(3) 韵码“NO”的系列音节码。

BNO（棒）　BGNO（旁）　XBNO（忙）　XBUNO（放）　DNO（当）　BDNO（唐）
XBDNO（囊）　XDNO（浪）　ZNO（长）　BZNO（长）　XZNO（上）　DZNO（脏）
BDZNO（藏）　XDZNO（桑）　GNO（钢）　XBGNO（抗）　XGNO（行）

(4) 韵码“IE”的系列音节码。

BIE（别）　BGIE（撇）　XBIE（灭）　DIE（爹）　BDIE（铁）　XBDIE（镍）
XDIE（列）　GIE（节）　XGIE（且）　XIE（写）

> **问：**当同时按下“I”键和“A”键时无名指抬不起来，怎么办？
> **答：**这是大多数人都会遇到的情况，因此需要在一个平面上多练习中指和小拇指按下、无名指抬起的动作，练习一段时间就会灵活自如了。

(四) 略码、特定码及编辑功能码

1. 略码

(1) 高频特定单音词。

本节涉及 50 个高频特定单音词，即

压 加 假 下 帮 旁 忙 放 防 当 党 唐 糖 长 厂 上 伤 让 刚 钢 行 百 白 派 排 买 卖 带 代 太 台 乃 来 在 再 才 采 塞 该 改 开 还 海 也 页 别 节 届 且 写

(2) 双音略码词语。

本节涉及 43 组双音略码词语，即

压力 压迫 加强 加快 恰当 恰如 下来 下面 昂贵
帮忙 帮助 旁边 旁观 盲从 盲人 方面 方法 当然 当时
搪塞 倘若 浪潮 浪费 障碍 账户 长期 长度 上来 上面
葬礼 藏族 仓促 仓库 丧失 丧命 钢铁 刚才 爱情 爱国
白色 百万 排列 排除 买卖 埋头 代替 代表 态度 台湾
耐心 耐用 来宾 来源 摘要 债权 拆卸 拆开 在于 再生
才能 采用 改变 改革 开展 开放 还是 孩子 业绩 也许
别离 别人 撇下 撇开 蔑视 灭亡 铁证 铁路 劣迹 列车
解决 结果 切实 切断 协定 协调

(3) 三音略码词语。

本节涉及 29 个三音略码词语，即

加拿大 下意识 旁观者 盲目性 房地产 党中央 掌权者 常见于 商标法
港澳台 爱好者 百分点 派出所 卖力气 代用品 太平洋 耐寒性 来得及
债权人 拆墙脚 财产权 概念化 开发区 海南岛 野战军 憋足劲 列车员
解放军 怯生生

(4) 数字词语特定码略码。

有一些常用的数字词语也可以省略如下：

百分之：WIO（左或右手单击）

千分之：WIAN（左或右手单击）

2. 汉字特定码（中文大写数字）

中文大写数字的特定码，是右手击打相应的小写数字特定码，同时左手击打“W”，见表 1－14。

表 1－14

编码	数字	编码	数字	编码	数字
W：WI	壹	W：WEO	陆	W：XZW	拾
W：XWE	贰	W：XGWI	柒	WO	零
W：WN	叁	W：BW	捌	W：WIO	佰
W：ZW	肆	W：GW	玖	W：WIAN	仟
W：WU	伍				

综合实训

1. 词实训

压抑 诽谤 热爱 业务 挤压 旁证 败类 级别 嗲声 繁忙 气派

撇开　俩人　仿佛　脉搏　磨灭　价格　高档　时代　迭起　假释　糖果
态势　补贴　恰好　智囊　忍耐　捏造　下达　狼狈　来自　猛烈　朝霞
铺张　债户　接受　洽谈　漫长　拆除　盗窃　受伤　西晒　让步　栽赃
宝藏　采纳　苍老　机械　塞车　奥运
壹贰叁肆伍陆柒捌玖拾零佰仟

2. 句子实训

(1) 虽然他只是我国某一个对外贸易单位的推销员，但是他在与人洽谈贸易的时候，不顾自己的人格，索取百分之二（千分之二十）的回扣，违法违纪，贪污受贿，辱没了国家和单位的声誉。因此，他成了受审判的被告。

(2) 改革开放以来，认真追求新的当代科技知识的人日益多起来了，我们深刻地认识到：须加倍地努力，尽可能多地掌握当代科技知识。

六、韵码“UN、UA、IUO、INE”及其系列音节码

（一）编码及读音

韵码“UN、UA、IUO、INE”的编码及读音见表 1-15。

表 1-15

编码	UN	UA	IUO	INE
拼音注音	wen	wa	wai	ying
汉字注音	问	挖	外	应

（二）指法

(1)“UN”用中指、无名指并击两键，见图 1-63。

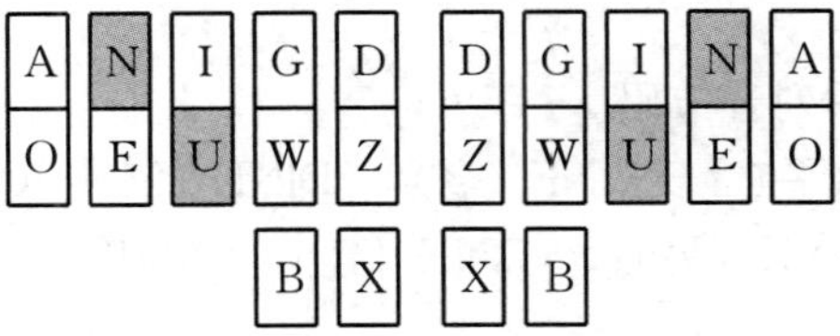

图 1-63　韵码“UN”的码位

(2)“UA”用中指、小拇指并击两键，见图 1-64。

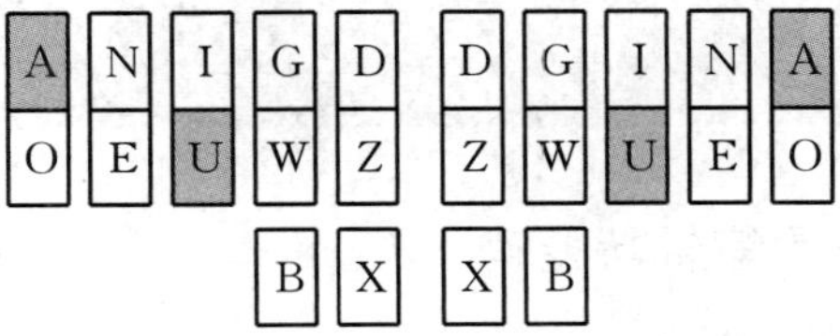

图 1-64　韵码“UA”的码位

(3)“IUO”用中指、小拇指并击三键，见图1－65。

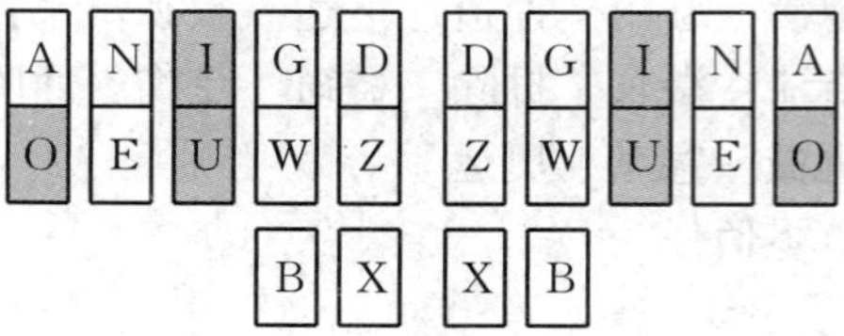

图1－65　韵码“IUO”的码位

(4)“INE”用中指、无名指并击三键，见图1－66。

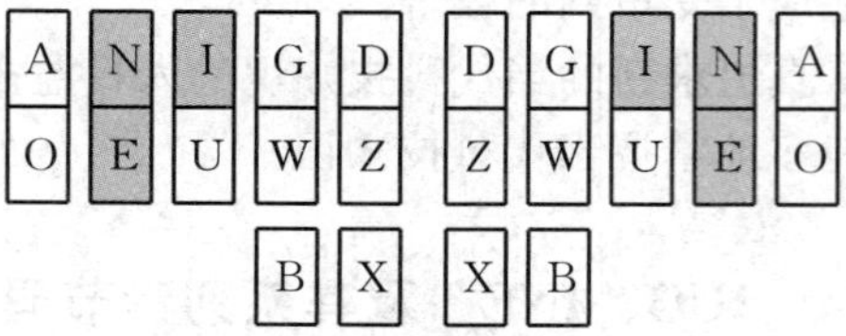

图1－66　韵码“INE”的码位

(三)韵码“UN、UA、IUO、INE”的系列音节码

(1)韵码“UN”的系列音节码。

DUN(吨)　BDUN(屯)　XDUN(论)　ZUN(准)　BZUN(春)　XZUN(顺)　XBZUN(润)　DZUN(尊)　BDZUN(村)　XDZUN(孙)　GUN(困)　XBGUN(困)　XGUN(混)

(2)韵码“UA”的系列音节码。

ZUA(抓)　XZUA(刷)　GUA(挂)　XBGUA(跨)　XGUA(XGW)(华)

(3)韵码“IUO”的系列音节码。

ZIUO(拽)　BZIUO(揣)　XZIUO(率)　GIUO(怪)　XBGIUO(XBGI)(快)　XGIUO(坏)

(4)韵码“INE”的系列音节码。

BINE(并)　BGINE(平)　XBINE(名)　DINE(DIN)(定)　BDINE(BDIN)(听)　XBDINE(凝)　XDINE(另)　GINE(经)　XGINE(清)　XINE(性)

问：这一节有很多中指按“U”键、小拇指按“A”键或无名指按“N”键的指形，很别扭，怎么解决？

答：保持小拇指每个指关节的弯曲状态，这样在击“A”键或“O”键时就不会带键。

(四)略码、特定码及编辑功能码

1. 略码

(1)高频特定单音词。

本节涉及 32 个高频特定单音词，即

问 文 吨 准 顺 村 寸 挖 抓 挂 化 话 外 快 块 坏 应 并 病 名 命 定 顶 听 停 另 领 经 竟 请 轻 星

（2）双音略码词语。

本节涉及 31 组双音略码词语，即

问题 文化 蹲点 吨位 论证 论述 准备 准确 春天 春秋
顺利 顺序 润色 润滑 遵守 存在 存贮 损失 损害
困难 困苦 混淆 混合 瓦解 挖掘 抓紧 抓住 夸大 跨度
化学 划分 外交 外国 揣测 揣摩 率领 衰落 快餐 快速
应该 影响 并且 病人 平行 平均 明显 明确 定理 定律
停止 听见 宁可 宁愿 领导 领袖 经济 经过 青年 情况
形式 形成

（3）三音略码词语。

本节涉及 19 个三音略码词语，即

文学家 吞吐量 轮训班 准确性 纯利润 婚姻法 耍花招 划时代 外交部
坏分子 营业员 并没有 平方米 明细账 凝聚力 领事馆 经济学 轻工业
形式上

2. 后置成分特定码

（1）后置成分双音词。

“后置成分”即基本上固定地出现在某些词语的最后的一些词语，如：“制度”，有社会制度、奴隶制度、工作制度等；“主义”，有社会主义、马克思主义、资本主义等。

（2）后置成分双音词的特定原则。

后置成分双音词特定码比较特殊，其构成基本上是由第一字的声码＋W＋第二字的韵码，用单手击打。如：“制度”，“制”的声码是“Z”，“度”的韵码是“U”，则制度的特定码为“ZWU”；“主义”的特定码为 Z＋W＋I＝ZWI（左手或者右手单击）。

（3）相关词语的省略方法。

对于包含上面这些后置成分的词语，为了方便，又对常用的词语设计了进一步略打的方法，一次击键即可完成录入。方法是：左手击打第一个汉字的音节码，右手击打后置成分特定码。即

首音节码：后置成分特定码

如“社会主义”，编码为左手“社”的音节码“XZE”，右手为“主义”的特定码“ZWI”，即“XZE：ZWI”。

（4）11 个后置成分特定码。

ZWI＝主义	爱国主义	拜金主义
ZWU＝制度	规章制度	社会制度
XZWUE＝社会	封建社会	奴隶社会
XWUEO＝系统	灌溉系统	光学系统
XGWUEO＝活动	大肆活动	党团活动

XGWIE＝企业	大型企业	独资企业
GWIE＝阶级	剥削阶级	地主阶级
XWAO＝学校	高等学校	民办学校
XBWN＝矛盾	敌我矛盾	根本矛盾
XZWIE＝世界	称霸世界	宏观世界
XBGWIUE＝科学	材料科学	基础科学

综合实训

1. 词实训

敦促　挖苦　歪风　应当　整顿　抓好　别拽　弊病　囤积　印刷　揣度　评价
理论　记挂　挂帅　使命　准予　垮台　怪话　定案　单纯　华丽　财会　法庭
顺心　深化　利润　宁静　遵照　破坏　保存　法令　损害　经常　恶棍　申请
困乏　型号　新闻　低洼　海外　理应　独吞　刷新　衰败　停产　亏损　瓜分
怀抱　振兴

2. 句子实训

本判决在闭庭后五日内送达。如对本判决不服，在接到判决书的次日起十日内，可向本院或者直接向某某中级人民法院提出上诉。书面上诉的，应交上诉状正本一份，副本两份。

七、韵码“IUE、IUN、IAO、IAN”及其系列音节码

（一）编码及读音

韵码“IUE、IUN、IAO、IAN”的编码及读音见表1-16。

表1-16

编码	IUE	IUN	IAO	IAN
拼音注音	yue	yun	yao	yan
汉字注音	月	云	要	言

（二）指法

（1）“IUE”用中指、无名指并击三键，见图1-67。

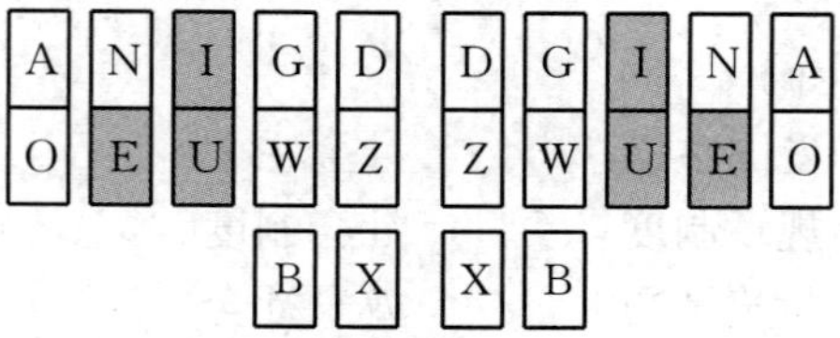

图1-67　韵码“IUE”的码位

（2）“IUN”用中指、无名指并击三键，见图 1－68。

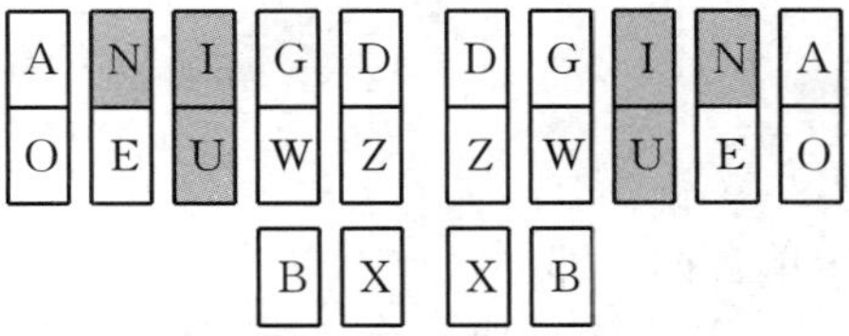

图 1－68 韵码“IUN”的码位

（3）“IAO”用中指、小拇指并击三键，见图 1－69。

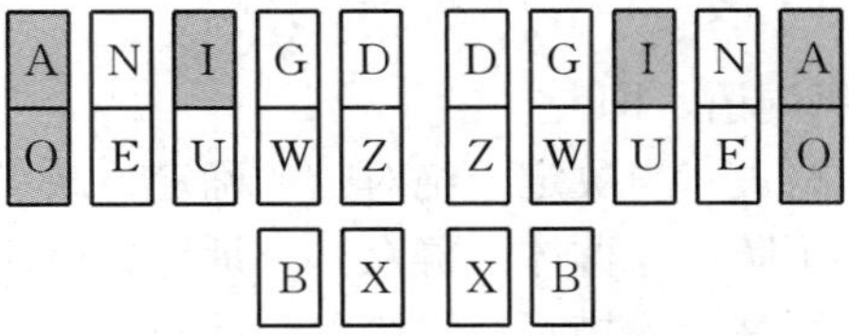

图 1－69 韵码“IAO”的码位

（4）“IAN”用中指、无名指、小拇指并击三键，见图 1－70。

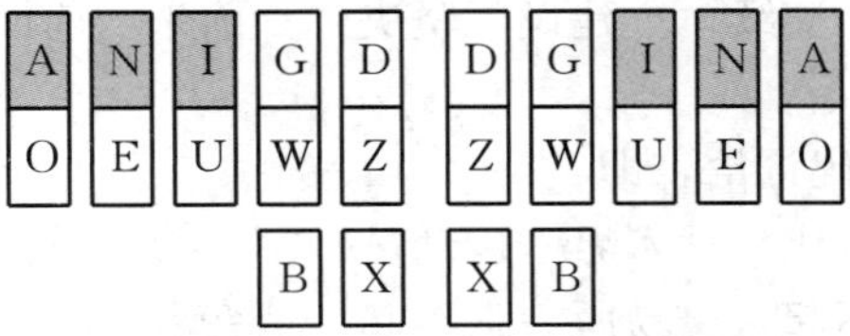

图 1－70 韵码“IAN”的码位

（三）韵码“IUE、IUN、IAO、IAN”的系列音节码

（1）韵码“IUE”的系列音节码。

XBDIUE（虐） XDIUE（略） GIUE（决） XGIUE（却） XIUE（学）

（2）韵码“IUN”的系列音节码。

GIUN（军） XGIUN（群） XIUN（讯）

（3）韵码“IAO”的系列音节码。

BIAO（表） BGIAO（票） XBIAO（苗） DIAO（掉） BDIAO（条）
XBDIAO（鸟） XDIAO（料） GIAO（较） XGIAO（桥） XIAO（小）

（4）韵码“IAN”的系列音节码。

BIAN（便） BGIAN（片） XBIAN（面） DIAN（点） BDIAN（天）
XBDIAN（年） XDIAN（连） GIAN（间） XGIAN（前） XIAN（先）

高手指点

在这一课中又出现了一对容易混淆的两个韵码，即“IUE、IUN”，这两个韵码的读音非常相似，指法也很相近，所以容易记错。在综合实训中遇到这两个韵码时，要多在大脑中想一下再击键。

(四)略码、特定码及编辑功能码

1. 略码

(1) 高频特定单音词。

本节涉及40个高频特定单音词，即

月 绝 却 确 运 云 均 军 要 表 标 秒 调 掉 条 跳 较 教 小 笑 言 沿 便 变 片 篇 面 棉 点 电 天 田 年 连 联 间 件 前 千 现

(2) 双音略码词语。

本节涉及30组双音略码词语，即

约束 月份 掠夺 略去 决定 绝对 确定 缺点 学习 学生
运用 运动 均匀 军队 群体 群众 训练 迅速 要是 要求
表示 表现 飘然 漂亮 描写 描绘 调查 调动 调整 条件
了解 疗效 交换 叫作 巧妙 侨眷 小姐 效果 研究 严重
变成 变化 偏差 片面 面貌 面前 电脑 电话 天下 天津
年来 年代 联系 连续 建设 坚决 前来 前面 现在 现象

(3) 三音略码词语。

本节涉及26个三音略码词语，即

越来越 略高于 绝对化 学术界 运动员 军事化 群众性 训练班 邀请赛
标准化 飘飘然 了不起 交易所 瞧不起 消费者 严重性 辩护人 片面性
免不了 电视机 天安门 年产量 联合国 柬埔寨 潜伏期 现代化

2. 标点符号码

冒号(：)(XBDG：) 左书名号(《)(DZIU：) 右书名号(》)(：DZIU)

3. 专名标志码

在听打录入时，若不能确定所录人名、地名、国名等专用名词的具体写法，可在输入其音节码之后，加击“WUE”码，左、右手单击均可，不显屏，用以标志其前面输入的音节码系专名。音节码击打一次的，专名标志码也随之加击一次；音节码击打两次的，专名标志码则要再随之加击一次；依此类推。另外，加击专名标志码后，音节码在屏幕上均显示为汉语拼音，在编辑时再一一改打成汉字。其打法如下：

“李宏起”先输入音节码“XDI”，加击“WUE”，再打“XGUEO：XGI”，然后加击“WUE”，屏幕显示为“lihongqi”。

综合实训

1. 词实训

阅读 邀请 严惩 暴虐 夺标 旁边 略去 票务 拐骗 发觉 扫描 避免
缺少 调离 典范 文学 失调 增添 允许 鸟类 年轻 敌军 资料 简练
群起 交纳 潜力 审讯 技巧 保险 查阅 消费 虐待 必要 科研 策略

表明　编制　觉察　支票　拐骗　退却　藐视　勉励　削弱　借调　地点　命运
条例　天气

2. 句子实训

(1)《人民日报》：物价问题说到底是商品和货币的关系问题。去年涨价幅度较大，我看原因很好找：固定资产投资规模太大了，货币的发行量太多了，造成一些商品缺乏。

(2) 疟原虫是一种原生动物，单细胞，寄生在人和脊椎动物的细胞内。有的疟原虫是疟疾的病原体，由蚊子传播。

(3) 军队是为政治目的服务的武装组织，是国家机器的主要组成部分。

八、韵码“UEO、IUEO、UAN、IUAN”及其系列音节码

(一) 编码及读音

韵码“UEO、IUEO、UAN、IUAN”的编码及读音见表1-17。

表1-17

编码	UEO	IUEO	UAN	IUAN
拼音注音	weng	yong	wan	yuan
汉字注音	翁	用	万	圆

注：UEO在单独使用时念“weng”，与其他声码相拼缀时念“ong”。

(二) 指法

(1)“UEO”用中指、无名指和小拇指并击三键，见图1-71。

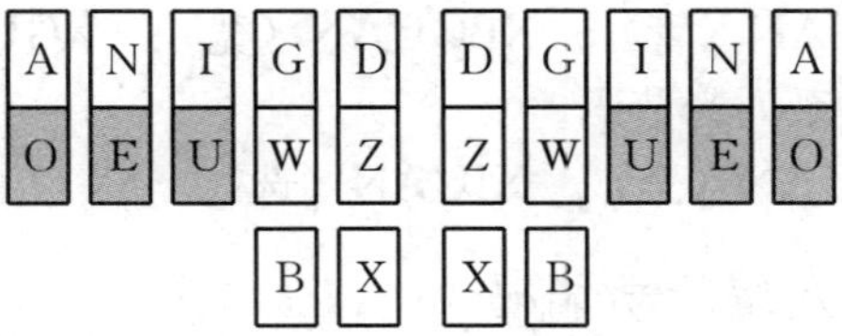

图1-71　韵码“UEO”的码位

(2)“IUEO”用中指、无名指和小拇指并击四键，见图1-72。

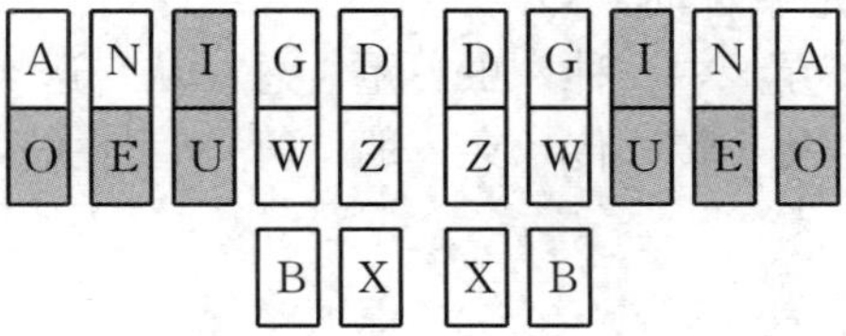

图1-72　韵码“IUEO”的码位

(3)“UAN”用中指、无名指和小拇指并击三键，见图1-73。

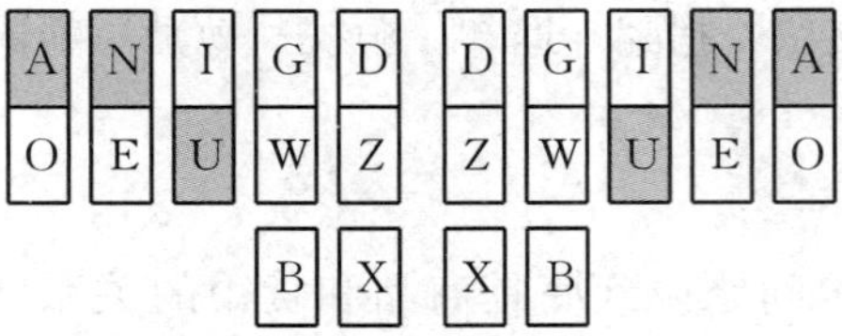

图 1-73　韵码“UAN”的码位

(4)“IUAN”用中指、无名指和小拇指并击四键，见图 1-74。

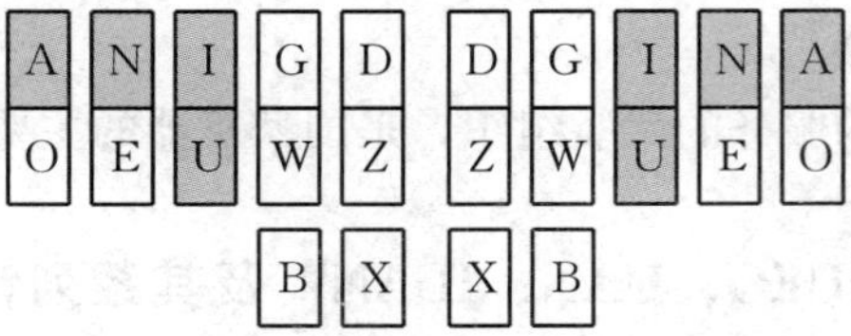

图 1-74　韵码“IUAN”的码位

(三) 韵码“UEO、IUEO、UAN、IUAN”的系列音节码

(1) 韵码“UEO”的系列音节码。

DUEO(动)　BDUEO(同)　XBDUEO(农)　XDUEO(龙)　ZUEO(中)
BZUEO(虫)　XBZUEO(溶)　DZUEO(总)　BDZUEO(从)　XDZUEO(送)
XBGUEO(孔)　XGUEO(红)

(2) 韵码“IUEO”的系列音节码。

GIUEO(迥)　XGIUEO(穷)　XIUEO(胸)

(3) 韵码“UAN”的系列音节码。

DUAN(段)　BDUAN(团)　XBDUAN(暖)　XDUAN(乱)　ZUAN(转)
BZUAN(船)　XZUAN(拴)　XBZUAN(软)　DZUAN(钻)　BDZUAN(篡)
XDZUAN(酸)　GUAN(管)　XBGUAN(宽)　XGUAN(换)

(4) 韵码“IUAN”的系列音节码。

GIUAN(卷)　XGIUAN(全)　XIUAN(选)

(四) 略码、特定码及编辑功能码

1. 略码

(1) 高频特定单音词。

本节涉及 40 个高频特定单音词，即

动 东 同 通 浓 弄 中 种 虫 重 总 从 送 宋 公 共 空 红 用
完 万 短 段 团 乱 转 传 穿 船 算 管 关 宽 换 原 元 卷 全
权 选

(2) 双音略码词语。

本节涉及 27 组双音略码词语，即

东西　动作　　同志　通过　　农民　农村　　隆重　垄断　　重要　中国
重新　充分　　溶解　溶液　　总是　总统　　从而　从事　　送入　送出

工业　工作　　空气　控制　　红色　宏观　　完成　完全　　锻造　锻炼
团结　团体　　专门　转动　　传播　传统　　软件　软化　　钻研　钻营
算是　酸痛　　关系　管理　　宽大　宽广　　环境　欢迎　　原则　原料
权利　全国　　选择　宣传

（3）三音略码词语。

本节涉及25个三音略码词语，即

东南亚　统治者　农产品　重要性　充其量　总产量　送人情　共产党　空架子
轰炸机　用不着　凶杀案　短训班　团体赛　暖洋洋　乱糟糟　专利权　传染病
软弱性　酸牛奶　冠军赛　欢送会　原则性　全国性　选举权

2. 拉丁字母编码

（1）拉丁字母编码的方法。

和阿拉伯数字一样，拉丁字母也有“临时”和“锁定”两种使用方法。二者所需要注意的问题也是一样的。临时使用时，左手固定为“XU”（大写字母）和“XUE”（小写字母）组合编码，右手用相应的键或组合键代表不同的拉丁字母。锁定与解除锁定使用“XUO”组合码（默认小写），锁定状态下大小写的转换使用“XW”组合码。锁定时，左手或右手都可以单独录入任何拉丁字母。拉丁字母编码的规律是基本上以对应于拉丁字母所代表的声码或韵码的速录码为准，并进行个别的调整。

（2）拉丁字母的速录编码。

拉丁字母的速录编码见表1-18，其中，左手并击“XU”为大写，“XUE”为小写。

表1-18

字母	右手编码	字母	右手编码	字母	右手编码
A	A	**J**	GI	**S**	XZ
B	B	**K**	XBG	**T**	BD
C	BZ	**L**	XD	**U**	U
D	D	**M**	XB	**V**	UE
E	E	**N**	N	**W**	W
F	XBU	**O**	O	**X**	XI
G	G	**P**	BG	**Y**	IA
H	XG	**Q**	XGI	**Z**	Z
I	I	**R**	XBZ		

（3）拉丁字母速录编码的使用。

亚伟中文速录机是专为速录汉语信息设计的，输入拉丁字母只是其辅助功能，因此一般情况下无须使用锁定。如果需要输入整行、整段甚至整篇的英文字母，最好不用速录机，改用标准键盘。

高手指点

拉丁字母主要用于拼写讲话中出现的英文，也需要加以强化，并加强常用英文单词、缩写的学习，避免出错。

综合实训

1. 词实训

瓮声　勇敢　原来　万恶　能动　使用　长短　支援　同时　窘迫　团委　捐献
工农　受窘　温暖　厌倦　隆冬　穷苦　乱离　全力　各种　贫穷　周转　保全
冲击　凶犯　传达　宣布　繁荣　英雄　螺栓　总之　琼脂　软和　服从　逞凶
编纂　松散　篡改　迥异　办公　凯旋　打算　炯炯　空间　关键　有用　贷款
防洪　联欢

2. 句子实训

(1) 我国新石器时代晚期的文化距今约四千年，分布于黄河中下游、辽东半岛和江淮地区。因其1928年首次发现于山东章丘的龙山，故称龙山文化。

(2) 既然发展社会主义市场经济要有伟大的精神推动力已经成为我们的共识，既然在构建物质文明大厦的同时还要构建精神文明乐园是我们的共同需求，那我们就有责任与英雄携手同行，让明天更美好。

(3) “软件（software）”一词，用于描述计算机中的非硬件成分。

九、韵码“IEO、INO、UNO、XE、EA”及其系列音节码

(一) 编码及读音

韵码“IEO、INO、UNO、XE、EA”的编码及读音见表1-19。

表1-19

编码	IEO	INO	UNO	XE	EA
拼音注音	you	yang	wang	er	yo
汉字注音	有	样	王	而	哟

(二) 指法

(1)“IEO”用中指、无名指和小拇指并击三键，见图1-75。

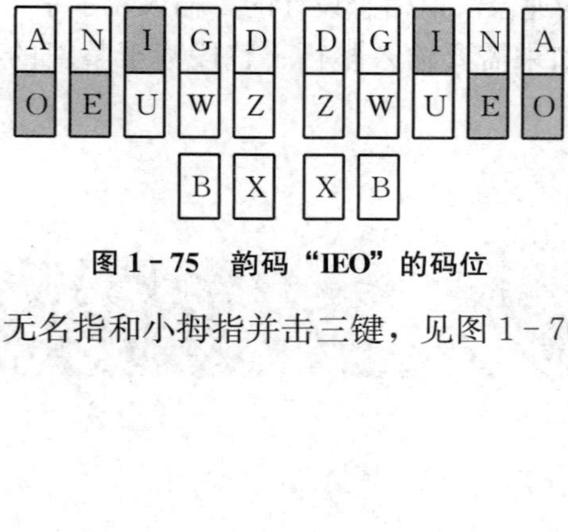

图1-75　韵码“IEO”的码位

(2)“INO”用中指、无名指和小拇指并击三键，见图1-76。

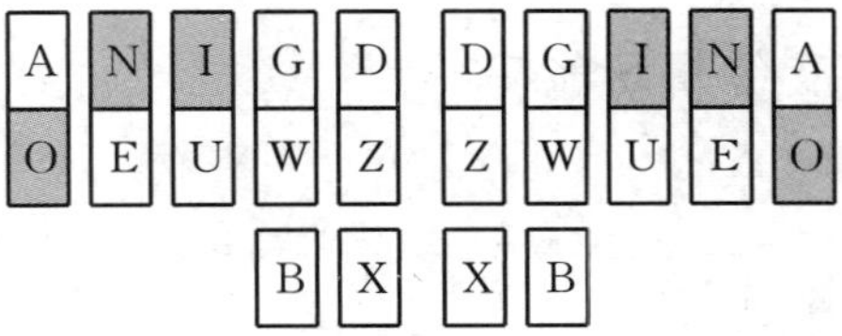

图 1－76　韵码“INO”的码位

（3）“UNO”用中指、无名指和小拇指并击三键，见图 1－77。

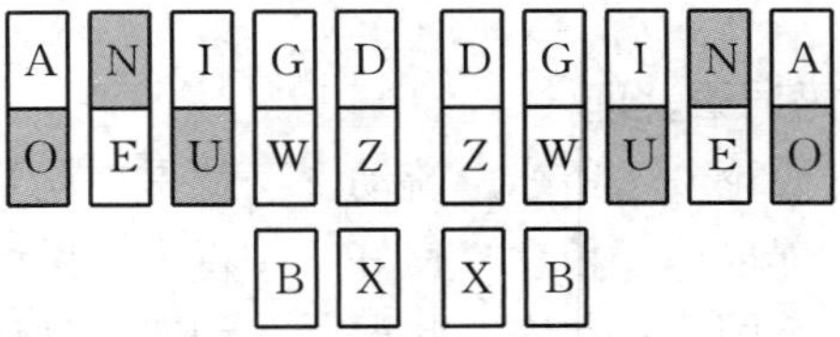

图 1－77　韵码“UNO”的码位

（4）“XE”用拇指、无名指并击两键，见图 1－78。

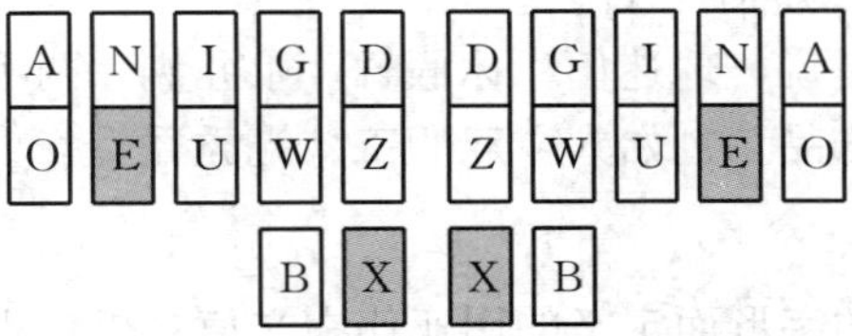

图 1－78　韵码“XE”的码位

（5）“EA”这个韵码在平时练习与工作中不常用，所以不用讲究指法，其码位见图 1－79。

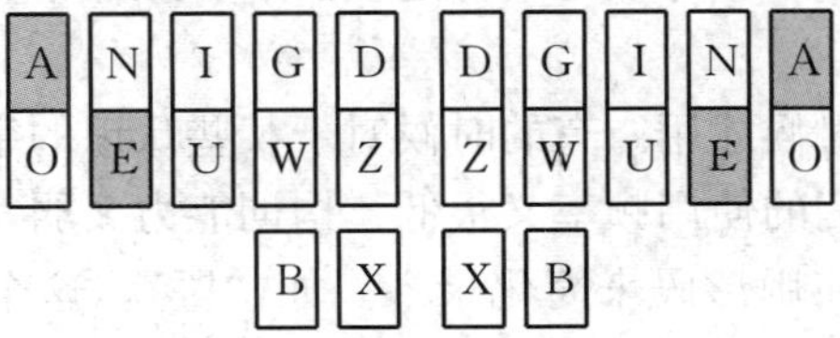

图 1－79　韵码“EA”的码位

（三）韵码“IEO、INO、UNO”的系列音节码

（1）韵码“IEO”的系列音节码。

XBIEO（谬）　DIEO（丢）　XBDIEO（牛）　XDIEO（六）　GIEO（就）

XGIEO（求）　XIEO（修）

（2）韵码“INO”的系列音节码。

XBDINO（娘）　XDINO（两）　GINO（将）　XGINO（强）　XINO（向）

（3）韵码“UNO”的系列音节码。

ZUNO（装）　BZUNO（床）　XZUNO（双）　GUNO（光）　XBGUNO（矿）

XGUNO（黄）

(四)略码、特定码及编辑功能码

1. 略码

(1)高频特定单音词。

本节涉及 27 个高频特定单音词,即

有 由 流 留 就 旧 求 修 样 两 量 将 讲 强 抢 向 想 往 望 装 闯 双 光 广 矿 黄 而

(2)双音略码词语。

本节涉及 19 组双音略码词语,即

由于 有关 谬论 留恋 流动 就是 就要 求证 秋收
修理 修改 样品 养成 粮食 良好 将来 讲话 强调 强度
相等 相同 往来 妄图 状态 状况 创造 创作 双手 双方
广大 广泛 况且 狂欢 荒谬 荒废 而且 儿童

(3)三音略码词语。

本节涉及 14 个三音略码词语,即

优越性 留学生 就是说 球迷们 休假日 娘儿俩 两手抓 讲排场
强有力 相适应 装饰品 创始人 双职工 光秃秃

2. 亚伟形码

亚伟形码是根据汉字的字形而定义的用亚伟中文速录机录入汉字的编码。汉字的数量很多,仅常用字就有三千多个,还有很多汉字速录员可能根本不认识,听打记录时可以先打出同音字,然后在后期校对改正;但在看打过程中,一旦遇到这些字,不知道它的读音,就无法击打。为了能够比较方便地击打这些汉字,亚伟中文速录专用文字处理系统专门编定了亚伟拼音形码。

形码一般只在看打的时候才用。有的时候对于某些认识的字也不容易准确击打,并且这些字的同音字很多,它们的使用频率又很低,构词能力又弱,如果要从同音字提示行中选择很麻烦,这时就可以使用形码来简化录入。如"暨",这个字没有任何组词,它在提示行中第五页,选择起来很不方便,用形码击打是唯一简便的输入方式。

形码采取的是"取最大的两个可读部分"的原则。一方面,这样的规则简单,识别率高;另一方面这也符合人们的习惯。人们在讲话过程中要指示某一个汉字时,经常会说"弓长张""土也地"等。"张"的形码元就是"弓""长"(GUEO、BZNO);"地"的形码元就是"土""也"(BDU、IE)。上面说的这些"可读部分"称"形码元"。有些形码元是大家不熟悉的,在附录中有详细的表格供查阅。

在速录系统中,双手并击"XN:XN"即可进入/退出形码记录状态,同时提示行显示/隐藏"形码"字样。例如:"靳"这个字,形码元是"革"和"斤",在双手并击"XN:XN"后,左手击"革"(G),右手击"斤"(GIN),即可出现"靳",击打十分方便。

进入形码状态后,可双手并击任何汉字的形码,并可以在提示行进行选择。如果双手并击的编码不是汉字的形码,则自动恢复至亚伟速录状态。

高手指点

（1）形码是速录系统的辅助功能，不宜频繁使用。

（2）形码元有的是常用的偏旁部首，有的不是，因此，对这些不常用的需要单独加以记忆，否则会出现有一些字打不出来的情况。

（3）附录中有形码元的详细信息供学习者查阅。

综合实训

1. 词实训

优势　养育　忘记　谬误　中央　渴望　丢弃　凉爽　酿造　光明　奶牛　红娘
推广　拘留　两边　狂妄　不久　产量　疯狂　囚犯　爽直　奖惩　荒唐　腐朽
即将　摇晃　纽带　抢购　装备　纠正　富强　形状　死囚　项目　创伤　休息
开创　理想　荒草　流行　庄家　姑娘　窗户　爹娘　枉法　球赛　铁矿　修养
强盗　印象

2. 句子实训

跨世纪优秀人才应该是当代青年的表率。社会发展到今天，专业知识的掌握和运用、创造性的发挥、务实的劳动以及带来的效益，早已不是哪一个孤立的个人的事情，不论是哪个环节，个人的活动都与他人的活动紧密地联系在一起，这就为优秀人才提供了许多机会。总之，那种具有扎实的专业知识、创造性、实干精神的人，才能够被称为跨世纪的优秀人才。

十、韵码、音节码、标点符号码与部分功能码总复习

（一）韵码

韵码是与汉语拼音韵母相对应的编码，共有 34 个韵码，见表 1－20。

表 1－20

编码	读音	编码	读音	编码	读音	编码	读音
I	（yi）一	AN	（an）按	XE	（er）而	IAN	（ian）言
U	（wu）无	EO	（ou）欧	UN	（wen）问	UEO	（ong、weng）翁
IU	（yu）与	IN	（yin）因	UA	（ua）挖	IUEO	（yong）用
N	（en）恩	UE	（wei）为	IUO	（wai）外	IEO	（you）有
E	（e、ei）额、欸	IA	（ya）压	INE	（ying）应	INO	（yang）样
NE	（eng）鞥	NO	（ang）昂	IUE	（yue）月	UNO	（wang）王
A	（a）啊	IO	（ai）爱	IUN	（yun）云	UAN	（wan）完
O	（o、wo）喔、我	IE	（ye）也	IAO	（yao）要	IUAN	（yuan）圆
AO	（ao）奥	EA	（yo）哟				

（二）编制速录韵码时应遵循的几个原则

1. 记忆量小

（1）与汉语拼音韵母完全相同的韵码达 15 个之多，它们是：I（i）、U（u）、E（e）、A（a）、O（o）、IN（in）、AN（an）、IA（ia）、IAN（ian）、AO（ao）、IAO（iao）、IE（ie）、UN（un）、UAN（uan）、UA（ua）。这些韵码根本无须记忆。

（2）与汉语拼音音节相同的有两个，即 UE（wei＝ui）和 IU（yu＝ü），利用 IU 还构成 IUN（ün）、IUE（üe）和 IUAN（üan）。这五个韵码，只要理解其构成原理，也无须记忆。至此，已经有 20 个韵码的编码不需要记忆就“学会”了，占全部韵码的 58.82％。

（3）需要加以记忆的韵码有 9 个，它们是：N（en）、NE（eng）、INE（ing）、IO（ai）、NO（ang）、EO（ou）、UEO（ong）、XE（er）和 EA（yo）。

（4）其他的韵码可以用上面的韵码加以组合构成，它们是：IUO（uai）、INO（iang）、UNO（uang）、IEO（iou）和 IUEO（iong）。只要掌握了上面的韵码，这 5 个韵码的编码也无须特别记忆就能掌握。

只需要记住 9 个韵码的编码就能掌握全部的韵码，由此可见，韵码的记忆量非常小。

2. 自成音节

速录码共有 34 个韵码，所有的韵码都有固定的读音，本身就是音节码。这一点与汉语拼音基本相同，所不同的是，全部韵码都能自成音节。

3. 键位码和指法

韵码用到的键位码是“I”“U”“N”“E”“A”“O”，相对于声码来说，这些键位码的序列是靠后的，符合汉语拼音声母在前、韵母在后的拼缀规范。构成略码的键位码靠中指、无名指、小拇指来击打，以较灵活的中指使用频率最高。

（三）韵码词语综合实训

阿姨	握有	忘我	厄运	余额	咿呀	义务	无疑	洋务	预约	暗喻	爱河
胃癌	安慰	文案	熬夜	偶尔	昂扬	恩怨	恩爱	遥远	渔翁	而已	婴儿
压抑	油压	业余	渔业	无由	油污	谣言	扼要	因为	原因	英语	延安
御侮	舞阳	一样	用于	有用	蛙泳	围岩	无味	外延	额外	晚安	夜晚
汪洋	无望	文言	耳闻	越野	爱乐	冤案	孕育	押韵	而外	愿意	由于

（四）音节码综合实训

亚伟中文速录机的全面音节码共 356 个（不计声码和韵码）。其中除 4 个特定音节码（由于“e、ei”合并出现的重码）和 7 个兼容音节码（经过简化处理允许其与全拼码共同存在的音节码）需要记忆外，其他音节码均按“声＋韵”拼缀击打即可。

1. 特定音节码

特定音节码见表 1－21。

表 1-21

编码	XBIU	ZIE	XZIE	DZIE
拼音注音	mei	zhei	shei	zei
汉字注音	每	这	谁	贼

2. 兼容音节码

兼容音节码见表 1-22。

表 1-22

编码	BDNE (XDN)	XDNE (XDN)	XBUA (BIU)	XBGIUO (XBGI)	DINE (DIN)	BDINE (BDIN)	XGUA (XGW)
拼音注音	teng	leng	fa	kuai	ding	ting	hua
汉字注音	腾	冷	法	快	定	听	华

3. 音节码（音节码词语）综合实训

把握 爬坡 麻痹 法律 大发 他们 那时 拉动 卡车 哈气 炸弹 查出
沙漠 杂志 擦拭 撒手 搏击 婆媳 磨难 佛教 多次 托儿 诺言 落实
国家 阔绰 活泼 卓越 戳住 说话 若干 左派 错误 所以 这么 得到
那个 了吗 各级 可是 和好 遮住 车站 社会 热烈 则是 测量 设置
北宋 配备 美丽 肥料 得去 内部 类别 给过 黑白 这个 谁去 贼头
败类 派别 买卖 代理 态度 耐心 赖皮 该当 开拓 还要 摘记 柴米
筛子 再来 才能 赛场 报告 跑道 矛盾 到处 淘汰 闹事 老师 高潮
考试 好处 照办 抄录 少年 绕过 遭殃 操场 扫尾 剖开 谋士 否则
都是 头脑 楼台 够用 口头 后面 周期 酬劳 受奖 柔道 走了 凑巧
搜集 办公 攀登 满足 翻番 但是 谈话 难道 篮球 干部 看法 涵洞
战争 颤抖 擅长 然而 咱们 惨案 散布 帮助 庞大 忙碌 方向 档案
搪瓷 皮囊 浪费 钢铁 抗战 航行 涨落 长短 伤亡 让步 赃物 仓库
丧失 本来 盆花 门房 分别 嫩芽 根源 肯于 很好 真假 沉着 申请
人们 怎么 参差 森林 崩溃 蓬勃 盟邦 丰富 等级 腾飞 能够 冷气
耕种 坑人 横行 争夺 城市 省市 仍然 增长 层次 僧侣 董事 同志
农业 隆重 工业 空地 轰炸 中国 充分 容纳 宗教 从前 送达 比较
批评 秘密 敌人 替代 你们 历程 憋气 撇开 灭亡 爹娘 铁矿 镊子
劣品 揭露 切实 协作 谬论 丢弃 牛群 流行 究竟 球赛 修养 嗲声
俩人 家庭 恰好 下来 标准 飘动 藐视 刁难 条件 鸟类 了解 交流
桥梁 消除 边防 骗子 勉强 典型 天颜 年成 练习 艰苦 欠款 先生
姑娘 良好 将来 强盗 想起 宾客 拼音 民族 你们 林业 金银 亲人
心思 兵营 乒乓 明白 顶多 听取 宁可 灵巧 精度 青年 兴盛 窘迫
穷困 凶杀 不可 普及 母亲 富裕 毒素 徒劳 努力 陆地 鼓励 苦难
呼吸 注意 除了 熟人 如果 祖先 粗心 塑性 对于 推行 贵重 亏本
会议 追求 吹嘘 水平 锐气 嘴边 催促 虽然 瓜果 夸奖 化学 抓住

刷洗　拐弯　快乐　怀念　拽住　揣测　摔打　锻炼　团结　暖气　卵子　关键
宽厚　吹胡　专门　川流　拴住　软和　钻研　逃窜　酸甜　光荣　矿产　黄草
庄稼　窗户　爽快　吨位　吞吐　论证　滚动　困难　混合　准备　春光　顺利
润色　尊敬　村庄　损失　女儿　律己　居然　区别　需要　虐待　略去　觉醒
缺乏　学习　捐助　权利　宣告　军队　群众　训练　审判　死缓　无期

高手指点

音节码词语的练习是本阶段的检验工具，也是下阶段提速及反应能力提升的重要工具。通过音节码词语的训练，可以使学习者逐步提升“音出文毕”的能力。如果忽视这项练习，或者该项练习没有达到一定的程度，就会出现练习生文章时准确率偏低、提速慢等情况。

（五）常用标点符号码复习

常用标点符号码见表 1－23。

表 1－23

标点符号	，	。	、	？	！	；	——	……	：	“”	《》
编码	：DGI	DGI：	：ZG	ZG：	：DGIN	DGIN：	：DGIU	DGIU：	XBDG：	DW	DZIU

（六）部分功能码的编码、指法与功能

部分功能码的编码、指法与功能见表 1－24。

表 1－24

编码	指法	功能
X	右手拇指另击	用于前后所击的字或字符之间需要空格时
W	左手食指另击	用于消除当前击打的双音词语的前一个字，或三音词语中间的一个字
	右手食指另击	用于消除当前击打的双音或三音词语的后一个字
W：W	左手、右手食指另行并击	用于删除当前所击的一个三音以上的略码词语，或由后向前依次删除一个或所有词语及其他字符
XBW	右手拇指、食指另行并击	用于移行，并开头空两个格
		连击两次，移行时下空一行后，再起行开头空两格
	左手拇指、食指另行并击	用于移行，开头不空格
		连击两次，移行时下空一行后，再起行开头不空格
WUE（WUEO）	食指、中指、无名指或再加小指并击	表示不熟悉的人名和词库中没有的国名、地名等，屏幕上显示汉语拼音，编辑时再改打成汉字（此功能键只管前面的一击，而且其击打的汉字必须以屏幕上能否出现重码为准，否则会屏显重码字）

第二章

速录员提速阶段

本阶段要点

1. 实训内容难度系数说明。
2. 速录员速度提升训练计划。
3. 词汇训练。
4. 击键频率及录入技巧训练。
5. 反应训练。

李老师：小苏、露露，我们已经将编码部分学习完毕了，开始进入速度提升阶段了。在这个阶段，露露的训练目的是提升击键频率，记忆大量略码；小苏的训练目的是除了要提升击键频率外，还要尽量熟悉法院书记员工作实务。你们准备好了吗？

小苏：准备好了。

露露：准备好了。

李老师：Let's go!

第一节　实训内容难度系数说明

文章在速录技能中有“难”和“易”之分，有些人说自己已达到220字/分钟的速录水平，但有可能只达到简单文章220字/分钟的速录水平，根本达不到会议记录的水平，从而没有达到真正高级速录师的水平。因此必须将文章进行分类，才能使速录技能水平得到较为准确的划分。下面将文章由难到易大致分为以下三个等级。

一、A类文章

这类文章联词消字定字、重码提示行选词、英文字母、专业词汇较多，而略码、后置成分特定码没有或较少。完成这类文章需要击键的次数比较多，因此输入该类文章比较难。

二、B类文章

这类文章有一些联词消字定字、重码提示行选词、英文字母、专业词汇，也有一些略码、后置成分特定码。完成这类文章需要击键的次数比较正常，文章的难度也比较正常。

三、C类文章

这类文章联词消字定字、重码提示行选词、英文字母、专业词汇比较少，略码、后置成分特定码较多。完成这类文章需要击键的次数比较少，相应文章的难度也比较低。

一般来说，难度系数在68%以上的文章为A类文章，难度系数在64%～68%的文章为B类文章，难度系数在64%以下的文章为C类文章。这三个等级在训练过程中还可细致地划分为C－、C、C＋、B－、B、B＋、A－、A、A＋共九个等级。对文章难度进行划分对提升训练很有好处。

实训内容难度系数计算公式：

文章难度系数＝(击键次数－录入技巧增减近似值总和)/文章字数×100%

注：每2个阿拉伯数字计击键次数1次。

录入技巧增减近似值见表2-1。

表2-1

双音略码	三音略码	四音略码	五音略码	六音略码	七音略码
－0.1	－0.15	－0.25	－0.30	－0.35	－0.40
后置成分码	拉丁字母	阿拉伯数字	特殊符号	联词消字定字	选词
－0.5	＋0.5	＋0.1	＋0.5	＋0.5	＋0.3

表2-1中录入技巧增减近似值是根据大脑对词语反应过程的难易程度制定的，因此不是绝对值，而是一个近似值。按照标准的公式计算实训内容难度比较复杂，下面介绍一种简略的计算方法：

文章难度系数＝击键次数/文章字数×100%

此种计算方法也基本能够反映文章的难易程度，从而使教师掌握学生进步的程度，使学生明确学习的目标。

第二节　速录员速度提升训练计划

一、训练目标

速录员速度提升训练是指在掌握全部亚伟码指法以后的一段时间内进行的以进一步熟

练亚伟码指法、初步提高录入速度为目的的专业强化训练。

对于速录员来说，初级速度锻炼的目标是达到140字/分钟的记录速度，准确率95%以上。

二、训练内容

（1）词：音节码词语训练。

（2）精打文章：涉及政治、经济、法律等方面的内容。

（3）泛打文章：各种类型的文章，难度不应超过68%。

（4）生文章：难度系数在66%以下的政治、经济、法律类文章。

三、训练方法

（一）基本功训练

掌握亚伟中文速录技能的关键是以音节码为主的亚伟码的指法的熟练程度。只有音节码的指法纯熟，达到“音出字现”的熟练程度，即“条件反射”，才有可能正常应用。这其中又包括“反应”和“按键”两个过程。

“反应”过程，即由“音”到“键位”的过程；“按键”过程，即由“键位”到“指法”的过程。前者比较容易做到熟练，因为这只是一个形状记忆的过程；后者要做到熟练就不太轻松了，因为这是一个大脑控制手指准确击打相应键位的操作技能的形成过程，必须反复不断地强化练习，才能掌握该操作技能。

因此，所谓的“条件反射”，说到底，就是从大脑主动控制到手指“自主”运动的转变。这是不可能一蹴而就的，而一旦完成这个转变，则是一劳永逸的！

（二）精打训练

所谓“精打训练”，即将练习材料反复看打、听打，在保证准确的前提下（字、标点完全正确，准确率98%以上）达到一定的速度。对于初级速度训练而言，学习者一般应将材料练习到200字/分钟～240字/分钟的速度。

这个练习很重要，对于速度提升来说是必不可少的。通过练习，学习者熟练掌握了材料中出现的所有音节码、标点符号、特定码、略码以及录入技巧，巩固和加强了基本功训练的效果；更重要的是，学习者练习了快速乃至高速而准确操作亚伟中文速录机进行记录的技能。实践证明，没有或很少进行熟材料训练的学习者，或者即使练习了熟材料，但速度、准确率不高的学习者，他们速录速度的提高过程要缓慢许多，而有效地进行了这方面训练的学习者，他们的速度提升是明显和稳定的。

在初级速度训练中，用作熟材料训练的文章长度一般为300～600字，录入时间2～10分钟。这类文章难度低一些，以政治、经济类、政论性文章为主，采用看打、听打各占一半，看、听交替和集中相结合的方式进行训练。

（三）泛打训练

所谓“泛打”，就是说选材要广泛。泛打训练的强度相对较高。

泛打的主要目的是让学习者广泛接触不同类型的语句、字词，拓宽知识面。初级速度训练过程中的泛打训练时间一般为精打训练时间的1/3～1/2就可以了。采用的方式以听打为主。

（四）测试

（1）音节码测试根据情况进行，主要用来发现基本功训练中的薄弱环节，以便加强训练。

（2）生材料测试每天一次，以掌握自己的实际速度水平。

（3）熟材料测试每天两次，看打、听打各一次；每次可反复进行几遍。要严格进行评卷，必须达到准确率的要求，努力达到速度要求。

高手指点

（1）在重复练习同一音节码或词语时，不要摆好手指然后反复击打，这样的效果与练习一遍是一样的。因为，击打词语包括手指寻找键位和按下键位两个过程，而按键的动作非常简单，关键是手指寻找键位。手指寻找键位的熟练与否决定了该词语击打的熟练与否。因此，练习的重点是如何准确、迅速地让手指找到相应的键位。

（2）在反复训练的时候，要有意识地把词语的顺序打乱，不要总是按一个顺序训练。

（3）自主练习为主，测试为辅，并不要过多地测试。有的学习者为了达到速度要求，总是跟着录音练习。这样，一方面不能调整练习的顺序，另一方面由于过于紧张，反而影响学习者的正常心理。正确的做法应该是：自主练习一段时间（一般是一个课时左右）进行一次测试，检验自己的水平。这样，每一次测试都会有所进步。

（4）专项练习不要追求速度，要认真地、一丝不苟地准确记录，也不要过多地集中训练，与其他练习穿插进行即可。经过一段时间的训练就会取得明显的效果。

（5）文章训练要保持连贯性。不要一个词一个词地录入，而要连贯地把一句话或标点以前的内容不间断地进行录入。

（6）熟文章训练要保证准确率，每一遍训练都要认真检查、校对，发现问题及时纠正并强化训练。

（7）看打训练过程中尽量不要看屏幕，练习结束后再进行检查，发现问题及时纠正并强化训练。

（8）听打训练过程中尽量要跟上录音的节奏，不要为了个别的错误而使记录不完整。

四、词汇训练

训练任务：听打，速度120字/分钟，准确率98%以上。看打，速度160字/分钟，准确率98%以上。

（一）

一时 十一 服役 衣服 击毙 笔记 记录 录制 录音 音色 素材 材料

料到 到底 底色 色盲 盲目 音译 议论 脾气 漆皮 地皮 匹敌 弥补

补差　差别　别动　动弹　弹劾　核查　集合　合格　歌唱　长生　生动　动力
力量　两全　机密　密集　第一　异地　子弟　弟子　提起　气体　肢体　体制
锅盖　错杂　杂乱　滦河　利益　毅力　主力　立柱　祝贺　贺词　磁场　常识
识别　别样　样板　榜样　阳光　光芒　挣扎　麋鹿　技师　实际　起诉　俗气
服气　吸气　气息　毒辣　扑扑　科普　扑克　墓地　坟墓　嫡母　闭幕　支付
复制　符合　和服　渎职　制度　目睹　杜牧　突出　霎时　砸锅　企图　突起
怒斥　激怒　露丝　露骨　轱辘　住址　支柱　自主　诸子　出事　实处　提出
出题　舒适　实属　无数　庶民　入世　世贸　貌似　思念　念叨　叨唠　劳苦
木棒　难受　受聘　聘期　契约　约定　定律　绿色　足以　彝族　不足　足部
督促　粗读　读书　书法　棍棒　汇率　绘制　涨幅　幅度　杜绝　角色　促使
使劲　尽力　力气　气质　制裁　仲裁　裁定　定期　期限　思路　县令　吝啬
命令　邻居　睦邻　凭据　拒付　诉苦　哭诉　朴素　故意　已故　事故　故事
苦处　出库　入库　互助　住户　捕鱼　鱼苗　苗圃　菩提　圆顶　房顶　盖子
女人　妇女　西服　服装　装饰　视频　频道　直播　播种　律师　师旅　纪律
联邦　依据　拘役　罚款　屈服　服从　荏苒　录取　取消　消灭　崩塌　惘然
冉冉　秩序　须知　副本　奔赴　匍匐　葡萄　厮打　脑袋　门路　炉门　处分
身份　大肆　歇业　痕迹　记恨　德育　欲得　娱乐　乐于　折合　赫哲　记者
师傅　湿热　惹事　责成　职责　测试　史册　政策　色泽　重罚　本色　悲愤
分贝　具备　悲剧　陪审　分配　费时　非得　惩罚　自馁　内资

（二）

热泪　泪流　流亡　亡命　命运　运输　输送　送往　慌忙　美梦　蒙昧　分析
奇峰　熄灯　灯光　忙活　签字　姿色　冷酷　酷爱　爱国　国运　棱角　角度
证据　举证　作证　严重　正座　座次　刺刀　道具　程序　速成　成俗　升级
寄生　出生　神州　洲际　计划　话语　育秧　样子　子嗣　似乎　忽然　增值
遗赠　基层　法人　抑郁　预言　扎实　石碴　刹那　款项　海员　还原　圆环
苦瓜　马达　果盒　和声　生涩　眼圈　泉眼　厌倦　卷入　恶霸　霸道　道别
别忙　昂然　蓖麻　大妈　痉挛　卵巢　撒泼　泼洒　萨拉　搏斗　批驳　剥皮
侦破　甄别　话别　迫使　识破　默认　人模　模特　特殊　殊死　死命　冷漠
模糊　活佛　佛事　是佛　堕落　多彩　彩头　懦弱　承诺　落成　发落　捉住
活捉　戳破　说服　师说　硕士　示弱　薄弱　制作　坐支　挫折　差错　伊索
住所　锁住　苦果　国库　祸根　根芽　萌芽　牙齿　懊恼　恼羞　羞涩　高傲
包庇　壁报　举报　保举　抛弃　旗袍　赶跑　冒昧　眉毛　相貌　毛利　遇到
岛屿　讨饭　讨饭　倒霉　煤气　阻挠　绕道　饶恕　干扰　绕圈　圈子　操劳
招认　依靠　靠椅　炒货　烧火　火烧　查抄　拷贝　背面　棉袄　苦熬　熬夜
夜色　考察　查考　可靠　号哭　哭丧　治丧　暗号　好色　惩办　判处　审判
蛮横　期满　满当　反诉　肃反　主犯　负担　担负　贪污　污染　难度　渡过
拦路　包揽　蓝宝　展览　碧蓝　碧波　波动　破产　产婆　擅自　紫杉　妥善
燃起　凄然　暂时　赞成　凄惨　散伙　伙计　逃散　散失　失败　白露　露水
干涉　勘察　察看　含糊　呼喊　手背　面子　殴打　斗殴　殴斗　谋杀　合谋

谋略 偷盗 到头 葱头 恼人 楼底 滴漏 走漏 周密 步骤 仇杀 报酬
没收 手模 手法 发售 肉搏 菠菜 肌肉 肉鸡 养牛 牛肉

（三）

甩开 衰弱 挂帅 帅才 拐逃 快步 败坏 坏账 应诉 宿营 映出 平面
初评 一名 兵役 平移 夷平 好评 证明 明证 名单 单据 定案 案件
安定 法定 法庭 庭审 审计 安宁 法令 凌辱 报警 警报 境内 内应
内经 从轻 青葱 轻微 刑法 发行 良性 订阅 查阅 虐杀 杀掠 暴虐
杀虐 劫掠 猎取 察觉 觉察 缺少 的确 血案 鲜血 允许 军人 人均
平均 殉情 清军 殉节 审讯 劣药 药品 表明 明确 名表 商标 支票
票据 妙策 策略 胆略 不妙 碉堡 堡垒 改掉 调节 解调 失掉 调试
实验 益鸟 医疗 缴纳 上交 敲诈 诈骗 生效 消声 消费 严惩 发音
谚语 研发 辩护 叛变 拐骗 免疫 疫区 免予 赦免 玷污 误点 年龄
灵气 周年 念咒 连任 任期 失恋 链式 线头 头衔 避免 面壁 舞动
动物 弄鬼 作弄 农活 笼络 落户 重大 大众 补充 重婚 绒毛 毛绒
收容 从犯 犯法 诉讼 开工 公开 公办 滞洪 控制 控告 高空 哄骗
蒙骗 优势 石油 谬误 大谬 牛气 扭打 别扭 拘留 留居 囚犯 死囚
求生 修补 赡养 抚养 养育 粮价 佳酿 酝酿 良心 商量 梁上 要将
麻酱 强奸 坚强 持枪 幽香 和祥 香客 死亡 枉法 发光 法网 网络
火光 逛荡 狂妄 疯狂 狂风 撒谎 谎言 炎黄 诉状 状告 告状 铁窗
闯祸 祸端 端庄 砒霜 冰霜 万恶 手腕 挽联 断案 好转 专号 拆穿
传票 刷洗 螺栓 螺丝 侍候 软禁 计算 管制 直观 看管 观看 判官
换气 奇幻 厮混 攀岩 盐商 案卷 无权 烂熟 权益 乙醛 呵斥 交警
京郊 神舟 讲价 邻国 毒品 授予 面粉 倾斜 斜面 诊断 公道 主播
化疗 疗程 癌症 推翻 爆炸 逍遥 纽约 虚惊 对决 自杀

（四）

攮子 茶楼 潽尔 走私 凑数 拼凑 搜查 咳嗽 勾搭 打狗 虚构 扣除
出口 引进 狗急 阴沟 勾引 湖泊 波浪 频率 绿叶 临死 罚金 金额
鳄鱼 余额 乏味 违法 认亲 亲自 自卫 位子 对证 整队 查对 对茬
推测 拔腿 追捕 猛追 追梦 垂危 税额 逃税 锐气 税率 奇瑞 犯罪
罪犯 摧残 干脆 催赶 随手 守岁 尾随 结论 亏心 新制 回避 闭会
和洽 下次 疵瑕 驾驶 施加 激昂 诽谤 绑匪 绑架 架次 旁证 身旁
旁边 编纂 钻石 忙于 赶忙 释放 方式 放火 伙房 房间 见谅 谅解
烫伤 上膛 赶趟 狼狈 狼藉 廊坊 违章 长势 市场 赔偿 五脏 暗藏
藏身 肾脏 岗位 下岗 康复 违抗 行话 内行 行内 爱人 仁爱 障碍
碍事 巡演 严训 烟筒 打牌 拍打 贩卖 债权 债务 负债 排出 出差
拆除 晒台 栽赃 改造 悔改 改悔 覆灭 跌倒 暴跌 跌势 谍报 地铁
铁锹 峭壁 华侨 捏造 造孽 罪恶 列举 剧烈 接到 盗劫 盗窃 窃取
威胁 斜坡 整顿 侵吞 臀部 论据 巨轮 蠢动 单纯 顺手 温顺 利润
润湿 自尊 存档 保存 损耗 耗损 亏损 恶棍 滚开 婚姻 阴魂 难怪

离婚 婚礼 挖苦 刮器 牵挂 低洼 洼地 瞎抓 抓瞎 要滑 印刷 瓜葛
搜刮 财会 夸口 大口 夸大 策划 画册 跨入 规划 出迎 境外 外勤
内勤 外资 别拽 揣度 甩开 衰弱 挂帅 帅才 拐逃 快步 败坏 坏账
应诉 宿营 映出 平面 初评 一名 兵役 平移 夷平 好评 证明 明证
名单 单据 定案 案件 安定 法定 法庭 庭审 审计 安宁 法令 凌辱
报警 警报 境内 内应 内经 从轻 青葱 轻微 刑法 发行 良性 订阅
查阅 虐杀 杀掠 暴虐 杀虐 劫掠 猎取 察觉 觉察 缺少

（五）

拳脚 捐款 套圈 蜷曲 卷发 权衡 盘旋 权谋 募捐 人权 卷套 悬挂
隽永 全略 权责 全球 甲醛 矿泉 玄妙 全员 劝架 选矿 宫阙 群策
瘸腿 裁军 裙钗 鹊桥 军港 虐待 方略 龟裂 群芳 掠取 决裂 殉葬
表决 角色 教训 决断 冷却 缺略 血缘 循环 巢穴 敦促 揣测 寡头
别踹 吞并 甩卖 算卦 困顿 坦率 跨越 徘徊 混沌 浮夸 淮海 遵守
肮脏 风泵 陈述 听清 烹饪 苍茫 预审 风气 辽宁 房舱 诉称 痕迹
评定 吭声 既遂 收藏 恰巧 焊钳 哨卡 好汉 掐算 行家 融洽 干旱
丰厚 破裂 喉头 窘迫 可口 错怪 口头 顿挫 凑数 扩散 采购 概括
勾结 火苗 解剖 百货 剖析 迥然 桥梁 受窘 穷困 刷洗 穹隆 揭露
贫穷 家庭 汹涌 父兄 镊子 嗲声 交流 抓住 劣品 俩人 兵营 凶杀
拐弯 恰好 乒乓 怀念 下来 拽住 谬论 揣测 嘴边 飘动 丢弃 摔打
催促 宁可 藐视 牛群 撇开 流行 刁难 灵巧 锻炼 灭亡 瓜果 暖气
夸奖 青年 鸟类 球赛 爹娘 僧侣 赃物 修养 欠款 卵子 未遂 略去
春光 矿产 光荣 虐待 死缓 混合 酸甜 逃窜 训练 群众 滚动 居然
钻研 软和 论证 军队 宣告 女儿 拴住 川流 吨位 损失 权利 捐助
村庄 爽快 专门 窗户 尊敬 缺乏 润色 宽厚 荒草 觉醒 关键 搪瓷
涵洞 遭殃 赛场 筛子 派别 佛教 左派 黑白 磨难 配备 授权 原告
拾捡 贩卖 付款 看押 盗窃 受赠 直销 计酬 传销 零售 聚会 场所
授权 购票 航空 湖泊 范畴 困苦 证券 递交 抽调 转让 清算 坐标
串联 惆怅 番茄 嫁祸 遴选 流氓 风能 懒惰 卸妆 粉碎 算盘 预警
川藏 下岗 花鸟 倒流 银川 磅礴 逞凶 肥料 封底 赛区

问：我发现词汇训练很难提速，以致训练的过程非常枯燥，究竟进行词汇训练对速录技能有什么意义？

答：词汇训练是训练学习者对音节码的反应能力，任何句子和文章都是由词汇构成的，因此词汇训练要能达到“音出字现”的程度，这是提高生文章速度和准确率的基础。

高手指点

上述五个词汇训练可以循环进行，如开始提速时目标确定为每个词汇训练先看打 80 字/分钟，准确率 98%以上，听打 60 字/分钟以上；接着进行第二轮训练，训练的目标确定为看打 120 字/分钟，准确率 98%以上，听打 100 字/分钟，准确率 98%以上；接着还可进行第三轮训练，训练的目标确定为看打 160 字/分钟，准确率 98%以上，听打 120 字/分钟，准确率 98%以上。

该训练也可以与精打练习交叉进行，既有利于提高精打练习的准确率，也有利于提升词汇训练的击键频率。

第三节 击键频率及录入技巧训练

一、精打训练

精打训练任务：看打，速度 240 字/分钟，准确率 98%以上；听打，速度 220 字/分钟，准确率 98%以上。

精打一：约 300 字，难度系数 60.6%

把党的政治建设摆在首位。旗帜鲜明讲政治是我们党作为马克思主义政党的根本要求。党的政治建设是党的根本性建设，决定党的建设方向和效果。保证全党服从中央，坚持党中央权威和集中统一领导，是党的政治建设的首要任务。全党要坚定执行党的政治路线，严格遵守政治纪律和政治规矩，在政治立场、政治方向、政治原则、政治道路上同党中央保持高度一致。要尊崇党章，严格执行新形势下党内政治生活若干准则，增强党内政治生活的政治性、时代性、原则性、战斗性，自觉抵制商品交换原则对党内生活的侵蚀，营造风清气正的良好政治生态。完善和落实民主集中制的各项制度，坚持民主基础上的集中和集中指导下的民主相结合，既充分发扬民主，又善于集中统一。

录入技巧：

(1) 双音略码词语。

建设　我们　作为　根本　决定　效果　保证　路线　遵守　道路　生活　战斗
交换　原则　良好　落实　民主　基础

(2) 三音略码词语。

党中央　原则性

(3) 四音略码词语。

根本要求　统一领导　新形势下

(4) 多音略码词语。

马克思主义政党　全党服从中央　保持高度一致　民主集中制　充分发扬民主

(5) 捆绑。

讲政治　自觉抵制　指导下　相结合

(6) 选词。

坚定 (2)

（7）高频特定单音词。

又

（8）联词消字定字。

气（息）　既（是）

（9）后置成分特定码。

制度

精打二：约 300 字，难度系数 66%

建设现代化经济体系，必须把发展经济的着力点放在实体经济上，把提高供给体系质量作为主攻方向，增强我国经济质量优势。加快建设制造强国，加快发展先进制造业，推动互联网、大数据、人工智能和实体经济深度融合，在中高端消费、创新引领、绿色低碳、共享经济、现代供应链、人力资本服务等领域培育新增长点、形成新动能。支持传统产业优化升级，加快发展现代服务业，瞄准国际标准提高水平。促进我国产业迈向全球价值链中高端，培育若干世界级先进制造业集群。加强水利、铁路、公路、水运、航空、管道、电网、信息、物流等基础设施网络建设。坚持去产能、去库存、去杠杆、降成本、补短板，优化存量资源配置，扩大优质增量供给，实现供需动态平衡。

录入技巧：

（1）双音略码词语。

建设　经济　必须　提高　作为　我国　加快　推动　绿色　增长　形成　传统

水平　促进　若干　加强　铁路　基础　库存　扩大

（2）三音略码词语。

现代化

（3）四音略码词语。

发展经济　加快发展　资源配置　动态平衡

（4）捆绑。

中高端　世界级

（5）选词。

实体（2）　优势（2）　实体（2）　引领（2）　存量（2）　供需（2）

（6）联词消字定字。

低（涡）　碳（黑）　降（低）　补（液）　短（歌）　板（直）

精打三：约 400 字，难度系数 64%

习近平同志指出，中国人民将继续自强不息、自我革新，坚定不移全面深化改革，逢山开路，遇水架桥，敢于向顽瘴痼疾开刀，勇于突破利益固化藩篱，将改革进行到底。中国人民将继续大胆创新、推动发展，坚定不移贯彻以人民为中心的发展思想，落实新发展理念，建设现代化经济体系，深化供给侧结构性改革，加快实施创新驱动发展战略、乡村振兴战略、区域协调发展战略，推进精准扶贫、精准脱贫，促进社会公平正义，不断增强人民获得感、幸福感、安全感。中国人民将继续扩大开放、加强合作，坚定不移奉行互利共赢的开放战略，坚持引进来和走出去并重，推动形成陆海内外联动、东西双向互济的开放格局，实行高水平的贸易和投资自由化便利化政策，探索建设中国特色自由贸易港。中国人民将继续与世界同行、为人类作出更大贡献，坚定不移走和平发展道路，积极发展全球伙伴关系，坚定支持多边主义，积极参与推动全球治理体系变革，构建新型国际关系，推动构建人类命运共同体。

录入技巧：

(1) 双音略码词语。

同志　中国　人民　改革　推动　发展　思想　落实　经济　加快　促进　加强
形成　东西　开放　贸易　投资　和平　道路　关系

(2) 三音略码词语。

现代化

(3) 四音略码词语。

自强不息　坚定不移　进行到底　协调发展　扩大开放　中国特色

(4) 多音略码词语。

全面深化改革

(5) 捆绑。

习近平　逢山开路　遇水架桥　幸福感　引进来　自由化　便利化

(6) 选词。

痼疾（4）　开刀（2）　藩篱（2）　理念（2）　实施（2）　格局（4）
坚定（2）　多边（2）　构建（2）

(7) 高频特定单音词。

以　共　重

(8) 联词消字定字。

顽（固）　瘴（气）　感（知）　赢（得）　互（相）　济（贫）　港（务）

(9) 后置成分特定码。

社会

精打四：约 400 字，难度系数 61.8%

当前宏观调控工作需要注意的两个方面

由于目前宏观经济发展出现了趋好的重要变化，在宏观调控方面必须注意适应这种变化，作出相应调整，努力把这种趋好的变化真正转化为新的适度快速增长。当前的宏观调控工作，需要注意继续实施积极的财政政策和防止物价上涨压力过快过大两方面工作的协调。

继续在一定程度上和一定范围内实施积极的财政政策是完全必要的。造成中国宏观经济前几年增长困难的通货紧缩问题尚未完全化解，目前虽然消费品价格指数下降趋缓、投资品价格指数有所上升，但是社会有效需求不足的矛盾仍然存在。同时需要注意这种价格指数变动的趋缓和上升在一定程度上是由国内因素决定的，例如原材料价格的上涨。因此，从巩固前一段时间通过积极的财政政策来缓解通货紧缩问题的效果来说，仍然有必要继续实施积极的财政政策。目前虽然全社会固定资产投资增长率有所上升，同时非国有投资增长率也有所回升，但是还不能说社会投资已经有效地完全启动了起来。

录入技巧：

(1) 双音略码词语。

由于　调整　努力　真正　压力　完全　造成　中国　增长　困难　虽然

仍然　存在　例如　因此　时间　通过　效果　起来

（2）四音略码词语。

宏观调控　宏观经济　快速增长　物价上涨　通货紧缩　固定资产

（3）多音略码词语。

在一定程度上

（4）选词。

适度（2）　实施（2）

（5）高频特定单音词。

由

（6）联词消字定字。

趋（势）

（7）分击。

过/大

精打五：约 400 字，难度系数 62%

发展中国家：改变世界格局的重要力量

第二次世界大战后，亚非拉掀起了风起云涌的民族独立浪潮，许多国家先后摆脱殖民枷锁，走上建立民族国家、发展民族经济的道路。从此，亚非拉发展中国家作为独立的政治、经济力量登上世界舞台，使世界面貌发生了深刻的变化。发展中国家的崛起是世界多极化趋势中一支不可忽视的力量，并对现在和未来的国际局势发挥越来越大的影响。

半个多世纪以来，发展中国家在发展民族经济、改变贫穷落后面貌，提高人民生活水平方面取得了很大的成绩。1960—1990 年，发展中国家国内生产总值平均增长率为 4.2%，而同期世界平均增长率为 3.9%。至 20 世纪末，发展中国家人均收入比 20 世纪 70 年代增长了近一倍，从1 300美元增加到2 500美元（按 1985 年购买力平价计算）。一些新兴工业化国家实现了经济起飞，引起了全世界瞩目。自 20 世纪 90 年代中期，美国把印度、巴西、墨西哥及东盟等 10 个发展中国家（地区）列为新兴市场。

录入技巧：

（1）双音略码词语。

民族　独立　浪潮　面貌　现在　影响　改变　生活　差距　平均　增加

（2）三音略码词语。

越来越

（3）四音略码词语。

重要力量　许多国家　越来越大　贫穷落后　发达国家　新兴工业

新兴市场

（4）多音略码词语。

发展中国家　第二次世界大战　深刻的变化　世界多极化　半个多世纪

很大的成绩　国内生产总值　购买力平价

（5）选词。

瞩目（2）　印度（1）

（6）高频特定单音词。

使　据　倍　即　自

（7）联词消字定字。

支（持）　至（于）　近（来）

（8）捆绑。

世纪末　风起云涌

精打六：约400字，难度系数60.5%

审判人员、检察人员、侦查人员有下列情形之一的，应当自行回避，当事人及其法定代理人也有权利要求他们回避：（一）本案的当事人或者是当事人的近亲属的；（二）本人或者他的近亲属和本案有利害关系的；（三）担任过本案的证人、鉴定人、辩护人、诉讼代理人的；（四）与本案当事人有其他关系，可能影响公正处理案件的。审判人员、检察人员、侦查人员不得接受当事人及其委托的人的请客送礼，不得违反规定会见当事人及其委托的人。审判人员、检察人员、侦查人员违反前款规定的，应当依法追究法律责任。当事人及其法定代理人有权要求他们回避。审判人员、检察人员、侦查人员的回避，应当分别由院长、检察长、公安机关负责人决定；院长的回避，由本院审判委员会决定；检察长和公安机关负责人的回避，由同级人民检察院检察委员会决定。对侦查人员的回避作出决定前，侦查人员不能停止对案件的侦查。对驳回申请回避的决定，当事人及其法定代理人可以再申请复议一次。

录入技巧：

（1）双音略码词语。

或者　权利　他们　其他　可能　规定　追究　责任　要求　停止

（2）三音略码词语。

辩护人

（3）四音略码词语。

利害关系　违反规定　公安机关

（4）多音略码词语。

审判委员会

（5）选词。

检察（2）　自行（1）　本案（3）　本院（4）　复议（3）

（6）高频特定单音词。

再

（7）联词消字定字。

款（额）　级（别）

（8）捆绑。

近亲属　检察长　检察院

精打七：约450字，难度系数65.8%

人民法院审理民事案件，根据当事人自愿的原则，在事实清楚的基础上，分清是非，进行调解。人民法院进行调解时，可以由审判员一人主持，也可以由合议庭主持，并尽可能就地进行。人民法院进行调解，可以用简便方式通知当事人、证人到庭。人民法院进行调解，可以邀请有关单位和个人协助。被邀请的单位和个人，应当协助人民法院进行调解。调解达成协议，必须双方自愿，不得强迫。调解协议的内容不得违反法律规定。调解达成协议，人民法院应当制作调解书。调解书应当写明诉讼请求、案件的事实和调解结果。调解书由审判人员、书记员署名，加盖人民法院印章，送达双方当事人。调解书经双方当事人签收后，即具有法律效力。如果下列案件调解达成协议，人民法院可以不制作调解书：（一）调解和好的离婚案件；（二）调解维持收养关系的案件；（三）能够即时履行的案件；（四）其他不需要制作调解书的案件。对不需要制作调解书的协议，应当记入笔录，由双方当事人、审判人员、书记员签名或盖章后，即具有法律效力。调解未达成协议或者调解书送达前一方反悔的，人民法院应当及时判决。

录入技巧：

（1）双音略码词语。

原则　基础　进行　有关　单位　双方　内容　结果　具有　履行　判决

（2）三音略码词语。

审判员　尽可能

（3）四音略码词语。

法律效力

（4）选词。

自愿（2）　调解（2）　署名（2）　签收（4）　即时（5）　笔录（3）　反悔（3）

（5）高频特定单音词。

由　即　入

（6）联词消字定字。

记（得）　未（必）

（7）捆绑。

合议庭　调解书　书记员　双方当事人

（8）分击。

一/人

精打八：约500字，难度系数59.2%

公诉案件自案件移送审查起诉之日起，犯罪嫌疑人有权委托辩护人。自诉案件的被告人有权随时委托辩护人。人民检察院自收到移送审查起诉的案件材料之日起三日以内，应当告知犯罪嫌疑人有权委托辩护人。人民法院自受理自诉案件之日起三日以内，应当告知被告人有权委托辩护人。公诉人出庭公诉的案件，被告人因经济困难或者其他原因没有委托辩护人的，人民法院可以指定承担法律援助义务的律师为其提供辩护。被告人是盲、聋、哑或者未成年人而没有委托辩护人的，人民法院应当指定承担法律援助义务的律师为其提供辩护。被告人可能被判处死刑而没有委托辩护人的，人民法院应当指定承担法律援助义务的律师为其提供辩护。辩护人的责任是根据事实和法律，提出证明犯罪嫌疑人、被告人无罪、罪轻或减轻、免除其刑事责任的材料和意见，维护犯罪嫌疑人、被告人的合法权益。辩护律师自人民检察院对案件审查起诉之日起，可以查阅、摘抄、复制本案的诉讼文书、技术性鉴定材料，可以同在押的犯罪嫌疑人会见和通信。其他辩护人经人民检察院许可，也可以享有和辩护律师一样的权利。辩护律师自人民法院受理案件之日起，可以查阅、摘抄、复制本案所指控犯罪事实的材料，可以同在押的被告人会见和通信。

录入技巧：

(1) 双音略码词语。

没有　根据　提出

(2) 三音略码词语。

被告人

(3) 四音略码词语。

合法权益

(4) 多音略码词语。

犯罪嫌疑人

(5) 选词。

收到(2)　告之(2)　指定(3)　本案(3)

(6) 高频特定单音词。

自　轻

(7) 联词消字定字。

款(额)　级(别)　盲(人)　聋(哑)　哑(巴)　罪(恶)

(8) 捆绑。

之日起　刑事责任

精打九：约 600 字，难度系数 68.5%

原告张某与被告陈某房屋侵权纠纷一案，原告起诉来院，本院受理后，依法由审判员李某独任审判。本案现已审理终结。

经审理查明：原、被告于 2016 年签订租房协议，约定由原告将其所有房屋租赁给被告用于经营，租期从 2016 年 8 月 1 日起至 2017 年 7 月 31 日止，年租金24 500元。协议签订后，原、被告双方相互履行了交付义务。该协议到期后，双方未签订任何协议，但被告仍占用该房屋至今。

本院认为，原、被告签订的房屋协议依法有效，双方均应自觉履行。该协议期限届满后，被告未经原告同意，仍占用该房屋的行为，系侵权行为，应当承担相应的责任，故对原告要求其腾房及赔偿的诉讼请求，本院予以支持。根据民事诉讼法有关规定，当事人有答辩并对对方当事人提交的证据进行质证的权利，本案被告经本院合法传唤，无正当理由拒不出庭应诉，视为其放弃了质证的权利，依照有关规定，判决如下：

一、被告于本判决生效十五日后，将占用房屋腾空并交与原告；

二、自本判决生效后十五日后，被告按每月3 000元的标准赔偿原告的经济损失(从 2017 年 8 月 1 日起至判决腾房之日止)；

三、驳回原、被告的其他诉讼请求。

案件受理费 100 元，减半收取 50 元，由被告负担。

如不服本判决，可于判决书送达之日起十五日内向本院递交上诉状，并按对方当事人人数提出副本，缴纳上诉案件受理费 100 元，上诉于××省××市中级人民法院。如在上诉期满后七日内未缴纳上诉案件受理费，按自动撤回上诉处理。

录入技巧：

（1）双音略码词语。

所有　如下

（2）四音略码词语。

侵权行为

（3）多音略码词语。

现已审理终结　民事诉讼法　中级人民法院

（4）选词。

本院（4）　李某（2）　本案（3）　未经（2）　同意（3）　质证（3）　拒不（2）　视为（4）　其他（2）　副本（3）

（5）高频特定单音词。

案　经　原　于　元　均

（6）联词消字定字。

院（系）　房（子）　交（给）

（7）捆绑。

日起至　之日止　受理费　判决书　之日起　上诉状

精打十：约 600 字，难度系数 70.4%

民事调解书

（2017）和民房初字第 493 号

原告李某，男，1959 年 1 月 14 日出生，汉族，无业，住××市××区泰山路 22 号 332 室。

委托代理人刘某，男，1959 年 9 月出生，汉族，系××市××区中一法律服务所法律工作者。

被告李某某，男，1956 年 3 月 20 日出生，汉族，系××股份有限公司工人，住××市××区泰山路 22 号 332 室。

委托代理人黄某，男，汉族，系中华英才××分社法律顾问。

原告李某诉被告李某某房屋权纠纷一案，本院于 2017 年 7 月 26 日立案受理后，依法由审判员王晨适用简易程序于 2017 年 8 月 14 日公开开庭进行审理。原告委托代理人刘某、被告委托代理人黄某到庭参加诉讼，本案现已审理终结。

原告诉称要求：（1）依法判令坐落于××市××区泰山路 22 号 332 室房屋为原告、被告共同所有；（2）诉讼费由被告承担。

被告辩称，原、被告与父母生活在一起，1983 年回迁后，经全家同意把该房屋的名字更改为被告的名字。1999 年 8 月房改时，被告购买了产权，一切手续合法，原告可以一直居住。

本案在审理过程中，经本院主持调解，双方当事人自愿达成如下协议：

一、确认原告李某对位于××市××区泰山路 22 号 332 室房屋的南屋及共用部分享有使用权；

二、原、被告双方自愿放弃其他诉讼请求。

本案诉讼费 100 元，由原、被告各承担一半。

双方当事人一致同意本调解协议，自双方在调解协议笔录上签名或盖章后即具有法律效力。

上述协议，不违反法律规定，本院予以确认。

录入技巧：

（1）双音略码词语。

工作　一切

（2）多音略码词语。

股份有限公司

（3）选词。

无业（2）　李浩（2）　金帝（5）　适用（2）

（4）高频特定单音词。

号　男　者　权　称　时

（5）联词消字定字。

市（尺）　诉（说）　屋（内）

（6）捆绑。

初字第　简易程序

（7）分击。

中/一　分/社

精打十一：约 600 字，难度系数 76.8%

孙某今年 36 岁，黑龙江省农民，经营着一家从事烟酒、水果生意的小卖部。

据检察院指控，孙某与被害人王某因相邻经营同类商品而素有矛盾。2017 年 2 月 4 日 22 时许，孙某等人在北京市西城区，因琐事与王某发生口角并互殴，在互殴过程中，孙某持尖刀刺扎王某颈部。王某因被刺伤颈部，致失血性休克死亡。

在庭审中，对于检方指控孙某持刀刺扎王某颈部的事实，孙某矢口否认。据孙某讲：他与被害人两家都经营着一家从事烟酒、水果生意的小卖部，且两家所经营的商品种类也大致相同，为此两家总是为所卖商品价格等事吵架。2017 年 2 月 4 日晚上，王某回家途经孙某家的小卖部，看见孙某的妻子等人在里面，于是就冲着屋里骂了几句，听到骂声的孙某妻子也冲着王某回骂了几句。半个小时后，王某带着几个人来到了孙某的小卖部门前，又对着孙家的小卖部开始骂，并用空酒瓶子砸向他家的小卖部，而不甘示弱的孙某妻子及其女儿也开始用烂水果等东西开始“回应”。这时，闻讯赶来的孙某看见自己的妻子被人打了，就从小卖部拿了把水果刀冲进了人群，王某的丈夫看到孙某拿着刀转身就跑，孙某就在后面紧追，刚要追上王某的丈夫，就被赶来劝架的小饭馆老板抱住，饭馆老板夺下孙某手中的刀，将其拽回了小卖部。这时，回到小卖部的孙某向互殴的人群中看了一眼，发现王某已经倒在了地上。

检察机关认为，被告人孙某无视国法，因琐事持刀故意伤害他人身体，致人死亡，犯罪性质恶劣，应以故意伤害罪追究其刑事责任。

录入技巧：

（1）双音略码词语。

农民　从事　相同　于是　东西　看到　后面

（2）四音略码词语。

黑龙江省

（3）选词。

烟酒（2）　素有（3）　时许（2）　琐事（2）　尖刀（3）　失血（2）　持刀（4）

几句（0）　对着（2）　回应（2）　闻讯（2）　劝架（4）　手中（4）

（4）高频特定单音词。

岁　着　讲　卖　回　空　打　拿　刚

（5）联词消字定字。

互（相）　殴（打）　持（久）　刺（激）　扎（制）　肖（恩）

制（畸）　检（查）　方（法）　事（实）　途（径）　屋（内）

骂（人）　声（音）　砸（锅）　烂（漫）　冲（击）　刀（柄）

抱（着）　夺（目）

（6）后置成分特定码。

矛盾

（7）捆绑。

小卖部　被害人　北京市　西城区　酒瓶子　故意伤害罪

（8）分击。

两/家

精打十二：约 600 字，难度系数 69%

北京市丰台区村民胡某在几年前与村委会签订协议承租村里的一块土地，并在地上盖了房，没有想到几年后房子却被定为违章建筑，勒令拆除。为此，胡某将村委会告上了法院，要求其承担房屋拆除的 5 万余元损失。近日，丰台区人民法院认为当事人合法的民事权益应受法律保护，胡某在承租地上建房，应履行法定审批手续，经审理查明胡某是在没有履行审批手续情况下，擅自在承租地上建房，所建房屋被限期拆除，由此产生的损失，应由其自行承担，没有支持其诉讼请求。

2004 年，胡某与村委会签订租赁协议书，双方约定，村委会将胡某家西院墙外及房后的空闲地出租给胡某使用，租期为 20 年，每年租金 100 元。第二天，胡某交纳了第一年的租金，并经当时第一村民小组组长同意，在承租地上建造房屋。

2006 年，国土资源局将胡某的房子定性为违章建筑，并向其发出了《土地违法案件行政处罚决定书》，责令胡某在 6 月前自行拆除在非法占用的土地上新建的房屋，恢复土地原状。2007 年，丰台区人民法院裁定对国土资源局的《土地违法案件行政处罚决定书》准予执行。限胡某 15 日内将承租地上所建房屋拆除，恢复土地原状。之后，胡某便以房屋被限期拆除给其造成经济损失为由，将村委会告上法院，要求村委会赔偿其经济损失57 558元。

村委会在法庭上辩称，被告村委会是与胡某签订了协议书，但胡某在承租的地上建房并未履行合法审批手续。现其在承租地上所建的房屋被限期拆除，与被告村委会无关，故不同意胡某的诉讼请求。

录入技巧：

（1）双音略码词语。

土地　产生　每年　当时　恢复

（2）多音略码词语。

国土资源局

（3）选词。

近日（2）　建房（3）　限期（2）　自行（1）　交纳（2）　同意（3）　定性（2）　原状（2）　限期（2）

（4）高频特定单音词。

书　现

（5）联词消字定字。

盖（子）　房（屋）　告（诉）　建（设）　西（北）　房（屋）　限（制）

（6）捆绑。

万余元　行政处罚　不同意

（7）分击。

并/在

问：进行精打训练，达到一定速度时就很难提升速度，且速度提升到一定程度准确率又保证不了，怎么办？

答：这是很正常的现象。我们要采取交叉训练的方法，首先将速度提升到一定的程度（不用一下子就达到 220 字/分钟），准确率可以下降至 95%；然后在这个速度的基础上专门提升准确率至 98%或者 100%，达到这个程度说明在这个速度上对精打已熟练掌握，这样再提升速度就不难了。经过几轮“先提速，再提高准确率”式的训练，达到训练任务就指日可待了。

二、泛打训练

泛打训练需要寻找多于精打文章 3～5 倍的文章，难度系数在 64%～68%。可选择符合当前形势的政治、经济、法律类文章。

高手指点

泛打训练的目的是“广泛的接触”，以达到对各种录入技巧的熟悉和对各种词汇的掌握，因此速度要求比精打低很多，能达到“生文章+10 或 20 字/分钟”即可；练习的文章数要比精打文章多 3～5 倍。

三、生文章训练

生文章训练共有速度为 30～140 字/分钟的生文章 150 篇，包括声音文件及文本文件（见网络资源）。

露露：在这一阶段的训练过程中，发现在 60 字/分钟、120 字/分钟时进步比较慢，感到自信心都受到了打击。

李老师：在这一阶段的训练过程中，会遇到两个以上的提速瓶颈，一般都出现在60字/分钟、120字/分钟时。

60字/分钟的速度出现瓶颈的原因是，学习者再也不能依靠自身的反应能力来应付生文章的测试了，而此时熟文章训练的击键反应能力还没有达到这个速度，因此出现了瓶颈。学习者只要把熟文章训练到120字/分钟的水平，词汇训练达到70字/分钟的水平，就能突破这个瓶颈。

120字/分钟时出现瓶颈的原因是，学习者的熟文章训练达到了一定速度后遇到了再提速的难点，因此生文章录入也随之受到了影响。学习者一是要把熟文章当做突破难点，达到200字/分钟，此外还要加大生文章的训练数量，以提高对生文章的反应能力。

小苏：我已经达到了140字/分钟的速度，准确率也达到了95%以上，下面我要着重训练哪些方面的内容呢?

李老师：作为书记员，你的速度已经能够支撑你的法庭庭审记录工作，下面你需要训练的就是积累庭审记录的经验，多找一些庭审现场的录像或直接到法院实习，再经过一至两个月的实战训练，就可以达到庭审记录的要求了。

第三章

速录员工作实务阶段

本阶段要点

1. 设备准备。
2. 信息采集。
3. 信息处理。

李老师：在速录技能上，你们已经达到了速录员的水平，但与速录员实际工作能力还有一定的差距，因此你们要对照《速录师国家职业标准（试行）》中对速录员技能要求，尽快掌握速录员的工作实务，以便适应速录员这个工作岗位。

露露、小苏：进入实际工作训练阶段了，我们很期待。

李老师：好，那我们开始进入这一训练阶段。

第一节　设备准备

一、亚伟中文速录机

亚伟中文速录机是一种高科技产品，是进行中文信息快速记录的专业设备。亚伟中文速录机是通过专用键盘、专用编码以及计算机实现高速记录的专用设备。

（一）RF型亚伟中文速录机

1. 速录机及计算机接口介绍

（1）速录机接口。

RF 型亚伟速录机只有一个接口，其型号与打印机线的接口相同（见图 3-1）。

（2）计算机接口。

计算机的接口就是 USB 接口（见图 3-2）。

图 3-1　速录机接口

图 3-2　计算机接口

高手指点

（1）各种型号速录机的专用连接线一般不能混用，以免对速录机造成损害。

（2）计算机的串口一般有两个，USB 接口可能会有多个，所有型号的速录机与这两种接口中的任意一种相连接都可以，但是不可同时用一根线既与串口连接又与 USB 接口连接。

2. 速录设备的连接

亚伟中文速录机与计算机的连接可以分为两种方式，即通过随机提供的 USB 信号线进行连接，或者通过无线传输器进行连接。

（1）USB 信号线连接。

将随机提供的 USB 信号线（见图 3-3）的 USB 接口插入计算机的 USB 插口内，另一端方形接口插在速录机相应的插口内，即完成了速录机与计算机的连接。

（2）无线传输器连接。

1）无线传输器（见图 3-4）的性能。

图 3-3　USB 信号线

图 3-4　无线传输器

亚伟中文速录机的无线传输系统共设有 40 个频率可供选择，以方便同时有多台速录机在同一场合中使用。速录机的无线传输系统的有效通信距离为 5 米。

亚伟中文速录机无线传输作为一种更为方便的连接手段，为用户的使用提供了更大的灵活性。当速录机和计算机的 USB 连线断开时，速录机自动切换到无线传输状态。

由于无线传输受外界环境影响比较大，在使用中受到干扰时会出现短时接收不正常的现象，因此建议在周围环境开阔、无障碍的条件下使用无线传输，并在其有效通信距离内使用。

在使用无线传输时，如果出现传输错误，速录机的红色指示灯会变成快闪状态；如果报警器处在允许状态，也会发出短促而尖利的“嘀、嘀”声。当工作正常时，指示灯恢复慢闪状态，报警器也停止鸣响。

2）设置无线接收器的通道。

将无线接收器与计算机的USB接口相连。

使用速录机无线通道设置软件进行相关调整和设置，无线速录机通道号设置见图3－5。

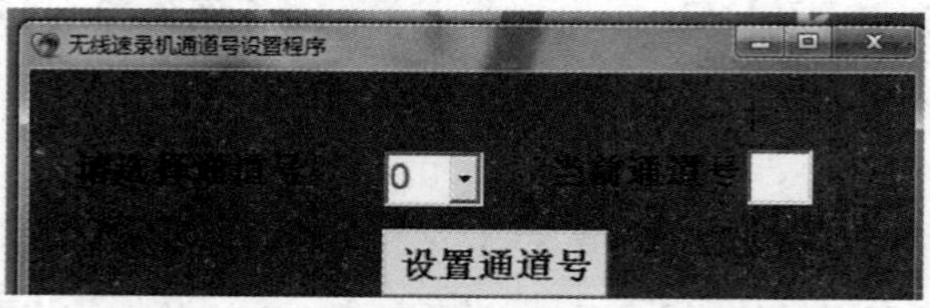

图3－5　无线速录机通道号设置图

图3－5中，“当前通道号”中是现在的通道号。

“请选择通道号”中可以选择新的通道号。

点击“设置通道号”后，完成新通道号的设置，同时当前通道号变成新的号码。

3）亚伟中文速录机无线状态设置。

同时按“F1”和“F3”，可进入无线状态设置，液晶屏会显示“通道XX地址Y”。同时第一个“X”闪烁，默认为设置“通道”个位数值。按F1可以在“通道”和“地址”之间进行选择，相应的“X”和“Y”值分别闪烁；按F2可以调整设置正在闪烁的“X”的值或“Y”的值。

第一个“X”为“0”～“3”的十进制数值，第二个“X”为“0”～“9”的十进制数值，两个“X”的默认值均为“0”。分别设置两个“X”即可选择速录机无线传输的通道编码值，此值必须与无线接收器通道设置的编码值相一致（如果编码值为“0”～“9”，则必须将第一个“X”设为“0”）。

“Y”为“0”或“1”（默认为“0”），设置选择速录机在双机操作中的状态，“0”为主速录机，“1”为辅速录机。

按F3键确认并结束无线状态设置。

4）双机操作说明。

①软件设置。

启动速录机软件，选择“查看”“辅键盘录入框”，屏幕下方出现两行提示。上面一行是主机提示行（图标为“亚伟”），下面一行是辅机提示行（图标为“速录”），具体见图3－6。

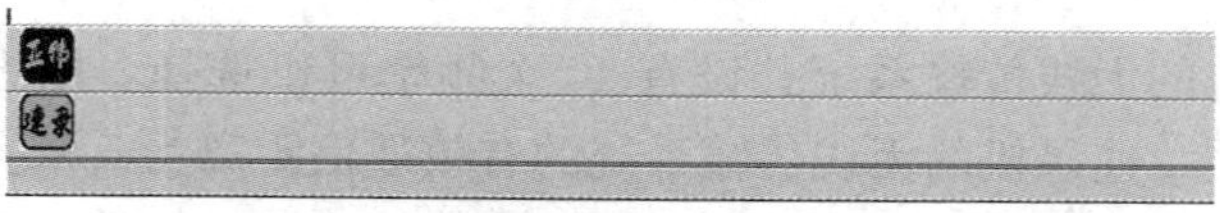

图3－6　“亚伟”和“速录”图标

软件通过使两台速录机处在不同的“添加/插入”状态工作实现双机的相互独立。

状态提示行的“添加”和“插入”显示的是主机的状态。

“添加/插入”状态的转换可以由主机完成，或用鼠标、标准键盘通过“编辑”菜单来实现。

②速录机设置。

通道设置：主辅机通过号一致，主机为“主”，辅机为“从”。

3. 液晶显示屏的调整

（1）液晶显示屏的内容。

1）接通电源（开机）显示“亚伟中文速录机”。

2）显示专用键盘当前键入的内容（字母或符号）。

3）显示当前速录机的操作提示（中文）

4）状态行中显示当前速录机与计算机的连接方式、静音设置、主辅机状态、通道号、存储器剩余空间、当前电池剩余电量、当前系统时间等。

（2）功能操作。

1）开/关机。

按一下电源开关，即可实现开、关机操作。当亚伟中文速录机接通电源时，指示灯慢速闪烁（亮1秒，灭1秒）。亚伟中文速录机内置的存储器最多可以保存255个文件，总共可以储存约20万次击键的汉字内容（30万～50万汉字）。

2）保存文件。

①连续按“F1”键两次，或双手并击专用键盘上的“DGI：DGI”组合键一次，液晶屏会显示“开始录入…”。此时，在速录机内置存储器上建立一个文件，文件名称为当时系统的时间。此后，专用键盘上的任何按键操作都将被保存在上述文件内。当亚伟中文速录机正常保存文件时，指示灯常亮不闪烁。

②连续按“F1”键两次，或双手并击专用键盘上的“DGIN：DGIN”组合键一次，液晶屏会显示“结束录入”。此时，停止向机内存储器保存任何内容。如果在文件保存状态下，切断速录机电源，则自动停止保存，再接通电源后，恢复到不保存状态。

上述操作中，系统自动设定文件名，也可以自定义文件名。

3）文件命名。

按“F2”键一次，液晶屏会显示“请录入文件名：”，这时可以使用专用键盘录入文件名，只可以使用单键，文件名长度为8个字母，按“F2”键一次，液晶屏会显示“结束文件名录入”。此时，再进行保存文件的操作，系统就将使用这个文件名。

保存在速录机内置存储器中的文件必须上传到计算机的速录系统，才能翻译转换成汉字。

4）文件上传。

将亚伟中文速录机通过USB接口与计算机相连接，启动计算机速录系统软件。按“F3”一次，进入文件上传状态，液晶屏上显示最后一次保存的文件名。此时，按“F2”，从最后一个文件开始，反向查找文件；按“F1”从第一个文件开始，正向查找文件。按“F3”一次，将液晶屏上显示的文件上传到计算机速录系统中。上传完毕后，结束文件上传状态。如果需要上传的就是最后一个文件，则连续按两次“F3”即可。

亚伟中文速录机的内置存储器空间使用完以后，必须进行清理。清理采用格式化的方法，一次性删除所有内容。

5）格式化存储器。

同时按“F1”和“F6”，液晶屏显示“请再按一次”，再同时按“F1”和“F6”，液晶屏会显示“正在格式化…”。此时，系统开始对存储器进行格式化操作，删除所有内容。半分钟后，液晶屏会显示“格式化完毕”，操作结束。

6）系统设置及其他。

①系统设置。按“F1”＋“F3”键可以设置系统时间、无线通道、主/辅机工作状态、连接方式、节电方式及静音开关。“F1”键：可使光标横向移动位置；“F2”键：可使光标纵向移动位置；“F3”键：调节按钮；“F1”＋“F3”键：保存速录机的设置参数并退出；“F4”键：速录机与计算机的有线/无线切换。

②静音设置。在亚伟中文速录机开机状态下，反复按“F5”键，可以打开和关闭静音设置。当静音设置关闭时，在开机时速录机会发出短促的一声“嘀”。

③背光开关。反复按“F6”键可以打开和关闭背光照明。背光打开时，可在黑暗环境中看清液晶屏显示的内容。

④查看版本号。按“F1”＋“F5”键，显示当前亚伟中文速录机的版本号。

（二）商务型亚伟中文速录机

1. 商务型亚伟中文速录机简介

商务型亚伟中文速录机（以下简称“商务机”）是一种高端产品，是顺应国际速录机发展的潮流设计的新型设备。它采用拉杆结构设计，按键轻盈、造型庄重、稳健大方，代表着我国速录机生产制造技术的最高水平，标志着我国在速录机设计与制造方面已经与国际接轨。

2. 商务型亚伟中文速录机指法操作要领

（1）双臂自然下垂，将双手轻轻摆放在键盘上，无须额外用力。

（2）用柔和的力量按压键位，并让键位自然抬起。

（3）轻按键、高悬腕，防止出现键回弹不到位、带键等问题。

3. 商务型亚伟中文速录机操作注意事项

（1）商务机使用时建议采用亚伟专用支架。录入时可根据实际需要调整支架高度和摆放位置。

（2）商务机在使用时应采用专用电源或电池。

（3）严禁掰动键盘拉杆，严禁摔碰，防止剧烈运动。

（4）注意防尘、防水、防止异物进入，使用完毕请盖好防尘罩。

二、亚伟中文速录语音伴侣

（一）亚伟中文速录语音伴侣介绍

亚伟中文速录语音伴侣是目前市场上唯一将语音流、时间流和文字流进行精密捆绑，同时又提供全面编辑控制的软、硬件一体化的速录系统。语音伴侣提供毫秒级、精确到每个字符的文字和语音的对应关系，并且在编辑过程中，这种对应关系得到智能化的自动维护，保证用户做到鼠标点击任意文字，对应的语音便可以播放出来。同时，由于采用了先进的同步播放技术，用户在录音的同时就可以对同步录下的语音进行任意回放和监听，配合语音伴侣系统提供的强大的双人实时编辑系统和智能化的文语自动对照功能可以极大地提高速录员进行会议现场记录，整理录音带、录像带等工作的效率和质量。通过这一系列独创的技术和先进功能，语音伴侣可以将速录师的会议现场记录门槛大大降低，缓解速录师的紧张心理，有效降低速录师的劳动强度。

亚伟中文速录语音伴侣的硬件系统采用亚伟专业麦克风（见图 3－7）和 USB 声卡，可以在不需要任何其他设备的情况下进行会议现场的高品质录音。亚伟专业麦克风可以提供超宽范围的专业级高灵敏度录音效果，只要速录师耳朵可以听见的语音，亚伟专业麦克风都可以将其清晰地录制下来，同时，采用软、硬件相结合的降噪技术，还可以自动过滤背景中的噪声，以保证得到专业级的高品质录音效果。

图 3－7　亚伟专业麦克风

（二）亚伟中文速录语音伴侣安装步骤

1. 电脑最低配置要求

CPU 为奔腾Ⅲ，500MHz，内存为 128M，声卡播放功能正常，操作系统为 Windows2000 或 Windows XP，安装盘空间大于 10M，工作盘空间大于 258M（推荐 512M 以上）。

2. 语音伴侣的安装及设置

（1）驱动程序的安装及设置。

首先，将 USB 声卡插入电脑的 USB 接口中（如果您使用的是台式机，前置 USB 可能会供电不足，建议插入机箱后面的 USB 接口中）。

其次，将安装光盘放入电脑的光驱中，界面上会出现一个安装驱动程序的对话框，按照默认设置一直点击“next”即可，系统会将驱动程序安装到“C：\Program Files\C-Media USB Sound”目录下。

安装完成后，系统会弹出对话框要求重新启动计算机，点击“OK”，系统重启计算机。计算机重新启动后，会在屏幕右下方的系统托盘内出现图标，显示驱动程序已经安装成功（见图 3－8）。

图 3－8　工具栏中的语音伴侣图标

双击该图标，可以对 USB 声卡进行配置。可以看到共有 5 个标签，分别是“主设置”“混音器”“效果”“卡拉 OK”“信息”。用户只需要设置前 3 个标签即可。

1）主设置。

点击“主设置”标签，出现主设置的设置页面。在页面的左上角有输出设置选项，点击耳机图标，将输出装置设为耳机，使该图标变为蓝色。

将页面右上角 DSP 模式设置为 None 模式。

其他设置按照默认即可，不需要修改。

2）混音器。

点击“混音器”标签，出现混音器设置的界面，上半部分为放音设备设置，下半部分为采音设备设置。

点击采音设备中麦克风按钮旁的“榔头”图标，弹出一个对话框，将采音设备的麦克风设置为“静音”和“增强”，音量调为最大的状态，点击“OK”，即可完成设置。

3）效果。

点击“效果”标签，调整界面右下方的模式区，点击“Vocal”按钮，使它变为蓝色，即完成对效果项的设置。

将上述各项设置完毕后，点击确定，则可保存所作设置。

（2）语音伴侣软件的安装及设置。

双击光盘根目录下的“语音伴侣 Setup. exe”应用程序，程序开始安装。

完成语音伴侣软件的安装后，点击“开始”菜单，点击“所有程序”选项，就会在程序列表中出现“亚伟速录语音伴侣”，并且在“亚伟中文速录机”的级联菜单目录下也会看到“语音伴侣”，同时桌面上会出现“亚伟速录语音伴侣”的快捷方式（见图 3-9）。

图 3-9 亚伟速录语音伴侣桌面快捷方式

1）设置录音放音设备。

程序首次运行，需要进行录音、放音设备的设置。

点击菜单栏中的“录音”选项，选择下拉菜单中的“选择录音设备”，将弹出对话框。选择“音频”页，将录音的默认设备设置为“C-Media USB Headphone Set”，将声音播放的默认设备设为计算机的另一声卡，点击“确定”，完成设置。

注意：如果不修改声音播放和录音设备的设置，程序仍可运行，但不能保证声音录制的稳定性和正确性。

2）设置波特率。

点击菜单栏中的“录音”选项，选择下拉菜单中的“选择波特率”，弹出对话框。采用默认的 11.025kbps 效果最好。

3）硬件连接。

使用语音伴侣工作时，将麦克风插到 USB 声卡的红色插孔，并打开红色按钮，耳机插到计算机本身的耳机插孔。

亚伟专用麦克风是专门为语音伴侣设计的电容式麦克风，它具有高灵敏、高清晰、录音范围大等特点。通常速录员将其放置在前面的工作台上即可，并将圆弧方向对准主讲人，一般不需要摆放到主讲人的面前。

4）其他注意事项。

①所需计算机的硬件配置不得低于前文中所述的最低配置。

②在安装语音伴侣之前需要安装亚伟中文速录机软件。

③建议工作时硬盘至少有 500MB 的存储空间，这样可以保证容纳 8 个小时的录音。每次录音后，请根据硬盘的实际使用情况决定是否删除声音文件，以便节省存储空间。

（三）语音伴侣在 Windows 7 系统下的设置说明

由于 Windows 7 的设置与 Windows XP 略有不同，可能影响使用，需要按下述方法进行设置。

（1）在 Windows 7 中，正常安装语音伴侣程序，语音伴侣声卡的驱动程序无须安装。

（2）将 USB 声卡与电脑连接。

（3）在语音伴侣软件界面中找到“录音/选择录音设备”进行设置。

（四）亚伟中文速录语音伴侣的使用

1. 会议现场录音

（1）设备连接。

打开计算机，将 USB 声卡插入计算机的 USB 插口中，将麦克风插入 USB 声卡的红色插孔中，并将开关打开。麦克风置于速录员前面的水平桌面上，将圆角的一面对着讲话人。本麦克风的采音角度大于 270 度，不需要将麦克风放到离主讲人很近的地方。将耳机插入电脑自带的耳机插孔中，将亚伟速录机连接到电脑上（如果没有连接或选用其他厂商的速录设备，在点击“录音”或“放音”时会弹出提示信息框，无法使用语音功能）。

（2）检查录音设备。

点击菜单栏中的“录音”选项，选择下拉菜单中的“检查录音设备”（如果系统弹出对话框，表示录音设备和放音设备的设置是正确的，可以开始录音）。

如果弹出对话框，则表示录音设备或放音设备设置不正确，需要点击菜单栏中的“录音”选项，选择下拉菜单中的“选择录音设备”，重新设置录音放音设备。

注意：每次使用前应检查设备（如果设置不正确可能会造成录音失败）。

如果不修改声音播放和录音设备的设置，程序仍可以运行，但不能保证声音录制的稳定性和正确性。

（3）录音。

将录音设备设置好以后，请在主讲人讲话之前 10～20 秒钟将录音设备打开，点击最左边的按钮，开始录音。

开始录音后，录音放音操作区的按钮变成非虚状态。

录音按钮有效时为红色，‖为录音暂停按钮，■为录音停止按钮，蓝色的三角符号为放音开始按钮。录音开始后，录音时间显示区会显示录音的累计时间。录音状态如图 3-10所示。

图 3-10　录音状态图

（4）实时放音和编辑。

本系统具有独创的声音文字同步保存和实时编辑功能，在录音的同时写入文字，文字就会和声音同步保存下来。在放音时，文字会随着声音的播放而变色，光标会紧随着变色的文字向后移动。如果在放音过程中人为移动了光标的位置或修改了文件内容，则文字不再变色，但声音继续播放。

在主辅机联机操作时，主机为“添加”状态，辅机为“插入”状态。对于“插入”模式输入的文字，系统会自动将播放时间与该文字进行对应。

在录音的同时可以点击“放音”按钮播放刚刚录制的语音，系统将自动根据目前光标所在位置选定开始播放的录音内容。

放音按钮有效时为蓝色，‖为放音暂停按钮，■为放音停止按钮。开始放音后，放音时间显示区会显示放音的时间。

可播放的声音长度通常要比已经录制的语音略少几秒钟。例如，已经录音了 12 分钟，此时点击“放音”，则播放到大约 11 分 55 秒钟的位置就会停止。需要播放此后的内容，只需要将光标移动到需要的位置并重新点击放音键即可。

通过拖动或点击控制条也可以控制声音文件播放的进度。单击进度条的指针并按住，就可以将指针拖到声音文件的任意位置。单击刻度条的空白部分，指针就会跳动，每次跳动的长度约为声音文件的 1/5。

在录入时，通常击键的时间落后于说话的时间，为了让文字和语音同步播放，可以用微调区的功能消除这种时间差。

将微调区的指针往左移动一个小格，声音文件将从比正常时间提前 5 秒钟的位置开始播放；将指针移到中间右方的第一个小格，声音文件将从比正常时间拖后 5 秒钟的位置开始播放；依此类推。

2. 音频文件整理

点击录音放音操作区中的按钮，在打开文件对话框中选择要打开的文件，点击“打开”按钮，菜单栏就会变化，录音显示区会显示该声音文件的长度。点击放音按钮，播放该声音文件，可以进行听打练习或记录。若文件时长超过 2.5 小时，则可能会出现播放不全的现象，需要将声音文件切割分段。

保存文件后，若需要再次编辑，打开“*.voi”即可。

3. 从其他设备录制声音

从录音机、电视或其他电脑录制声音时，可以用录音线将播音设备的耳机孔同 USB 声卡的红色接头连接起来。硬件设备连接好以后，调整好音量，就可以录音了。

如果需要在录音的同时监听内容，可以用三通插入播音设备的耳机孔中，然后将耳机和录音线分别接入三通的另两个接口，同时录音线应该同 USB 声卡连接。这样，速录员就可以在不影响其他人的情况下使用本系统进行现场记录了。

注意：如果用户需要通过本系统实时校对刚刚录制的语音，就需要将耳机接入声卡接口。

如果需要录制电话，就可以购买专用的电话接驳器，将其音频端的输出接入 USB 声卡即可。

4. 常见故障排除

故障现象一：点击播放却总是短暂播放后停止。

故障解决：这通常是因为录音的时间太短，小于 5 秒钟，录到 5 秒钟以后再开始放音，一般不会出现此问题。建议在讲话人说话之前 10～20 秒钟将录音打开，以方便听音。

故障现象二：录音时效果不好，噪声偏大。

故障解决：这通常是因为录音设备的参数设置不正确造成的。在每次录音前，速录员须执行“检查录音设备”选项，保证录音放音设备的设置正确。

故障现象三：文字和语音不对应，文字比语音滞后一点。

故障解决：这通常是由于敲击键盘的速度没有赶得上声音的速度，可以按照上文所述的方法，使用微调区将声音播放略微提前几秒即可。

故障现象四：放音的时候声音很小。

故障解决：先检查一下音量设置，如果音量已经调到最大，播放出的声音仍然很小，建议更换USB声卡。

故障现象五：进行声音文件整理时，出现播放不全的现象。如果文件时长3小时，播放到2小时以后就播放不出声音了。

故障解决：这可能是电脑缓存空间不够造成的。只需要把3小时长的声音文件利用音频制作软件切割分段，再分别播放整理完成即可。

故障现象六：有时候一下午开6小时的会议，可是语音伴侣软件到后来就录不上声音了。

故障解决：这个问题也与电脑缓存空间有关。为避免出现此类问题，建议使用语音伴侣记录，录音达到4小时的时候另新建文件，分段记录，以保证语音伴侣的正常使用。

（五）亚伟中文速录语音伴侣软件的主要功能

1. 录音及相关功能

在录音之前，请先确认USB声卡已经插入电脑的USB口，麦克风已经插到了USB声卡的红色插口并且已经打开，指示红灯亮起。点击录音键开始录音，可以在录音开始后根据需要点击暂停键暂停录音，或点击停止键停止录音。

在开始录音后，录音按钮为灰色，暂停和停止录音按钮为红色，可以使用，并且波形显示区会有绿色的波形跳动。

录音时，录音时间显示区会显示录音的累计时间长度。

2. 放音

点击放音按钮即可开始放音。放音过程中可以点击暂停键暂停放音，或者点击停止键停止放音。

放音按钮变蓝表示可用。在开始录音之后，暂停放音和停止放音可以使用。

在点击暂停后，暂停按钮用黑框标出，再点击一下暂停按钮，又开始放音。

放音时，放音显示区会显示放音的时间进度。

3. 打开已有的.wav声音文件

语音伴侣软件可以打开已有的.wav声音文件。本软件只支持这种声音格式（如果选择了其他格式，就会弹出错误提示对话框）。

4. 声音文件的保存

在打开亚伟语音伴侣软件的时候，系统会自动生成以当前系统时间命名的.wav文件

和 .dat 文件。.dat 文件是 .wav 文件的副本，不管用户在退出程序时是否保存，这两个文件都会自动保存。在速录工作完成后，可将相关文件删除，以节省存储空间。

如果在退出程序时选择保存，则还会在当前目录下保存同名的 .txt 文件、.voi 文件和 .wav 文件。

5. 双窗口功能

点击菜单栏中的“查看”菜单，选择“双窗口”选项，整幅的编辑区就会变成上下两个窗口（见图 3－11）。

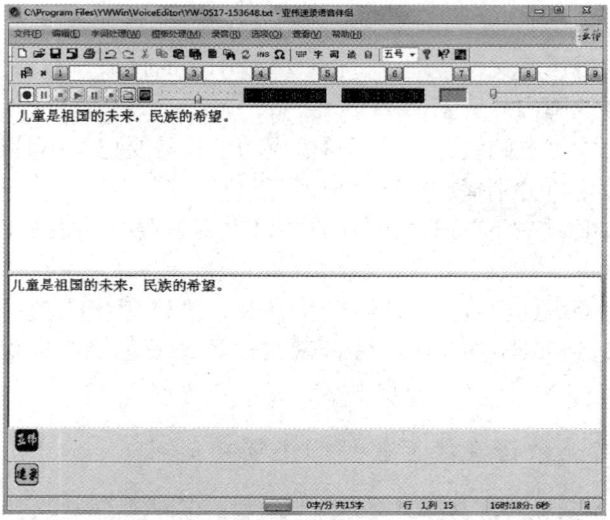

图 3－11　双窗口界面图

下窗口中可以显示文本的最后 3～5 行，便于主打和副打分别操作，避免互相干扰。

上窗口保留了原有窗口的全部功能，而下窗口只显示输入文本的最后内容。当主辅机联机操作时，主机可通过下窗口了解追加的最新内容，辅机可以在上窗口中校对。

6. 快捷键功能

（1）XAO：XBZ。

放音时，操作此快捷键，可以重放当前声音的前 5 秒钟。

（2）XAO：BG。

“PLAY/PAUSE”即“播放/暂停”快捷键，单击为开始播放，再单击为暂停。

（3）XAO：BD。

“STOP”即“停止播放”快捷键，相当于功能按钮“■”。

三、亚伟速录机移动伴侣

（一）亚伟中文速录机移动伴侣简介

亚伟中文速录机移动伴侣是亚伟中文速录机专用托架，用于行进速录，主要适用于领导人参观考察、展览展示等活动中的速录（见图 3－12）。

图 3－12　行进速录实况图

（二）亚伟中文速录机移动伴侣配件及安装

（1）移动伴侣配件由两部分组成：托架及背带。

（2）将腰带穿过背带及托架卡槽，并系于腰间。

（3）将腰带调节至合适的位置后，进行剪裁。

（4）将金属挂钩分别与托架前端相连接。

（5）托架长度可通过调节装置来调节。

（6）将亚伟中文速录机固定在托架上，完成安装。

（三）行进速录的操作要领

行进速录时要求速录员背着速录机边走、边听、边录入，需要一心多用，因此应该注意以下操作要领：

（1）设备准备。速录机需安装 4 节 5 号电池（AA）直接供电。

（2）设备连接。速录机和托架的连接须稳固，可通过调节背带长度，使速录机处于水平位置。

（3）文件存储。文件使用速录机直接保存，具体方法见“功能操作”里的相关内容。

（4）行走要求。行进速录过程中，因需要保持速录机的稳定性，因此行走动作不宜过大，步幅应小，步频可稍快。

（5）指法标准。轻按轻抬，以防速录机上下颤动。

（6）击键准确。由于在行进速录过程中看不到录入内容，相当于盲打，所以对击键的准确性有很高的要求，需要多运用录入技巧以提高准确率。

四、计算机操作的基础知识

（一）计算机的连接

1. 计算机的基本结构

常见的通用微型计算机（又称个人电脑、PC 机或微机）一般分为台式机和笔记本两种。台式机的基本部件包括主机、显示器、键盘和鼠标等（见图 3－13）。

笔记本通常为整体构造，内部设计更加紧凑，基本的外部连接比台式机少（见图 3－14）。

图 3-13　台式机

图 3-14　笔记本

2. 计算机的连接

以台式机为例，计算机的基本连接包括：

(1) 电源的连接。主机和显示器通常各配有一根电源线，其中一端接主机和显示器，另一端为插头。连接时将插头一端插入电源插座，另一端插入主机和显示器的相应插口即可（如图 3-15 所示）。

(2) 主机和显示器之间的连接。主机和显示器的连接线通常两端形状不同，因此要分别插入主机和显示器的相应接口（如图 3-16 所示）。

图 3-15　主机电源接口

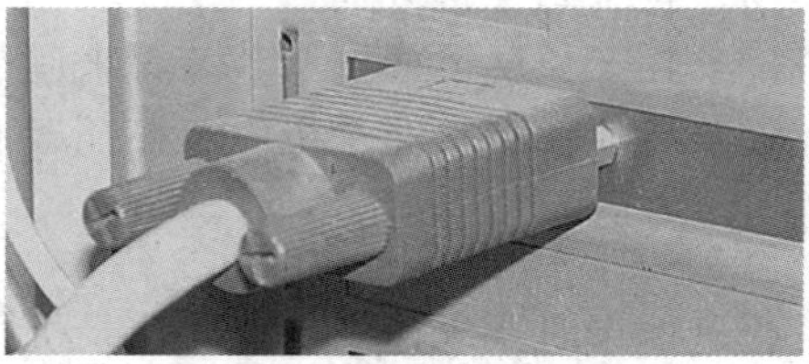

图 3-16　主机与显示器接口

(3) 键盘、鼠标的连接。键盘和鼠标各自带有一根连接线，其末端为针式或 USB 接口，用于连接主机（如图 3-17 所示）。

图 3-17　键盘、鼠标的针式接口

高手指点

(1) 计算机应有可靠的接地线，以防机壳带电影响使用或造成事故隐患。

(2) 计算机不应与空调等共用电源，以防止电压瞬间波动对计算机造成损坏。

(3) 开机时应该先打开显示器等外围设备的电源，再打开主机电源；关机时顺序则相反。

（二）打印设备的连接与安装

1. 打印机与计算机的连接

打印机与计算机是通过专用连接线和专用连接口进行连接的。传统的打印机使用计算机的并口连接，目前打印机利用 USB 接口连接是主流。

2. 打印机的一般设置方法

（1）在 Windows 系统中设置。

1）单击“开始”→“打印机和传真”，打开“打印机和传真”窗口。

2）用鼠标双击“添加打印机”，弹出“添加打印机向导”对话框。

3）按照“添加打印机向导”的要求进行设置。

（2）安装专用驱动程序。

将打印机与计算机连接好，这时有一些类型打印机会被计算机发现，同时启动相应的“添加新硬件”向导，只要按照其引导操作即可。

有的打印机不是即插即用的，这时就需要安装打印机的驱动程序。将驱动程序安装好以后，计算机就可以识别打印机了。

高手指点

（1）打印机通常有电源开关，并有自己单独的电源供应系统，因此连接时要给打印机接好电源。

（2）在连接打印机与计算机时，最好先关闭打印机电源，然后再操作。

（三）速录及配套软件的安装与设置

1. 亚伟速录专用文字处理软件的安装

单击安装盘中的“亚伟速录系统 6.0”文件夹，进入安装程序子目录（见图 3－18）。

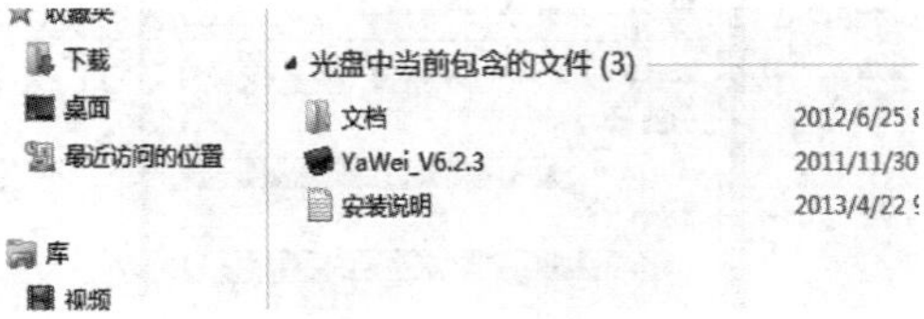

图 3－18　亚伟速录安装文件夹

（1）双击“YaWei _ V6.2.3”，弹出安装对话框。

（2）按安装步骤进行安装，正在安装页面见图 3－19。

（3）安装完毕，单击“完成”按钮，完成安装（见图 3－20）。

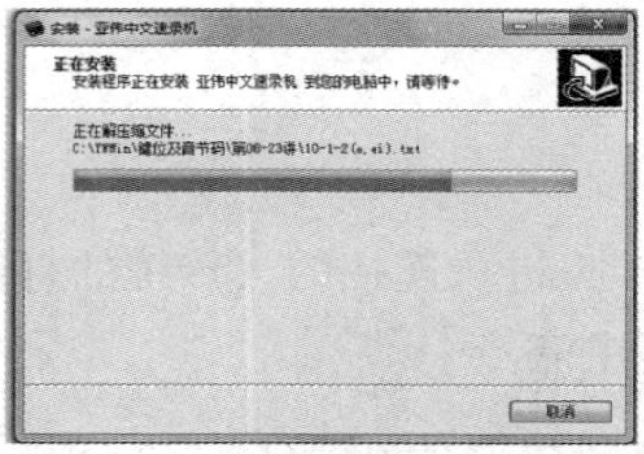

图 3 - 19　程序安装过程图

图 3 - 20　程序安装完成图

2. 亚伟速录专用文字处理软件的基本设置

(1) 屏幕显示内容的设置。

通过“查看”菜单可以自由选择软件窗口的显示内容，包括工具栏、状态栏、符号栏和录入栏（见图 3 - 21)。

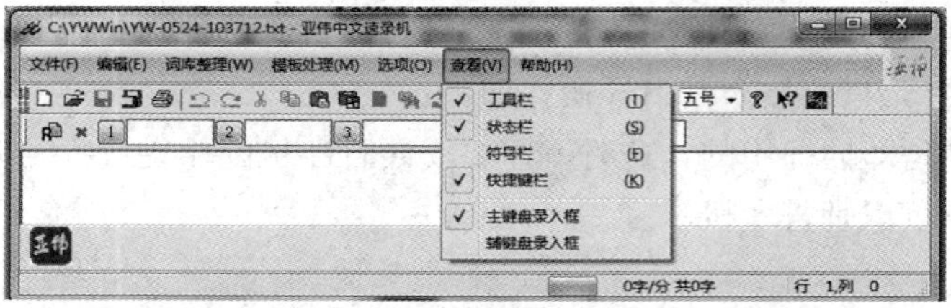

图 3 - 21　亚伟速录文字处理软件基本界面

(2) 默认工作目录的设置。

恰当设置默认工作目录可以方便文件的整理。设置方法是：用鼠标右键单击速录软件的快捷方式，在弹出的菜单中选择“属性”命令，在“属性”对话框中改变快捷方式的“起始位置”即可，如图 3 - 22 所示。

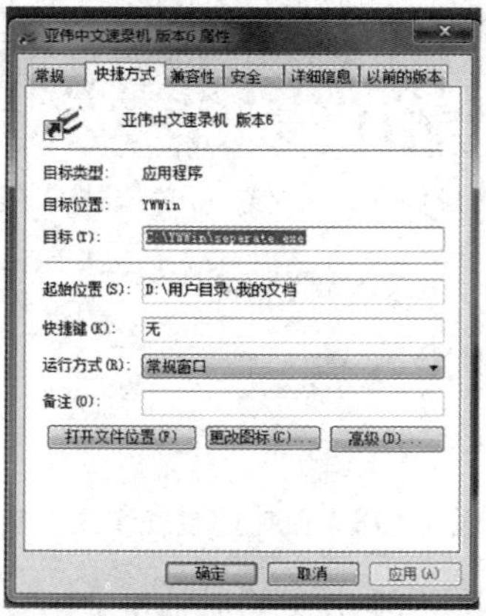

图 3 - 22　设置默认目录的对话框

3. 亚伟中文速录系统配套软件的使用

(1) 亚伟速录练习系统的使用方法。

在应用程序中打开“亚伟中文速录机版本 6”文件夹，会出现“亚伟练习系统”程序，点击该图标进入亚伟练习系统，如图 3 - 23 所示。

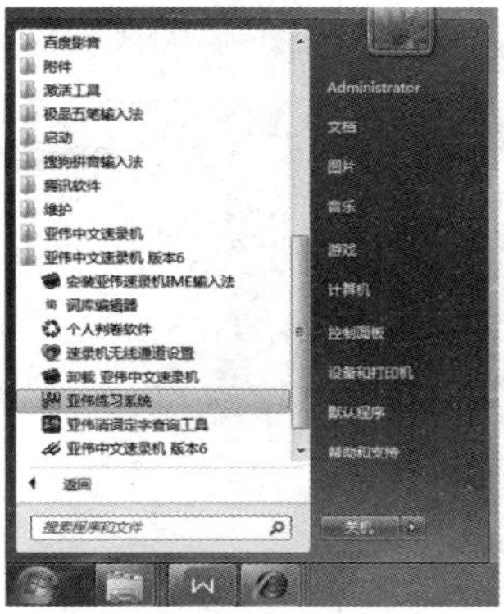

图 3-23　启动亚伟练习系统

进入亚伟练习系统后，会出现如图 3-24 所示的界面，点击“打字练习”菜单会有“键位练习”“看打练习”“听打练习”等功能，可以用于教学和平时技能训练。

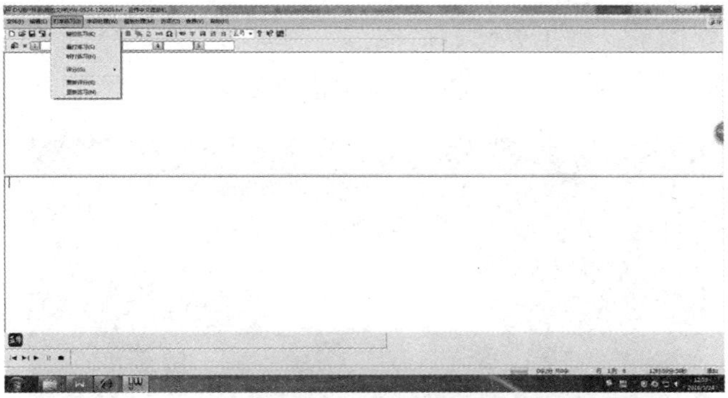

图 3-24　亚伟练习系统界面

键位练习对于初学者提高击键频率及击键准确率有很大帮助。看打练习时调出需要看打的材料，用双手并击“DGI：DGI”开始练习，用双手并击“DGIN：DGIN”结束练习。全键位练习界面如图 3-25 所示。

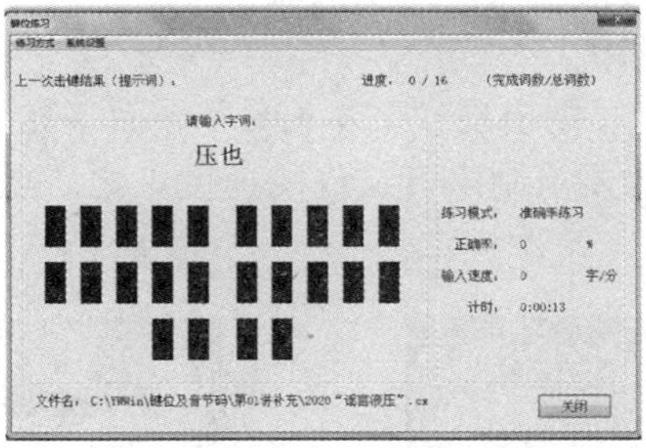

图 3-25　全键位练习界面

听打练习时调出需要听打的声音文件（.wav），用双手并击“DGI：DGI”开始练习，用双手并击“DGIN：DGIN”结束练习。

（2）“文本 OK”的安装及使用方法。

1）“文本 OK”软件的安装。

单击安装盘中的“文本 OK”文件夹，进入安装程序子目录（见图 3－26）。

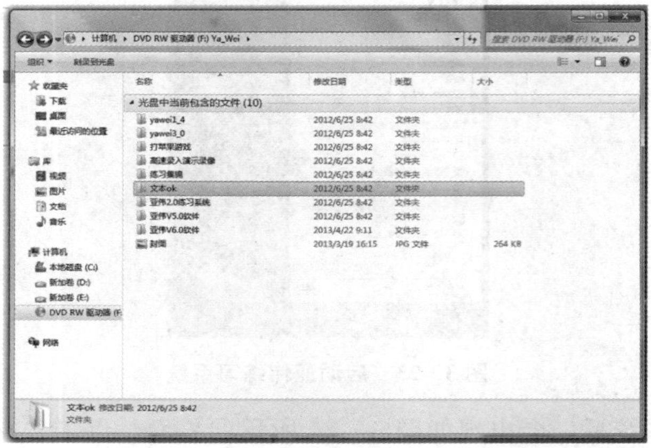

图 3－26　安装程序子目录

①双击“setup”图标，弹出安装对话框。

②选择安装路径（见图 3－27）按安装步骤进行安装。

图 3－27　安装路径选择

③正在进行安装。

④安装完毕，单击“完成”按钮，完成安装。

2）“文本 OK”软件的使用。

①点击“文本 OK”图标，则出现“文本 OK”界面（见图 3－28）。

②在“速度”栏中填写想要录制声音文件的速度，之后点击“开始”键通过外接麦克风开始录音（见图 3－29）。

图 3－28　“文本 OK”界面

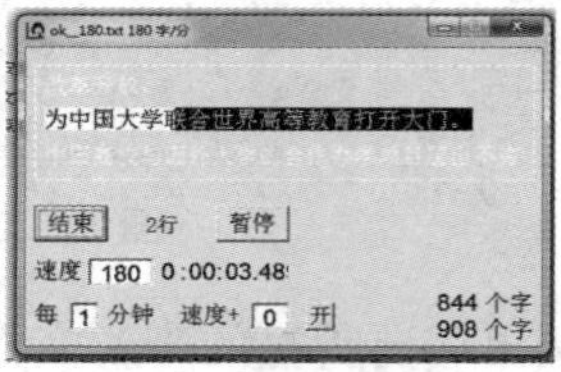

图 3－29　录音界面

③录音结束后，软件会自动跳回原始界面。

④通过该软件的加速功能，可以录制匀速加快声音文件。

3）个人判卷软件的使用方法。

个人判卷软件是“亚伟中文速录机版本 6”软件的附属软件，用于评判文字录入的准确率。其使用的步骤为：

①点击个人判卷软件的图标，打开个人判卷软件。

②点击最左侧的“打开标准文本”命令，在“打开”对话框里找到自己设定的标准文本。

③点击左侧第二个命令“打开比对文本”，在“打开”对话框里找到想要比对的文本（见图 3 - 30）。

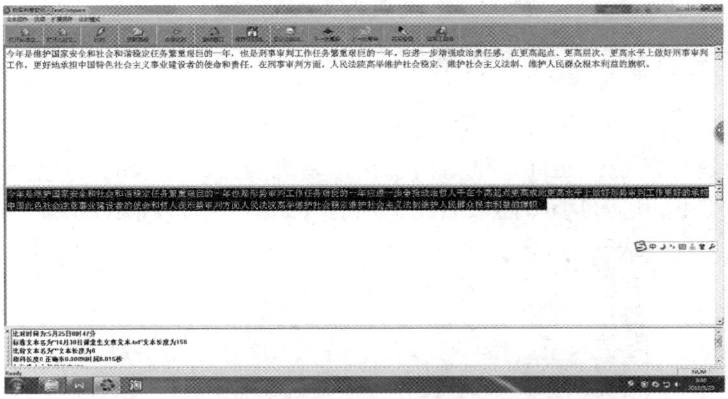

图 3 - 30　比对文本界面

④点击第三个命令“比对”，即在下方出现了比对结果（见图 3 - 31）。

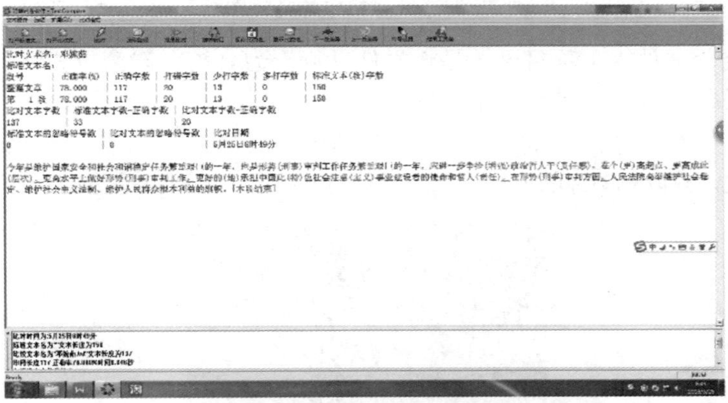

图 3 - 31　比对结果界面

⑤如需批量比对文本，可以点击“选择路径”命令来选择需要比对文件所在的文件夹，则会对文件夹的所有文件评出结果（见图 3 - 32）。

高手指点

（1）速录软件的安装与其他软件的安装方法相同。

（2）速录软件所占的磁盘空间不大，一般安装到默认位置就可以了。

（3）如果要删除速录软件，也需要通过“添加/删除程序”进行。

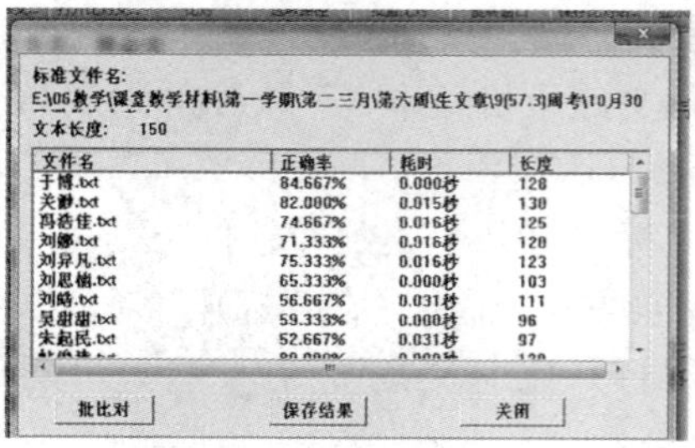

图 3-32　批量比对路径选择图

（四）文件的存储、查找与删除

1. 基本概念

（1）文件。这里所说的文件，是指信息在计算机磁盘中存取的方式。计算机中的文件分为很多种，都是由相应的小图标来加以识别的（如图 3-33 所示）。

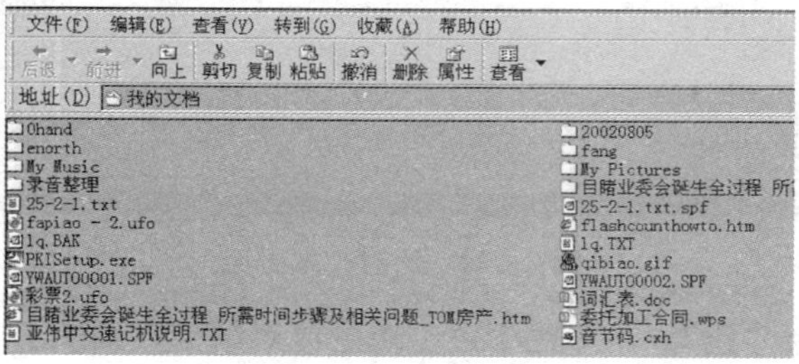

图 3-33　计算机中的文件图标

（2）文件夹。文件夹也称目录，是将文件进行人为分类存储的方式，黄色夹子的图标表示文件夹，其他的小图标表示一个个独立的文件。

（3）图标。所有文件、文件夹、程序的启动按钮以及硬件资源在 Windows 系统中都有自己独特的标记，并以小图标的形式显示，所有的这些标识图形就是图标（如图 3-34 所示）。

图 3-34　亚伟中文速录机桌面图标

2. 建立和删除文件

（1）建立新文件。打开任意一个文件夹，单击鼠标右键，在弹出的快捷菜单中选择

“新建”→“文件文档”命令即可（如图 3－35 所示）。

（2）删除文件。单击选中任意文件后，按标准键盘上的“Delete”键，或单击鼠标右键，在弹出的菜单中选择“删除”命令即可（如图 3－36 所示）。

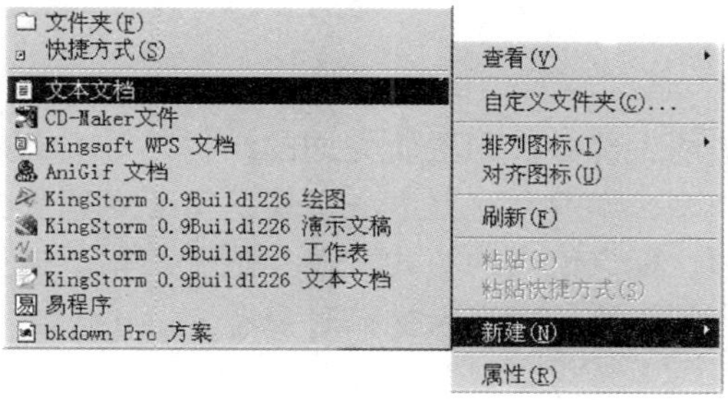

图 3－35　建立新文件

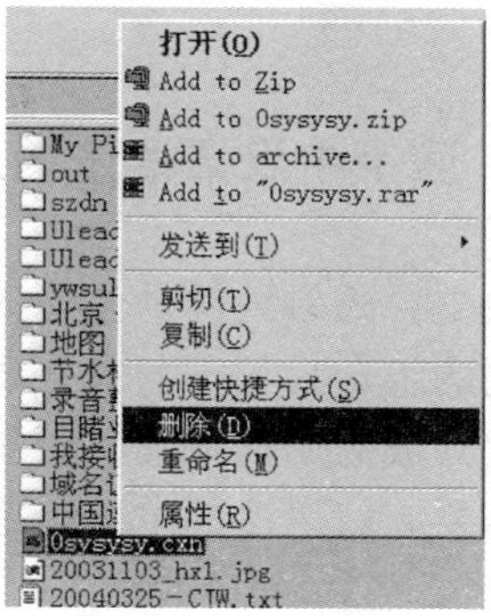

图 3－36　删除文件

3. 存储和查找文件

（1）存储文件。文件建立后，自动保存在硬盘中，如果要更改其中的内容，就需要再保存。文件也可以命名后存储在文件夹中，在同一个文件夹内不允许有两个文件同名。

（2）查找文件。在“开始”菜单中有“查找/搜索”选项，“查找/搜索”选项中的“文件或文件夹”命令就是用来查找文件或文件夹的。如果知道某一个文件或文件夹的名字，但不知道其位置，就可以用查找“文件”或“文件夹”的方式来进行查找。如果能知道更多关于此文件的情况，查找起来就会更准确。例如，文件的修改日期、类型、文件中包含哪些文字以及文件的大小等，都可以作为查找的条件。当然，如果把这些条件记错了，就很有可能什么也查不到。查找文件的过程如图 3－37 所示。

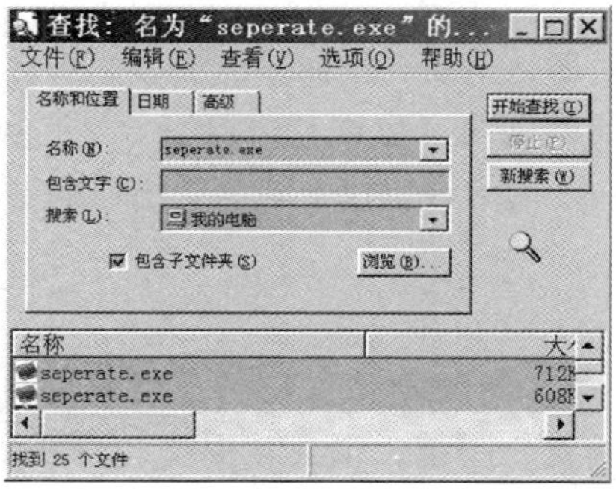

图 3－37　查找文件

高手指点

（1）文件名可以是中文、英文、标点符号等，但是只用一些符号是不行的，例如“/”“\”等。

（2）文件的存储最好分类进行，把记载相同类型内容或文件类型相同的文件分别集中保存在不同的文件夹内，这样可以方便查找。

第二节 信息采集

一、速录中汉语语法的应用

语法支撑语言结构，包括词法和句法两大部分。词法研究词的结构、分类和用法；句法研究词的组合、句子的成分和句子的类型。学习和掌握语法主要是用于对速录文稿的整理，并使其成为用词准确、语句简洁通顺、标点恰当的正式文稿。限于篇幅，这里只能根据实际需要，就语法的主要内容作简要介绍，供整理速录文稿时参考。

（一）词类

1. 名词

（1）名词——表示人或事物名称的词。例词：工人、学生、哥哥、模范、水稻、森林、老虎、鸟、国家、思想、法律、友谊、北京、天安门、黄河、边疆、上午、早晨、今天、星期一。

（2）语法特点：前面一般可以加数量词，如“一个学生”“两种思想”；不能用副词修饰，如不能说“不学生”“很友谊”；表示人的名词后面可以加“们”表示复数，如“同志们”；主要作主语、宾语。时间、处所类名词还可以作状语。

2. 名词的附类

（1）方位词——表示方向、位置和时间的词。例词：上、下、前、后、左、右、东、南、西、北、里、外、中、内、间、旁、以上、以后、以内、之下、之前、之中、之间、前边、东边、外边、旁边、后面、南面、里面、前头、上头、上下、里外、当中、中间。

（2）语法特点：经常跟词或词组（也称“短语”，是两个或两个以上的词，按照一定的方式组合起来还不能成为句子的语言单位）组成表示时间、处所的名词或方位结构作状语、定语等。

3. 动词

（1）动词——表示人或者事物的动作、行为、发展变化的词。例词：跑、唱、笑、看、打、飞、保卫、援助、调查、团结、生长、提高、演变、扩大、想念、喜欢、了解、认识、存在、有、开始、继续、结束、像、等于。

（2）语法特点：一般能够受副词“不”的修饰；很多动词能够重叠，如“看看”“整顿整顿”；很多动词后面可以加时态助词“着”“了”“过”；很多动词能带宾语。

4. 动词的附类

（1）判断动词——表示判断的词。例词：是。

语法特点：主要与名词、词组构成判断合成谓语。

（2）能愿动词——在动词、形容词前表示可能、应该、必要或愿望的词。例词：能、会、可以、该、应该、必须、要、敢、肯、愿意。

语法特点：可单独作谓语；主要用在动词、形容词前，跟动词、形容词构成能愿合成谓语。

（3）趋向动词——在动词、形容词后表示趋向的词。例词：上、下、来、去、过、回、起、上来、下去、进去、过来、起来、出去。

语法特点：可单独作谓语；主要用在动词、形容词后表趋向，与动词、形容词构成趋向合成谓语。

5. 形容词

（1）形容词——表示人或者事物的形状、性质，或动作、行为、发展变化的状态的词。例词：红、绿、高、大、小、好、坏、圆、热、甜、笔直、快、慢、流利、恳切、矫健、伟大、坚决、干净、诚实、优秀。

（2）语法特点：一般能够受副词"不"的修饰，很多能够受副词"很"的修饰；有的可以重叠，如"高高""清清楚楚"；作谓语，不能带宾语。

6. 数量词

（1）数词——表示数目的词。例词：一、二、三、四、五、十、百、千、万、第一、初二、三楼、三五（个）、七八（斤）、万把（人）。

（2）量词——表示数量单位的词。例词：尺、寸、斤、两、个、只、件、条、双、对、回、趟、下、顿、阵、遭、遍、架次、秒/立方米。

（3）语法特点：数词和量词结合起来称数量词；表示物量的数量词常用在各词前作定语，有时作主语、宾语；表示动量的数量词常用在动词后作补语，有时用在动词前作状语。

7. 代词

（1）代词——代替名词、动词、形容词和数量词的词。具体还可分为以下类别：

人称代词。例词：我、你、他（她、它）、我们、你们、他们（她们、它们）、自己、人家、别人。

疑问代词。例词：谁、什么、哪、哪些、哪里、怎么、怎样、多少。

指示代词。例词：这、那、这些、那些、这里、那里、这么、那么、这样、那样。

（2）语法特点：一般不受别的类型的词的修饰；代词的特点和用途与它们所代替的词类相同。

8. 副词

（1）副词——用在动词或形容词前面，表示范围、语气、否定、时间、程度等的词。例词：都、全、统统、仅仅、只、可、却、倒、偏、竟、简直、难道、不、刚、没、正、恰好、一直、曾经、立刻、很、挺、最、更、非常、十分。

（2）语法特点：修饰谓语动词、形容词作状语，或补充说明谓语动词、形容词作补语；不和名词组合；多数不能单独回答问题；一部分副词还有关联作用，如"就""才""也"等。

9. 介词

（1）介词——用在名词、代词或词组的前面，和它们组合起来，表示动作、行为的方向、时间、处所、对象等的词。例词：从、自、自从、由、往、朝、向、到、在、当、于、以、同、跟、和、比、被、把、连、对、对象、关于、由于、给、为、为了、为着、除了、按照。

（2）语法特点：不能单独回答问题；不能加时态助词“着”“了”“过”和表趋向的动词“来”“上”“下”等；组成介词结构作状语、补语、定语，一般不作主语、谓语、宾语。

10. 连词

（1）连词——用来连接词、词组或句子的词。例词：和、同、跟、与、及、以及、并、并且、而、而且、或、或者、不但、虽然、既然、要是、如果、假使、只要、除非、即使、因为、尽管、不管、不论、可是、但是、然而、况且、所以、因而、因此、于是。

（2）语法特点：只有连接作用，没有修饰作用，不作句子成分，不能单独回答问题。

11. 助词

（1）助词——附着在词、词组或句子上，具有辅助作用，表示某些附加意义的词。具体还可分为以下类别：

结构助词。例词：的、地、得、所。

时态助词。例词：着、了、过。

语气助词。例词：呢、吗、吧、啊、罢了。

（2）语法特点：独立性最差，意义最不实在；除“所”外，都念轻声；结构助词“的”可附在词或词组后组成“‘的’字结构”作主语、宾语。

12. 一般词组

（1）联合词组。词和词并列地联合在一起，彼此没有修饰和被修饰的关系，构成联合词组。举例：工人和农民，党和政府，安定团结，灿烂辉煌，数学、物理和化学，试验、改良并推广。

（2）偏正词组。词和词之间有修饰和被修饰的关系、限制和被限制关系、补充和被补充的关系，构成偏正词组。举例：中国人民、诚挚的心愿、优良传统、伟大的事业、迅速提高、深深地怀念、完全赞成、很高兴、好得很、来一趟、记叙得清楚、说明白。

（3）动宾词组。前面的动词支配后面的名词、代词等，构成动宾词组。举例：爱人民、学习政治、研究科学、驾驶汽车、讨论问题、帮助他们。

（4）主谓词组。后面的词说明前面的词，构成主谓词组。举例：工业发达、他学习、精神饱满、担子重、意气风发、生活美满。

（二）句子的一般成分

1. 主语

主语是陈述的对象，用符号“＿＿”表示。例句：

太阳出来了。

石拱桥的桥洞呈弧形。

2. 谓语

谓语用来陈述主语的内容，用符号“＿＿”表示。例句：

火车开动了。

赵州桥非常雄伟。

3. 宾语

宾语是动词中心语的支配对象，用符号“﹏﹏”表示。例句：

一轮红日渐渐升上天空。

桥的设计完全合乎科学原理。

4. 定语

定语是名词中心语的修饰成分，用符号“（　　）”表示。例句：

（我国的）石拱桥有（悠久的）历史。

5. 状语

状语是动词、形容词中心语的修饰成分，用符号“[　　]”表示。例句：

石拱桥 [在世界桥梁史上] 出现得比较早。

6. 补语

补语是对动词、形容词中心语补充说明的成分，用符号“〈　　〉”表示。例句：

永定河上的卢沟桥，修建〈于公元 1189 至 1192 年〉。

7. 中心语

中心语是受修饰、补充或能支配宾语的主干成分，用符号“．”（下圆点）表示。例句：

桥的设计完全合乎科学原理。

（三）句子的类型

1. 按用途和语气划分

（1）陈述句。

用途：表示肯定的陈述，其表达方式为用“是”字句或一般肯定句式。例句：

我是一个中学生。

赵州桥非常雄伟。

表示否定的陈述，其表达方式为句中用“不”“没”“没有”等否定词语。例句：

桥洞不是普通半圆形。

这座桥从没出过事。

（2）疑问句。

用途：表示疑问，其表达方式为：

1）用疑问代词提问。例句：

死海海水的浮力为什么这样大呢？

2）用陈述句加疑问语气助词提问。例句：

这件事你听说过吗？

3）用选择复句提问。例句：

你是吃米饭，还是吃馒头？

4）用肯定否定相叠的方式提问。例句：

你有没有见过这个人？

(3) 祈使句。

用途：表示命令、请求、催促、劝阻等，其表达方式为：多用省略句或者非主谓句加祈使语气助词表达，也可以用疑问句式加疑问语气助词来表达。例句：

快把烟扔掉！

不准随地吐痰！

时候不早了，快走吧！

能把你的笔借我用一下吗？

(4) 感叹句。

用途：表示某种强烈的感情，其表达方式为：用主谓句或非主谓句加上感叹语气来表达。例句：

你太美了！

多聪明的孩子！

2. 按语法结构来分

(1) 单句。

单句与“复句”相对，指不能分拆成两个或两个以上的分句的句子。单句又可分为主谓句与非主谓句两种：

主谓句是由主语和谓语两部分构成的句子。例句：

火车来了。

实践是检验真理的唯一标准。

非主谓句是由谓语的一部分或者由不能断定是主语还是谓语的一部分构成的句子。例句：

来了一个朋友。

多好的天气。

(2) 复句。

复句与“单句”相对，指由在意思上互有关联的两个或两个以上的分句（复句里包含的单句）组合成的大句子。复句有以下几类：

联合复句：它是指分句和分句之间没有主次、轻重分别的复句。

并列复句：并列复句的几个分句彼此平行，不分轻重。它们或含有对比的意思，或分别说明一些相关的事情、描写一些相关的情景，或描写同一事物的几个方面，或连续发生的几个动作或一系列事件。例句：

学生尊敬老师，老师关心学生。

去年，我哥哥参军，姐姐也上了大学。

上午我们在学校上课，下午我们到自然博物馆去参观，晚上在家里做作业。

常用的关联词语有：又……又……、不是……而是……、既……又……。

递进复句：它是指后一个分句表示的意思比前一个分句表示的意思更进了一层，即程度深了些，或是范围大了些。例句：

我们不仅要具有分析问题的能力，还要具有解决问题的能力。

我们不但自己要这样做，而且要教育我们的子孙后代这样做。

常用的关联词语：不但（不仅、不只）……而且（并且、还、甚至）……。

选择复句：它是指几个分句所说的事项不能同时并存，而要从中选择一项。例句：

不是东风压倒西风，就是西风压倒东风。

孩子飞也似地跑，或者蹲在乌桕树下赌玩石子。

常用的关联词语：或者、或、不是……就是……、是……还是……、要么……要么……。

偏正复句：它是指分句和分句之间有主次、轻重分别的复句，它包括以下四种类型：

1）转折复句：转折复句的偏句和正句的意思不一致，正句不是顺着偏句的意思说下来，而是转了个弯。例句：

我们做的事情不同，但都是为了建设社会主义。

尽管他的学习成绩一贯优良，却从不骄傲自满。

这篇小说虽然在写法上有些不足之处，可是思想内容是好的。

常用的关联词语：虽然（尽管、虽说）……但是（但、可是、却、然而）……。

2）因果复句：因果复句的偏句说原因（或理由、根据），正句说结果。例句：

因为他工作忙，所以我不愿意为这件小事去打扰他。

既然文艺工作的对象是广大人民群众，就产生了一个了解他们、熟悉他们的问题。

我国社会主义现代化建设之所以取得了这样伟大的成就，是因为有党的正确领导。

常用的关联词语：因为（由于、既然）……所以（因此、因而、就）……。

3）假设复句：假设复句的偏句提出一种假设的情况，正句说明在这种情况下要产生的结果。例句：

如果以为理性认识可以不以感情认识得来，他就是一个唯心主义者。

即使我们的工作取得了极其伟大的成就，也没有任何值得骄傲自大的理由。

常用的关联词语：如果（要是、若、假若、假设、倘若、倘使、假如、假使）……就（那么）……、即使（就是、哪怕、就算、即令、纵然）……也……。

4）条件复句：条件复句的偏句提出条件，正句说明在这种条件下发生的情况。例句：

只有全校师生共同努力，我们才能赢得这次竞赛的胜利。

只要刻苦学习，就能取得好成绩。

缺乏艺术性的艺术品，无论政治上怎样进步，也是没有力量的。

常用的关联词语：只有……才……、只要……就……、无论（不论、不管、除非、任凭）……都（也、总、还）……。

高手指点

（1）有些地方的学员，如南方学员有一些音节的发音不准确，要注意纠正。

（2）在平常说话时要注意训练自己的语法感觉，尽量避免说有语法错误的话。

二、标点符号的应用

标点符号是书面语中用来表示停顿、语气及词语性质和作用的符号，是书面语的有机组成部分。正确使用标点符号，对准确表达、改进工作、提高效率，对推动语言的规范化，都有积极的意义。

毋庸置疑，对进行“听打录入”的速录人员来说，能否正确使用标点符号在一定程度上将直接关系到其录入和整理质量的高低。

（一）标点符号的使用说明

1. 句号（。）

用法说明：表示陈述句和语气舒缓的祈使句末尾的停顿。举例：

我们必须按时完成任务。

请你稍等一下。

2. 逗号（，）

用法说明：表示句子内部的一般性停顿。举例：

全世界各国人民的正义斗争，都是互相支持的。

3. 顿号（、）

用法说明：表示句子内部并列词语的停顿。举例：

能源是发展农业、工业、国防、科学技术和提高人民生活水平的重要物质基础。

4. 问号（?）

用法说明：表示疑问句末尾的停顿。举例：

这种事情太难了，我该怎么办呢?

5. 分号（；）

用法说明：表示复句内并列分句之间的停顿。举例：

不批判唯心论，就不能发展唯物论；不批判形而上学，就不能发展唯物辩证法。

6. 叹号（!）

用法说明：表示感叹句，语气强烈的祈使句和反问句末尾的停顿。举例：

为祖国的繁荣昌盛而奋斗!

你给我出去!

我哪里比得上他呀!

7. 冒号（：）

用法说明：表示提示性话语之后的停顿，用来提起下文。举例：

马克思主义哲学告诉我们：正确的认识来源于社会实践。

8. 引号（“”）

用法说明：表示行文中直接引用的话；表明需要着重论述的对象或具有特殊含义的词

语。举例：

大家都称赞他是“人老心红，朝气蓬勃的好干部”。

古人对于写文章有两个基本要求，叫作“有物有序”。“有物”就是要有内容；“有序”就是要有条理。

这样的“聪明人”还是少一点好。

9. 书名号（《》）

用法说明：标明书名、篇名、报刊名等。举例：

《毛泽东选集》《孔乙己》《人民日报》《求是》

10. 省略号（……）

用法说明：标明行文中省略了的话。举例：

新村里，孩子们引吭高歌：“我爱北京天安门，天安门上太阳升……”

11. 破折号（——）

用法说明：标明行文中解释、说明的语句；表示意思的递进；表示话题的突然转变。举例：

这就是中国最大的肥沃大平原——华北大平原。

“团结——批评——团结”是解决人民内部矛盾的方法。

他告诉弟弟，这是《新华字典》，花了一块钱，——以后，看书读报，认不得的字，一查它，不仅知道读法，还能知道这个字怎么用。

（二）标点符号的正确使用

下面结合文字材料，就如何正确使用标点符号做简要的分析说明。

句 1：社会主义精神文明建设是群众性的事业。

句 2：深入开展群众性的精神文明创建活动，对于移风易俗、改造社会、实现两个文明建设的有机结合，具有重大作用。

句 3：要以提高市民素质和城市文明程度为目标，开展创建文明城市活动；以提高农民素质、奔小康和建设社会主义新农村为目标，开展创建文明村镇活动；以服务人民、奉献社会为宗旨，开展创建文明行业活动。

句 4：要大力宣传现代化建设中涌现出来的先进集体和先进人物，在全社会形成崇尚先进、学习先进的风气。

句 5：各项精神文明创建活动，都要务求时效、坚决反对形式主义。

要想正确地使用标点符号，关键在于能够正确地“断句”（即能正确地断开表示一个完整意思的句型）。如上面的文字材料共包含 5 个意思完整的陈述句：

句 1：单句，是陈述“社会主义精神文明建设”这一“事业”的性质，其句末的停顿用句号。

句 2：单句，是陈述“深入开展群众性的精神文明创建活动”所具有的“重大作用”，其句末的停顿用句号；其中“移风易俗、改造社会、实现……结合”为该句中状语内部并列词语，它们中间的停顿用顿号；“对于……结合”这一状语，是句内的一般性停顿，故其后用逗号。

句 3：并列复句，句末停顿用句号。该句是从三个方面（用三个并列分句）：“创建文明城市活动”“创建文明村镇活动”和“创建文明行业活动”来具体陈述如何开展群众性的社会主义精神文明的创建活动，因此，这三个并列分句之间应以分号来表示它们的停顿；这三个并列分句又各带有一个较长的状语：“要以提高市民……为目标”“以提高农民……为目标”“以服务……为宗旨”，因为这些状语较长，又需要突出它们，故其后用逗号表示停顿；另外，“提高农民素质”与“奔小康”，“服务人民”与“奉献社会”均为并列词语，故用顿号表示其停顿。

句 4：单句，是陈述“大力宣传”“先进集体和先进人物”所要达到的目的，其句末的停顿用句号；句中“崇尚先进”和“学习先进”为并列词语，它们中间的停顿应该用顿号。

句 5：单句是陈述对开展“精神文明创建活动”应注意的事项，句末停顿用句号；句中“各项精神文明创建活动”之后所以加逗号，是为了强调这一主语，“都要……主义”，是从正反两个方面来陈述应注意的事项，它们之间用逗号来表示句中一般性的停顿。

速录学习者如能像上面那样，经常做一些文章片段中标点符号使用的分析，不仅能进一步理解并掌握标点符号的正确用法，而且能发现有些文章中标点符号使用的不当之处，从而使自己使用标点符号的水平有所提高。

高手指点

（1）标点符号的使用有相应的国家规范，要注意学习，规范应用。
（2）平常在练习过程中，要注意养成准确使用标点符号的习惯。

三、段落的适当划分

就一篇文章来讲，段落（自然段）是组成文章结构的基本单位，适当划分段落能使文章条理清晰、结构严谨，完整地表现一定的思想。在形式上，段落用换行开头空两格作为其明显的标志，以表示文章思路发展中的停顿和间歇。

下面介绍正确划分段落的方法。

（一）通常的段落

一般来说，在内容上，一个段落应该是包含一个完整的意思。例如，2004 年《政府工作报告》中的一段话：

“过去的一年，我们坚持独立自主的和平外交政策，把握机遇，应对挑战，主动进攻，对外工作成绩显著。我国在国际上赢得了更多的理解、信任、尊重和支持，国际地位和影响力进一步提高。”

以上两句话划为一个段落，概括地说明了过去的一年我们对外工作所取得的显著成绩。

（二）段首概括法

有的文章，特别是论述性文章，常常在每段开头用一句话来概括全段的主要内容，即所谓“段首概括法”。例如，2004年《政府工作报告》中的两段话：

“第三，继续推进农村税费改革。除烟叶外，取消农业特产税，每年可使农民减轻负担48亿元。从今年起，逐步降低农业税税率，平均每年降低1个百分点以上，五年内取消农业税。今年农业税率降低可使农民减轻负担70亿元。为支持农村税费改革，今年中央财政拿出396亿元用于转移支付。加快推进县乡机构等配套改革。

第四，深化粮食流通体制改革。全面放开粮食购销市场，加快国有粮食企业改革，加强粮食市场管理和调控，对种粮农民实行直接补贴。今年国家从粮食风险基金中拿出100亿元，直接补贴种粮农民，以调动农民种粮的积极性。加强农业生产资料价格监督，保护农民利益。”

以上所引用的两段话，其段首句为该两段主要内容的概括，即

“第三，继续推进农村税费改革。”

“第四，深化粮食流通体制改革。”

运用“段首概括法”既可以使全文论述的层次得以清晰化，又有助于读者理解并掌握各层次的主要内容。

（三）单句段落

文章中起过渡作用的句子可以独立成段。例如《沙漠之舟——骆驼》一文的开头两段：

无边无垠的沙漠，缺雨短水，风沙弥漫，忽冷忽热，变幻无常，难得见到一点绿色，很少看到各种生物。然而随着“唧唧”的铃声，你便能看到一队骆驼，背负重物，稳步跋涉在疏松的沙土上，缓缓向前。尽管气候多变，环境恶劣，看来骆驼是丝毫不去理会的。骆驼何以有这样独特的本领来适应沙漠的艰难生活呢？

让我们来仔细看看骆驼的特点吧。

接下来就是具体介绍骆驼的形态结构和生理机能。

第一段是说明沙漠环境的恶劣和骆驼对它的适应能力。如果直接开始就介绍骆驼的生理特点，读者会感到突然。有了这第二段的过渡，就知道下面要介绍的具体内容了。这样读起来就感到自然、连贯，也易于理解。这个过渡段是由一个单句来构成的。

高手指点

（1）分段落的重要作用之一是方便阅读和理解，因此，不能进行适当分段的速录稿是不合格的。

（2）段落不要太多、太乱，甚至每一句话都分成一个段，这样也不能算是“适当”的分段。

四、口语与书面语

(一)口语和书面语的概念

口语即说话用语，是人们口头上交际时使用的语言。

书面语也称笔语，是人们书面上交际时使用的语言。

(二)口语和书面语的关系

口语与书面语相对，是书面语产生与发展的基础和源泉。一般来说，它比书面语灵活简短，但不及书面语完整严谨。口语和书面语相互影响、相互转化而共同存在、共同发展。现代汉语的口语和书面语都是在日益规范和不断发展的一种语言的两种形式。

(三)听打录入过程中对口语化内容的处理

1. 删除讲话人发言时所带的“口头禅”

在听打录入中，有些讲话人在发言时常带有“口头禅”(泛指常挂在嘴上而没有意义的话)。例如：叹词“啊”“嗯”；代词“这个”“那个”；词组：“差不多”“怎么说呢”“也就是说”等。这些“口头禅”跟上下文毫无关系，纯属多余，完全可以删去。

2. 删除明显重复的话

讲话人在发言时，一般仅仅对发言的内容准备一个提纲，然后在现场进行发挥。因此，通常会出现重复的现象，例如：

××说：“刚才我已经说过，××在昨天夜里，趁着我外出有事，他撬开门进了屋，偷走了我的一部手机，还有300块钱。”

××说的这些话，既然已在以前说过，这里当然就不用重录了，也可删去。

3. 浓缩语句，与书面语接轨

录入稿中的某些口语性内容，有时根据当时的实际情境和发言人的身份、文化素养及语言特点，可以用成语或习惯语来表示，有的则可以用带有书面语色彩的话来加以简化，这样就能摆脱过分口语化，并与书面语接轨。

例如：说××人丧失理智，言行荒谬，好像发了疯一样，可以用成语“丧心病狂”来浓缩。说要办某一件事，其他条件俱已齐备，就差关键性的一步，可以用口语“万事俱备，只欠东风”来浓缩。上文举例的那段话：“刚才我已经说过……还有300块钱。”这番话如用带有书面语色彩的话来写，可以简化为：

“刚才我已说，昨夜××趁我外出，撬门进屋，偷走手机一部，人民币300元。”

高手指点

(1) 注意口语和书面语的区别与联系。

(2) 在对口语化内容进行处理时，注意保持讲话者的口语风格。

第三节　信息处理

一、校对与整理

（一）同音字词的辨析

速录人员在实时高速听打录入时，出现某些同音字（俗称“别字”）词是在所难免的，这就要求他们在听打录入后细心地加以校正，要尽可能地把速录稿中的所有同音字词特别是同音异义的字词加以正确地辨析、校正。当然，解决这一问题的关键还在于速录人员本身的语文修养。具体来说，就是要能确切地辨析这些同音异义字词的词性、词义和用法，只有这样，才能选用最恰当的字词来准确、鲜明、生动地表达讲话人的本意。

下面我们根据当前速录人员听打录入中选用同音异义字词的实际情况，举出一些例子，分别从它们的词性、词义、用法等方面来进行比较分析，说明其异同之处，以供大家参考。

1. 同音异义字

（1）的—地—得。

这三个字的读音相同，都读“de”的轻声，又同为结构助词，但使用的位置和表示的语法关系都不一样。

“的”主要是在定语后面表示修饰、领属等关系，如“美丽的城市”“我的朋友”。

“地”一般用在状语后面，修饰动词或形容词，如“飞快地跑了”“天渐渐地热了”。

“得”一般用在动词、形容词与补语之间，表示可能、程度、结果，如“爬得上去”“红得发紫”“吃得饱饱的”。

（2）即—既。

这两个字的音、义都相近，又都能作副词用，容易混淆。

“即”用作副词时有三种含义：第一，紧接着发生，如“知错即改”；第二，就，如“这件事的症结即在于此”；第三，就是，如“非此即彼”。

“既”，用作副词时有两种含义：第一，已经，如“既成事实”；第二，与“又”“且”“也”连用，表示两种情况同时存在，如“既能文又能武”“既高且大”“既说也写”。

（3）决—绝。

这两个字读音相同，读“jué”，都可用作副词，表示必定、一定的情态意义，有时两字可以通用，有时又不能，因而容易混淆。

“决”突出的是必定，强调心理上的坚决，如“决不反悔”“决无二心”。

“绝”突出的是断然、绝对，强调的是客观无可能，如“绝无此事”“绝不答应”。“绝”还有表示程度范围的意义，如“绝大多数”“绝密”，这里不能写作“决”。

这两个字作“一定”（副词）解时用法相通，但“绝”字用得少，如“决不反悔”“决无二心”中不用“绝”，而“绝无此事”“绝不答应”中可用“决”。如何搭配，要在日常阅读中体会。

（4）作—做。

这两个字当动词用时读音相同，都读“zuò”，它们在多个意义上可以相通，如“作伴”与“做伴”“作纪念”与“做纪念”。区别在于：

“作”，多用于表示抽象意义的词语和书面语色彩较重的词语，尤其是固定词语，如“作对”“作废”“作怪”“装模作样”“认贼作父”等，后面所接双音词多为动词，如“作调查”“作处理”。

“做”，用于指具体东西的制造、加工或担任职务，如“做桌子”“做饭”“做秘书”。

2. 同音异义词

作为速录人员，学点语法知识是必要的。在进行听打录入后的校对中，如果一时掌握不住某个同音异义字词词义的区别，可以查查字典、词典或有关“词义辨析”一类的工具书。当然，根本的解决之道还在于学习和积累有关的知识，努力提高自身的语文修养。下面，我们总结了一些常见的、易混淆的同音词和音近词并进行辨析，供大家参考。

A

暧（ài）昧　　暗（àn）昧

暧昧：（1）（态度、用意）含糊；不明白。【例】态度～。（2）（行为）不光明；不可告人。【例】关系～。

暗昧：（1）暧昧。【例】～之事。（2）愚昧。【例】～懵懂。

B

保管　　包管

二者都是动词，都有保证、负责之意。

包管：多用于对某事有信心，表示愿意承担应有的责任。【例】这东西，不出一两天，～生效。

保管：后者除此含义外，还有“保存管理”之意。【例】一定要把仓库里的粮食～好，不要发生事故。

包含　　包涵

包含：包容、含有。指事物本身所含有的不同内容。【例】这一段话～了三层意思。

包涵：原谅、宽恕。多用于客气或表示歉意请求原谅等方面。【例】如有不到之处，请多多～。

暴发　　爆发

暴发：（1）突然发财或得势（含贬义）。【例】～户。（2）突然发作。【例】山洪～、流行病～、雪崩～。

爆发：（1）火山内部的岩浆突然冲破地壳，向四外迸出。【例】火山～。（2）通过外部冲击的形式而发生重大变化，例如用革命的手段来推翻旧政权，建立新政权。【例】～战争、～革命。（3）（力量、情绪等）忽然发作；（事变）突然发生。【例】～出一阵阵笑声。（4）其他词组：爆发变星；爆发力；爆发音。

悲恸（音 tòng，不读 dòng）　悲痛

悲恸：非常悲哀。【例】～欲绝。

悲痛：伤心。【例】～万分；化～为力量。

本义　本意

本义：词语本来的意义。【例】“兵”的～是武器，引申为战士。

本意：原来的意思或意图。【例】他的～是好的，只是话说得重了一些。

本原　本源

本原：哲学上指一切事物的最初根源或构成世界的最根本实体。

本源：事物产生的根源。

必须　必需

必须：（1）表示事理上和情理上的必要；一定要。【例】学习～刻苦钻研。（2）加强命令语气。【例】明天你～来。

必需：一定要有的；不可少的。【例】日用～品；煤铁等是发展工业所～的材料。

毙命　毕命

毙命：（1）死（用于人时多用贬义）。（2）枪毙。【例】昨天一个土匪头目～了。（3）〈书〉仆倒。

毕命：结束生命（多指横死）。

辨正（辩正）　辨证　辩证

辨正：辨明是非，改正错误，同“辩正”。

辨证：（1）同“辩证”。（2）辨别症候。【例】～求因；～论治。

辩证：（1）辨析考证。【例】反复～。（2）合乎辩证法的。【例】～关系；～的统一；～法；～逻辑；～唯物主义。

变幻　变换

变幻：不规则地改变。【例】风云～；～莫测。

变换：事物的一种形式或内容换成另一种。【例】～位置；～手法。

表明　标明

表明：表示清楚。【例】～态度；～决心。

标明：做出记号或写出文字使人知道。【例】～号码；车站的时刻表上～由上海来的快车在四点钟到达。

不力　不利

不力：不尽力；不得力。【例】办事～；打击～。

不利：没有好处；不顺利。【例】扭转～的局面；地形有利于我，而～于敌。

不至于　不致

不至于：表示不会达到某种程度。【例】他～连这一点道理也不明白；两人有矛盾，但还～吵架。

不致：不会引起某种后果。【例】事前做好准备，就～临时手忙脚乱了。

不单　不但

不单：（1）不止。【例】超额完成生产任务的，～是这几个厂。（2）不但。【例】她～教孩子们学习，还照顾他们的生活。

不但：连词，用在表示递进的复句的上半句里，下半句里通常有连词“而且、并且”或连词“还、也”等相呼应。【例】～以身作则，而且乐于助人。【例】这条生产线～在国内，而且在国际上也是一流的。【例】这样做～解决不了问题，反而会增加新的难度。

不和　不合

不和：不和睦。【例】姑嫂～；感情～。

不合：(1) 不符合。【例】～手续；～时宜。(2)〈书〉不应该。【例】早知如此，当初～让他去。(3) 合不来；不和。【例】性格～。

不齿　不耻

不齿：〈书〉不愿意提到，表示鄙视。【例】人所～。

不耻：不以……为耻。【例】～下问。

不止　不只

不止：(1) 持续不停。【例】大笑～；血流～。(2) 表示超出某个数目或范围。【例】他恐怕～六十岁了，类似情况～一次发生。

不只：不但；不仅。【例】～生产发展了，生活也改善了。

C

灿然　粲然

灿然：形容明亮。【例】阳光～；～眩目；～一新。

粲然：(1) 形容鲜明发光。【例】星光～。(2) 形容显著明白。【例】～可见。(3) 笑时露出牙齿的样子。【例】～一笑。

苍茫　苍莽 (mǎng)

苍茫：空阔辽远；没有边际。【例】～大地；暮色～；云水～。

苍莽：〈书〉苍茫。

查访　察访

查访：调查打听（案情等）。【例】暗中～。

察访：通过观察和访问进行调查。【例】～民情；暗中～。

查看　察看

查看：检查观察事物的情况。【例】～灾情；亲自到现场～。

察看：为了解情况而细看。【例】～风向；～动静。

长年　常年

长年：(1) 一年到头；整年。【例】～在野外工作。(2) 长寿。

常年：(1) 终年；长期。【例】山顶上～积雪；战士们～守卫在祖国的边防。(2) 平常的年份。【例】这儿小麦～亩产 500 斤。

陈 (chén) 规　成 (chéng) 规

陈规：已经不适用的规章制度；陈旧的规矩。【例】墨守～；～陋习。

成规：现成的或久已通行的规则方法。【例】打破～。

弛缓　迟缓

弛缓：(1)（局势、气氛、心情等）变和缓。【例】他听了这一番话，紧张的心情渐渐～下来。(2) 松弛舒展。【例】纪律～。

迟缓：不迅速；缓慢。【例】动作～。

出身（shēn） 出生（shēng）

出身：指个人早期的经历或由家庭经济情况所决定的身份。【例】工人家庭～。

出生：胎儿从母体中分离出来。【例】～地；爷爷 1940 年～于北京。

处事 处世

处事：处理事务。【例】他～严肃，态度却十分和蔼。

处世：在社会上活动，跟人往来相处。【例】立身～；为人～。

处治 处置

处治：处分；惩治。【例】严加～。

处置：（1）处理。【例】～失当；～得宜。（2）发落，惩治。【例】依法～。

传诵 传颂

传诵：辗转传布诵读；辗转传布。【例】～一时；他的名字在民间广为～。

传颂：辗转传布颂扬。【例】全村人～着他英勇救人的事迹。

创见 创建

创见：独到的见解。【例】他对明清文学的研究很有～。

创建：创立。【例】～学校。

淳厚 醇厚

淳厚：淳朴。【例】风俗～。

醇厚：（1）（气味、滋味等）纯正浓厚。【例】香味～。（2）同“淳厚”。

纯美 醇美

纯美：纯正美好；纯洁美丽。【例】风俗～；心灵～。

醇美：纯正甜美。【例】～的嗓音；酒味～。

伺（cì）候 侍（shì）候

伺候：在人身边供使唤，照料饮食起居。【例】～病人。

侍候：服侍。【例】～父母；～病人。

次（cì）序 秩（zhì）序

次序：事物在空间或时间上排列的先后。【例】按～入场；这些文件整理过，不要把～弄乱了。

秩序：有条理、不混乱的情况。【例】～井然；遵守会场～。

篡（cuàn）改 窜改

篡改：用作伪的手段改动或曲解（经典、理论、政策等）。【例】～历史。

窜改：改动（成语、文件、古书等）。【例】～原文。

D

大意 大义

大意：主要的意思。【例】段落～；把他讲话的～记下来就行。

大义：大道理。【例】微言～。

淡泊 淡薄

淡泊：〈书〉不追求名利。【例】～名利；～寡欲；～明志，也作澹泊。

淡薄：（1）（云雾等）密度小。【例】浓雾渐渐～了。（2）（味道）不浓。【例】酒味～；(3)（感情、兴趣等）不浓厚。【例】人情～；他对象棋的兴趣逐渐～。(4)（印象）因淡忘而模糊。【例】时间隔得太久，印象非常～了。

度过　渡过

度过：指时间上的过。【例】～一段美好的时光。

渡过：指由这一岸到那一岸。【例】～黄河。

独立　独力

独立：(1) 单独地站立。【例】～山巅的山峰。(2) 一个国家或一个政权不受别的国家或别的政权的统治而自主地存在。【例】宣布～。(3) 军队在编制上不隶属于高一级的单位而直接隶属于更高级单位的，如不隶属于团而直接隶属于师的称～营。(4) 脱离原来的所属单位，称为另一单位。【例】民俗研究室已经～出去了，现在叫民俗研究所。(5) 不依靠他人。【例】～思考；～工作。

独力：单独依靠自己的力量。

对换　兑换

对换：相互交换；对调。【例】～座位；我跟你～一下，你用我这支笔。

兑换：用证券换取现金或用一种货币换取另一种货币。【例】～现金；用美元～人民币。

E

遏制　遏止　扼制

遏制：制止；控制。【例】～对方的攻势；～不住的激情。

遏止：用力阻止。【例】洪流滚滚，不可～。

扼制：抑制；控制。【例】～通往内河的航道。

F

法治　法制

法治：(1) 先秦时期法家的政治思想，主张法治。(2) 依照法律治理国家。【例】应以～而不能人治。

法制：法令制度。【例】增强～观念。

反应　反映

反应：(1) 有机体受到刺激而引起的相应活动。(2) 事情所引起的态度、意见或行动。【例】他的演说引起了不同的～。

其他词组：化学反应；药物反应；核反应。

反映：(1) 反照，比喻吧客观事物的实质表现出来。【例】这部小说～了现实的生活和斗争。(2) 把情况、意见等告诉上级或有关部门。【例】～意见。

凡是　凡事

凡事：不论什么事；所有的事。

凡是：总括所指范围内的一切。【例】～新生的事物总是在同旧事物的斗争中成长起来的。

凡响　反响

凡响：平凡的音乐。【例】不同～；非同～。

反响：指回响，后比喻反应。【例】她曾经登台演出，～不一；此事在报上披露后，在社会上引起强烈～。

妨碍　　妨害

妨碍：使事情不能顺利进行；阻碍。【例】大声说话，～别人学习。

妨害：有害于。【例】雨水过多，会～大豆的生长。

废止　　废置

废止：取消，不再行使（法令、制度）。【例】本条令公布后，以前的暂行条例即行～。

废置：认为没有用而搁在一边。【例】这些材料～不用，太可惜了。

分辨　　分辩

分辨：辨别。【例】天下着大雨，连方向也～不清。

分辩：辩白。【例】他说什么就是什么，我不想～。

肤浅　　浮浅

肤浅：（学识）浅；（理解）不深。【例】我对戏曲的了解很～。

浮浅：浅薄；肤浅。【例】他对社会的认识很～。

伏法　　服法

伏法：（犯人）被执行死刑。【例】罪犯已于昨天～。

服法：认罪。（“伏罪”“服罪”是同义词）。

服帖　　伏帖

服帖：（1）驯服；顺从。【例】他能使野马变得～。（2）妥当，平妥。【例】事情都弄～了。

伏帖：（1）舒服。【例】心理很～。

抚养　　扶养

抚养：爱护并教养。【例】～子女。

扶养：养活。【例】～老人。

复议　　附议

复议：对已做决定的事做再一次的讨论。【例】事关大局，厂领导还要～。

附议：同意别人的提议，作为共同提议人。【例】小陈提议选老魏为工会主席，还有两个人～。

G

感奋　　感愤

感奋：因感动、感激而兴奋或奋发。【例】胜利的喜讯使人们～不已。

感愤：有所感触而愤慨。

感喟（kuì）　　感愧

感喟：〈书〉有所感触而叹息。【例】人事沧桑，令人～不已。

感愧：感激并惭愧。【例】～交加。

告戒　　告诫　　告借

告戒：同“告诫”。

告诫：警告劝诫（多用于上级对下级或长辈对晚辈）。【例】再三～；谆谆（音

zhūn）～。

告借：请求别人借钱物给自己。【例】～无门。

个别　　各别

个别：(1) 单个；各个。【例】～谈话；～处理。(2) 极少数；少有。【例】这种情况是极其～的。

各别：(1) 各不相同；有分别。【例】对于本质上不同的事物，应该～对待，不应该混为一谈。(2)〈方〉别致，新颖。【例】这个台灯式样很～。(3) 特别（贬义）。【例】这个人真～，为这点小事生那么大的气。

革除　　割除

革除：铲除，去掉。【例】～陋习。

割除：割掉，除去。【例】～肿瘤。

供（gòng）奉　　贡（gòng）奉

供奉：敬奉；供养。【例】～父母；～神佛。

贡奉：进贡。

工夫　　功夫

工夫：(1) 时间（指占用的时间）。【例】他三天～就学会了游泳。(2) 空闲时间。【例】明天有～再来玩吧。(3) 时候。【例】我当闺女那～，婚姻全凭父母之命，媒妁之言。

功夫：(1) 本质，造诣。【例】他的诗～很深。这个杂技演员真有～。(2) 同“工夫”。

功效　　工效

功效：功能，效率。【例】立见～。

工效：工作效率。【例】提高～。

沟通　　勾通

沟通：使两方能通连。【例】～思想；～两国文化；～南北的长江大桥。

勾通：暗中串通；勾结。

灌注　　贯注

灌注：浇进；注入。【例】把铁水～到砂型里，凝固后就变成了铸铁。

贯注：（精神、精力）集中。【例】把精力～在工作上。

过度　　过渡

过度：超过原来的限度。【例】～疲劳；～兴奋。

过渡：事物由一个阶段或一种状态逐渐发展变化而转入另一个阶段或另一种状态。【例】～时期；～地带。

H

合计　　核计

合计：合在一起计算；总共。【例】两处～六十人。

核计：核算。【例】～成本。

合约　　和约

合约：合同（多指条文比较简单的）。

和约：交战双方订立的结束战争、恢复和平关系的条约。

轰然　　哄然

轰然：形容大声。【例】～大笑。

哄然：形容许多人同时发出声音。【例】舆论～；～大笑。

宏大　　洪大

宏大：巨大；宏伟。【例】规模～；～的志愿。

洪大：（声音等）大。【例】～的回声。

化妆　　化装

化妆：用脂粉等使容貌美丽。

化装：（1）演员为了适合所扮演的角色而修饰容貌。（2）改变装束、容貌；假扮。【例】～舞会；他～成乞丐模样。

焕然　　涣然

焕然：形容有光彩。【例】～一新。

涣然：形容嫌隙、疑虑、误会等完全消除。【例】～冰释。

惶惶　　遑遑　　煌煌

惶惶：恐惧不安；也做“皇皇”。【例】人心～。

遑遑：〈书〉匆忙；也做“皇皇”。

煌煌：形容明亮。【例】明星～。

会合　　汇合

会合：聚集在一起。【例】两军～后继续前进；黄浦江在吴淞口与长江～。

汇合：（水流）聚积；会合。【例】小河～成大河；人民的意志～成一种巨大的力量。

豁然　　霍然

豁然：形容开阔或通达。【例】～开朗；～贯通。

霍然：（1）副词，突然。【例】手电筒～一亮。（2）〈书〉疾病迅速消除。【例】病体～。

J

机体　　肌体

机体：具有生命的个体的统称，包括植物和动物，如最低等最原始的单细胞生物、最高等最复杂的人类。也称有机体。

肌体：指身体，也用来比喻组织机构。

继而　　既而

继而：副词，表示紧随着某一情况或动作之后。【例】人们先是一惊，～哄堂大笑。先是领唱的一个人唱，～全体跟着一起唱。

既而：〈书〉时间副词，用在全句或下半句的头上，表示上文所说的情况或动作发生后不久。【例】～雨霁，欣然登山。

积聚　　集聚

积聚：积累。【例】把～起来的钱存入银行。

集聚：集合；聚合。【例】人们～在老槐树下休息。

纪念　　记念

纪念：(1) 用事物或行动对人或事表示怀念。【例】用实际行动～先烈。(2) 用来表示纪念的（物品）。【例】～品；～碑；～塔。(3) 纪念品。【例】这张照片留给你做个～吧。

记念：惦记，挂念。【例】心里～着家乡的亲人。

艰苦　　坚苦

艰苦：艰难困苦。【例】～奋斗；环境～；～的岁月；～的工作。

坚苦：坚忍刻苦。【例】～卓绝。

简洁　　简捷　　简截

简洁：（说话、行文等）简明扼要，没有多余的内容。【例】文笔～；话语～。

简捷：(1) 直截了当。也作"简截"。(2) 简便快捷。【例】算法～。

简截：同"简捷"。

检查　　检察

检查：(1) 为了发现问题而用心查看。【例】～身体；～健康状况。(2) 翻检查考（书籍、文件等）。(3) 检讨。【例】口头～；犯了错误要～。

检察：〈书〉检举核查；考察。

尖利　　尖厉

尖利：(1) 尖锐；锐利。【例】笔锋～；他的眼光非常～，一眼就看出对方的畏怯。(2) 同"尖厉"。

尖厉：形容声音高而刺耳。【例】哨声～；寒风～地呼啸着。

校正　　矫正　　教正

校正：校对订正。【例】～错字；重新～错字。

矫正：改正，纠正。【例】～发音；～错误；～偏差。

教正：〈书〉指教改正（把自己的作品送给人看时用的客套话）。【例】送上拙著一册，希请～。

交代　　交待

交代：(1) 把经手的事务移交给接替的人。【例】～工作。(2) 嘱咐。【例】他一再～我们要注意工程质量。(3) 把事情或意见向有关的人说明；把错误或罪行坦白出来。【例】～政策；～问题。

交待：(1) 同"交代"。(2) 完结，指结局不如意，含诙谐意。【例】要是飞机出了什么事故，这条命也就～了。

截止　　截至

截止：（到一定期限）停止。【例】报名在昨天已经～。

截至：截止到（某个时候）。【例】报名日期～本月底。

节俭　　节减

节俭：用钱等有节制；俭省。

节减：节省减少费用。【例】～经费。

界限　　界线

界限：(1) 不同事物的分界。【例】划清～；～分明。(2) 尽头处；限度。【例】殖民主义者的野心是没有～的。

界线：(1) 两个地区分界的线。【例】跨越～。(2) 不同事物的分界；同"界限"。(3) 某些事物的边缘。【例】标出房基地～。

节余　　结余

节余：(1) 因节约而剩下。【例】每月能～三五十元。(2) 指节余的钱或东西。【例】把全部～捐给了灾区。

结余：(1) 结算后余下。【例】这个月～二十元钱。(2) 结算后余下的钱。

精炼　　精练

精炼：(1) 提炼精华，除去杂质。【例】原油送到炼油厂去～。(2) 同"精练"。

精练：(文章或讲话) 扼要，没有多余的词句。【例】语言～；他的文章写得很～；也做"精练"。

精致　　精制

精致：精巧细致。【例】～的花纹；展览会上的工艺品样样都很～。

精制：在粗制品上加工；精工制造。【例】～品；在生橡胶里加硫黄～，就成了普通的橡胶。

径直　　径自

径直：副词，(1) 表示直接向某处前进，不绕道，不在中途耽搁。【例】登山队员～地攀登珠峰；客机～飞往昆明，不在重庆降落。(2) 表示直接进行某件事，不在事前费周折。【例】你～写下去吧，等写完了再讨论。

径自：副词，表示自己直接行动。【例】他没等会议结束就～离去。

聚积　　聚集

聚积：一点一滴地凑集。

聚集：集合；凑在一起。【例】～力量；～资金；广场上～了很多人。

决斗　　角斗

决斗：(1) 过去欧洲流行的一种风俗，两人发生了争端，各不相让，约定时间地点，并邀请证人，彼此用武器对打。(2) 泛指进行你死我活的斗争。

角斗：搏斗比赛。【例】～场。

K

看中　　看重

看中：经过观察，感觉合意。【例】看得中；看不中；你～哪个就买哪个。

看重：很看得起，看得很重要。【例】～知识；青年大都热情有为，我们要～他们。

拷问　　考问

拷问：拷打审问。

考问：为了难倒对方而问；考察询问。【例】我～～你；我被他～住了。

考查　　考察

考查：用一定的标准来检查衡量 (行为、活动)。【例】～学生的学业成绩。

考察：(1) 实地地观察调查。【例】他们到各地～水利工程。(2) 细致深刻地观察。【例】进行科学研究工作，必须勤于～和思索，才能有所成就。

扣压　　扣押

扣压：把文件、意见等扣留下来不办理。

扣押：拘留，扣留。【例】犯人已被～。

宽敞　　宽畅

宽敞：宽阔；宽大。【例】这间屋子很～。

宽畅：（心里）舒畅。【例】胸怀～。

旷废　　旷费

旷废：耽误，荒废。【例】～学业。

旷费：浪费。【例】～时间。

L

里程　　历程

里程：路程。【例】～表；往返～。

历程：经历的过程。【例】光辉的～。

厉害　　利害

厉害：难以对付或忍受，剧烈；凶猛。【例】心跳得～；天热得～；这着棋十分～；这人可真～。

利害：利益和损害；同“厉害”。【例】不计～；～得失；～攸关（利害所关，指有密切的利害关系）。

力行　　厉行

力行：努力实践。【例】身体～。

厉行：严格实行。【例】～节约。

辽阔　　寥廓

辽阔：辽远广阔；宽广空旷。【例】～的土地；～的海洋；幅员～。

寥廓：〈书〉高远空旷。【例】视野～；～的天空。

临近　　邻近

临近：（时间、地区）靠近；接近。【例】春节～了；他住在～太湖的一所疗养院里。

邻近：（1）位置接近。【例】～边界；我国东部跟朝鲜接壤，跟日本～。（2）附近；附近。【例】学校～有少年宫；～的一家姓赵的搬走了。

流传　　留传

流传：传下来或传播开。【例】大禹治水的故事一直～到今天。消息很快就～开了。

留传：遗留下来传给后代。【例】祖辈～下来的秘方。

M

漠然　　默然

漠然：不关心不在意的样子。【例】二人～相对。

默然：沉默无言的样子。【例】～视之；～处之。

谋取　　牟取

谋取：设法取得。【例】～利益。

牟取：谋取（名利）。【例】～暴利。

P

配置　　配制

配置：配备布置。【例】～兵力。

配制：（1）把两种以上的原料按一定的比例和方法合在一起制造。【例】～药剂；～鸡尾酒。（2）为配合主体而制作（陪衬事物）。【例】书内～了多幅精美插图。

批阅　　披阅

批阅：阅读并加以批示或批改。【例】～文件。

披阅：披览；阅读。【例】～文稿。

品位　　品味

品位：（1）〈书〉指官吏的品级；官阶。（2）矿石中有用元素或有用矿物含量的百分率，含量的百分率越大，品位越高。（3）指物品的质量；文艺作品所达到的水平。【例】高～的蚕丝；节目的艺术～较高。

品味：（1）尝试滋味；品尝。【例】经过专家～，认为白酒质量优良。（2）仔细体会，玩味。【例】他经过细细～，才明白了那句话的含义。（3）（物品的）品质和风味。【例】由于吸收了异味，茶叶～大受影响。

Q

启示　　启事

启示：启发指示，使有所领悟。【例】这本书～我们如何度过这一生。

启事：为了说明某事而登在报刊上或贴在墙壁上的文字。【例】征稿～。

启用　　起用

启用：开始使用。【例】～印章；～新秀；铁路已建成～。

起用：（1）重新任用已退职或免职的官员。（2）提拔使用。【例】～新人；大胆～年轻干部。

墙角　　墙脚

墙角：两堵墙相接而形成的角（指角本身，也指它里外附近的地方）。

墙脚：（1）墙根。（2）比喻基础。

切忌　　切记

切忌：切实避免或防止。【例】切实避免或防止。

切记：牢牢记住。【例】遇事～要冷静。

情谊　　情意　　情义

情谊：人与人相互关切、爱护的感情。【例】深厚的～。

情意：对人的感情。【例】～绵绵。

情义：亲属、同志、朋友相互间应有的感情。【例】姐姐待他很有～。

清净　　清静

清净：(1) 没有事物打扰。【例】耳根～。(2) 清澈。【例】湖水～见底。

清静：(环境) 安静；不嘈杂。【例】我们找个～的地方谈谈。

驱除　　祛除

驱除：赶走；除掉。【例】～蚊蝇；～恐惧。

祛除：除去 (疾病、疑惧或迷信人所谓邪祟)。【例】～风寒；～紧张心理。

权力　　权利

权力：(1) 政治上的强制力量。【例】国家～；全国人民代表大会最高～机关。(2) 职责范围内的支配力量。【例】行使大会主席的～。

权利：公民或法人依法行使的权利和享受的利益。

R

入木三分　入骨 (三分)

入木三分：相传晋代书法家王羲之在木板上写字，刻字的人发现墨汁渗透木板有三分深。后来用来形容书法有力，也用来比喻议论深刻。

入骨 (三分)："入骨三分"疑为讹传。入骨：形容达到极点。【例】恨之～。

S

洒下　　撒下

洒下：(1) 使 (水或其他东西) 分散落下。【例】扫地的时候先～些水。(2) 分散地落下。【例】把～的粮食捡起来。

撒下：(1) 把颗粒状的东西分散着扔出去；散布 (东西)。【例】～种；年糕～一层白糖。(2) 散落；洒。【例】把碗端平，别～汤。

审定　　审订

审定：审查决定。【例】～计划。

审订：审阅修订。【例】～书稿。

神智　　神志

神智：精神智慧。

神志：知觉和理智。【例】～不清；～模糊。

声 (shēng) 明　　申 (shēn) 明

声明：(1) 公开表示态度或说明真相。【例】郑重～。(2) 声明的文告。【例】发表联合～。

申明：郑重说明。【例】～理由。

圣地　　胜地

圣地：(1) 宗教徒称与教主生平事迹有重大关系的地方，如基督徒称耶路撒冷为圣地。(2) 指具有重大历史意义和作用的地方。【例】革命～。

胜地：有名的风景优美的地方。【例】避暑～。

时世　　时事　　时势

时世：(1) 时代。【例】艰难～。(2) 指当时的社会。【例】他对～有深刻的认识。

时事：最近期间的国内外大事。【例】关心～；～报告；～述评。

时势：某一时期的客观形势。【例】当时为～所迫，只好离家出走。

实验　　试验

实验：（1）为了检验某种科学理论或假设而进行某种操作或从事某种活动。（2）指实验室的工作。【例】做～；科学～。

试验：为了察看某事的结果或某物的性能而从事某种活动。

十足　　实足

十足：（1）成色纯。（2）十分充足。【例】～的理由；神气～；干劲～。

实足：确实足数的。【例】～年龄；～一百人。

受权　　授权

受权：接受国家或上级委托有权利做某事。【例】外交部～发表声明。

授权：把权力委托给人或机构代理。

熟悉　　熟习

熟悉：知道得很清楚。【例】～情况；我～他；他们彼此很～。

熟习：（对某种技术或学问）学习得很熟练或了解得很深刻。【例】～业务；他很～果树栽培的情况。

伺机　　俟机

伺机：窥伺时机。【例】～而动；～报复。

俟机：〈书〉等待。【例】～进攻。

搜缴　　搜剿

搜缴：搜查收缴。【例】～凶器；～非法出版物。

搜剿：搜索剿灭。【例】～残敌。

T

体型　　体形

体型：人体的类型（主要指各部分的比例）。【例】成年人和儿童在～上有着显著的区别。

体形：人或动物身体的形状；也指机器等的形状。

提名　　题名

提名：在评选或选举前提出有当选可能的人或事物的名称。【例】获得百花奖～的影片有三部；他被～为下届工会主席。

题名：为留纪念或表示赞扬而写上姓名。【例】英雄榜上～。

题材　　体裁

题材：构成文学和艺术作品的材料，即作品中具体描写的生活事件或生活现象。【例】历史～；～新颖。

体裁：文学作品的表现形式。可以用各种标准来分类，如根据有韵无韵可分为韵文和散文；根据结构可分为诗歌、小说、散文、戏曲等。

题词　　提词

题词：（1）写一段话表示纪念或勉励。【例】～留作纪念。（2）为表示纪念或勉励而写下的话；序文。

提词：戏剧演出时给演员提示台词。

停止　　停滞

停止：不再进行。【例】～演习；～营业；暴风雨～了。

停滞：因为受到阻碍，不能顺利地运动或发展。【例】～不前；生产～。

推脱　　推托

推脱：推卸。【例】～责任。

推托：借故拒绝。【例】她～嗓子不好，怎么也不肯唱。

退化　　蜕化

退化：(1) 指生物体在进化过程中某一部分器官变小、构造简化、机能减退甚至完全消失。如鲸、海豚等四肢成鳍状，仙人掌的叶子呈针状等。(2) 泛指事物由优变劣，由好变坏。

蜕化：虫类蜕皮，比喻腐化堕落。【例】～变质。

W

枉然　　惘然

枉然：得不到任何收获；徒然。【例】计划虽好，不能执行也是～。

惘然：失意的样子；心里好像失掉了什么东西的样子。【例】～若失。

委屈　　委曲

委屈：(1) 受到不应有的指责或待遇，心里难过。【例】诉～；满肚子的～。(2) 让人受到委屈。【例】对不起，～你了。

委曲：(1) (曲调、道路、河流等) 弯弯曲曲；曲折。【例】～婉转；～的溪流。(2)〈书〉事情的底细和原委。【例】告知～。

X

现实　　现时

现实：(1) 客观存在的事物。【例】考虑问题，不能脱离～。(2) 合于客观情况。【例】这个计划不～；这是一个比较～的办法。

现时：现在；当前。【例】～正是农忙的时节。

降服　　降伏

降服：投降屈服。【例】缴械～。

降伏：制服，使驯服。【例】没有使过牲口的人，连个毛驴也～不了。

萧萧　　潇潇

萧萧：(1) 形容马叫声或风声等。【例】马鸣～；风～兮易水寒。(2) (头发) 花白稀疏的样子。【例】白发～。

潇潇：(1) 形容刮风下雨。【例】风雨～。(2) 形容小雨。【例】～微雨。

协调　　谐调

协调：(1) 配合得适当。【例】色彩～；国民经济各部门的发展必须互相～。(2) 使配合得适当。【例】～产销关系。

谐调：和谐，谐调。【例】色彩～；景区周围的建筑物要和名胜古迹～。

心律　　心率

心律：心脏跳动的节律。【例】～不齐。

心率：心脏搏动的频率；正常成年人在平静时心脏每分钟跳动 70～75 次。

行迹　　形迹

行迹：行动的踪迹。【例】～无定。

形迹：（1）举动和神色。【例】～可疑。（2）痕迹；迹象。【例】不留～。（3）指礼貌。【例】不拘～。

修养　　休养

修养：（1）指理论、知识、艺术、思想等方面的一定水平。【例】理论～；文艺～；他是一个很有～的文学家。（2）指养成正确的待人处事的态度。【例】这人有～，从不和人争吵。

休养：（1）休息调养。【例】～所；他到北戴河～去了。（2）恢复并发展国家或人民的经济力量。【例】～民力。

学历　　学力

学历：学习的经历，指曾在哪些学校肄业或毕业。【例】招聘具有大学～的人员。

学力：在学问上达到的程度。

迅急　　迅疾

迅急：急速。【例】～回家。

迅疾：迅速。【例】动作～。

殉情　　徇情

殉情：因恋爱受到阻碍而自杀。

徇情：〈书〉徇私。【例】～枉法。

Y

严整　　严正

严整：（1）严肃整齐（多指队伍）。【例】军容～。（2）严谨；严密。【例】治家～；画儿的布局～。

严正：严肃正当。【例】～声明；～的立场。

演化　　衍化

演化：演变（多指自然界的变化）。【例】～过程；生物的～。

衍化：发展变化。【例】这个药方是综合几个秘方～而来。

淹没　　湮没

淹没：（大水）漫过；盖过。【例】河里涨水，小桥都～了；掌声～了他的讲话。

湮没：埋没。【例】～无闻。

扬扬　　洋洋

扬扬：得意的样子。【例】～得意；也作洋洋。

洋洋：（1）形容众多或丰盛。【例】～万言；～大观。（2）同“扬扬”。

义气　　意气

义气：（1）指由于私人关系而甘于承担风险或牺牲自己利益的气概。【例】讲～；～

凛然。(2)有这种气概或感情。【例】你看他多么慷慨，多么～。

意气：(1)意志和气概。【例】～高昂；～风发。(2)志趣和性格。【例】～相投。(3)由于主观和偏激而产生的情绪。【例】闹～；～用事。

一齐　一起

一齐：副词，表示同时。【例】队伍～出动；全场～鼓掌；人和行李～到了。

一起：(1)同一个处所。【例】坐在～。(2)一同。【例】张大叔明天进城，你～去吧。(3)〈方〉一共。【例】这几件东西～值多少钱？

疑义　异议

疑义：可以怀疑的道理；可疑之点。

异议：不同的意见。【例】提出～。

以至　以致

以至：连词。(1)表示在时间、数量、程度、范围上的延伸。【例】实践、认识、再实践、再认识，这种形式，循环往复，～无穷。(2)用在下半句话的开头，表示由于前半句话所说的动作、情况的程度很深而形成的结果。【例】他非常认真地写生，～野地里刮起风沙来也不理会；情势的发展十分迅速，～使很多人感到惊奇。

以致：连词，用在下半句话的开头，表示下文是上述的原因所形成的结果（多指不好的结果）。【例】他事先没有充分调查研究，～得出了错误的结论。

意志　意旨

意志：决定达到某种目的而产生的心理状态，往往由语言和行动表现出来。【例】～薄弱；～坚强；不屈不挠的～。

意旨：意图（多指应该遵从的）。

隐讳　隐晦

隐讳：有所顾忌而隐瞒不说。【例】毫不～；她从不～自己的缺点和错误。

隐晦：(意思)不明显。【例】这些诗写得十分～，不容易懂。

引荐　引见

引荐：推荐（人）。

引见：引人相见，使彼此认识。【例】经友人～，得以认识了这位前辈。

盈利　赢利　营利

盈利：同“赢利”。

赢利：(1)企业单位的利润。(2)获得利润，也作“盈利”。

营利：谋求利润。

优雅　幽雅

优雅：(1)优美雅致。【例】唱词～；演奏合拍，～动听；～宽敞的大厅。(2)优美高雅。【例】～的姿态；举止～。

幽雅：幽静而雅致。【例】景致～；环境～。

优美　幽美

优美：美好。【例】风景～；姿态～；～的民间艺术。

幽美：幽静美丽；幽雅。【例】景色～；～的庭院。

悠远　　幽远

悠远：（1）离现在时间长。【例】～的童年。（2）距离远。【例】山川～。

幽远：幽深。【例】意境～；～的夜空。

预定　　预订

预定：预先规定或约定。【例】～时间；这项工程～在明年完成。

预订：预先订购。【例】～报纸；～酒席。

原型　　原形

原型：原来的类型或模型；特指叙事性文学作品中塑造人物形象所依据的现实生活中的人。

原形：原来的形状本来面目（贬义）。【例】现～；～毕露。

越剧　　粤剧

越剧：浙江地方戏曲剧种之一，起源于嵊州市，由当地民歌发展而成，主要流行于江浙、上海一带。

粤剧：广东地方戏曲剧种之一，用广州话演唱，主要流行于说粤语的地区。

允许　　容许

允许：许可。【例】得到～，方可入内。

容许：（1）许可。【例】原则问题绝不～让步。（2）或许，也许。【例】此类事件，十年前～有之。

Z

增值　　增殖

增值：资产价值增加。【例】～税（以企业的增值额为征税依据的税种）。

增殖：（1）增生。（2）繁殖。【例】～率；～耕牛。

侦查　　侦察

侦查：检察机关或公安机关为了确定犯罪事实和犯罪人而进行调查。【例】～案情；立案～。

侦察：为了弄清敌情、地形及其他有关作战的情况而进行的活动。【例】～兵；火力～；～飞机。

震荡　　振荡

震荡：振动；动荡。【例】社会～；回声～，山鸣谷应。

振荡：（1）振动。（2）电流的周期性变化。

制定　　制订

制定：定出（法律、规程等）。【例】～宪法；～学会章程。

制订：创制拟定。【例】～汉语拼音方案。

质疑　　置疑

质疑：提出疑问。【例】～问难。

置疑：怀疑（用于否定）。【例】不容～；无可～。

专程　　专诚

专程：专为某事而到某地。【例】～看望；～前去迎接客人。

专诚：特地（表示非顺便）。【例】～拜访。

自制　　自治

自制：(1) 自己制造。【例】～糕点；～玩具。(2) 克制自己。【例】～力；难以～。

自治：民族、团体、地区等除了受所隶属的国家、政府或上级单位领导外，对自己的事务行使一定的权利。【例】～区；民族区域～。

总揽　　总览

总揽：全面地掌握。【例】～大权。

总览：全面地看；综观。【例】～全局。

做客　　作客

做客：访问别人，自己当客人。【例】到亲戚家～。

作客：〈书〉寄居在别处。【例】～他乡。

3. 容易读错的姓氏

贲（bēn）	晁（cháo）	郴（chēn）
谌（chén）	种（chóng）	笪（dá）
葛（gě）	盖（gě）	龚（gōng）
郝（hǎo）	郦（lì）	缪（miào）
朴（piáo）	郄（qiè）	仇（qiú）
瞿（qú）	眭（suī）	郤（xì）
解（xiè）	冼（xiǎn）	燕（yān）
铫（yáo）	尉迟（yùchí）	蔚（yù）
昝（zǎn）	臧（zāng）	查（zhā）
翟（zhái）	祭（zhài）	

4. 第一批异形词整理表

《第一批异形词整理表》是中华人民共和国教育部、国家语言文字工作委员会于 2001 年 12 月 19 日发布，2002 年 3 月 31 日试行的“规定了普通话书面语中异形词的推荐使用词形”的规范。作为速录师必须要掌握现代汉语文字录入规范，以下词语中，左侧的为规范词形。

A

按捺—按纳

按语—案语

B

百废俱兴—百废具兴

百叶窗—百页窗

斑白—班白、颁白

斑驳—班驳

孢子—胞子

保镖—保镳

保姆—保母、褓姆

辈分—辈份

本分—本份

笔画—笔划

毕恭毕敬—必恭必敬

编者按—编者案

扁豆—萹豆、稨豆、藊豆

标志—标识

鬓角—鬓脚

秉承—禀承

补丁—补靪、补钉

C

参与—参预
惨淡—惨澹
差池—差迟
掺和—搀[1]和
掺假—搀假
掺杂—搀杂
铲除—刬除
徜徉—倘佯
车厢—车箱
彻底—澈底
沉思—沈思[2]
称心—趁心
成分—成份
澄澈—澄彻
侈靡—侈糜
筹划—筹画
筹码—筹马
踌躇—踌蹰
出谋划策—出谋画策
喘吁吁—喘嘘嘘
瓷器—磁器
赐予—赐与
粗鲁—粗卤

D

搭档—搭当、搭挡
搭讪—搭赸、答讪
答复—答覆
戴孝—带孝
担心—耽心
担忧—耽忧
耽搁—担搁
淡泊—澹泊
淡然—澹然
倒霉—倒楣
低回—低徊[3]
凋敝—雕敝、雕弊[4]
凋零—雕零
凋落—雕落
凋谢—雕谢
跌宕—跌荡
跌跤—跌交
喋血—蹀血
叮咛—丁宁
订单—定单[5]
订户—定户
订婚—定婚
订货—定货
订阅—定阅
斗拱—枓拱、枓栱
逗留—逗遛
逗趣儿—斗趣儿
独角戏—独脚戏
端午—端五

E

二黄—二簧
二心—贰心

---

① “掺”“搀”实行分工：“掺”表混合义，“搀”表搀扶义。

② “沉”本为“沈”的俗体，后来“沉”字成了通用字，与“沈”并存并用，并形成了许多异形词，如“沉没—沈没、沉思—沈思、深沉—深沈”等。现在“沈”只读 shěn，用于姓氏。地名沈阳的“沈”是“瀋”的简化字。表示“沉没”及其引申义，现在一般写作“沉”，读 chén。

③ 《普通话异读词审音表》审定“徊”统读 huái。“低回”一词只读 dīhuí，不读 dīhuái。

④ “凋”“雕”古代通用，1955 年《第一批异体字整理表》曾将“凋”作为“雕”的异体字予以淘汰。1988 年《现代汉语通用字表》确认“凋”为规范字，表示“凋谢”及其引申义。

⑤ “订”“定”二字古时本不同音，演变为同音字后，才在“预先、约定”的义项上通用，形成了一批异形词。不过近几十年二字在此共同义项上又发生了细微的分化：“订”多指事先经过双方商讨的，只是约定，并非确定不变的；“定”侧重在确定，不轻易变动。故有些异形词现已分化为近义词，但本表所列的“订单—定单”等仍为全等异形词，应依据通用性原则予以规范。

F

发酵—醱酵

发人深省—发人深醒

繁衍—蕃衍

吩咐—分付

分量—份量

分内—份内

分外—份外

分子—份子①

愤愤—忿忿

丰富多彩—丰富多采

风瘫—疯瘫

疯癫—疯颠

锋芒—锋铓

服侍—伏侍、服事

服输—伏输

服罪—伏罪

负隅顽抗—负嵎顽抗

附会—傅会

复信—覆信

覆辙—复辙

G

干预—干与

告诫—告戒

耿直—梗直、鲠直

恭维—恭惟

勾画—勾划

勾连—勾联

孤苦伶仃—孤苦零丁

辜负—孤负

古董—骨董

股份—股分

骨瘦如柴—骨瘦如豺

关联—关连

光彩—光采

归根结底—归根结柢

规诫—规戒

鬼哭狼嚎—鬼哭狼嗥

过分—过份

H

蛤蟆—虾蟆

含糊—含胡

含蓄—涵蓄

寒碜—寒伧

喝彩—喝采

喝倒彩—喝倒采

轰动—哄动

弘扬—宏扬

红彤彤—红通通

宏论—弘论

宏图—弘图、鸿图

宏愿—弘愿

宏旨—弘旨

洪福—鸿福

狐臭—胡臭

蝴蝶—胡蝶

糊涂—胡涂

琥珀—虎魄

花招—花着

划拳—豁拳、搳拳

恍惚—恍忽

辉映—晖映

溃脓—殨脓

浑水摸鱼—混水摸鱼

伙伴—火伴

J

机灵—机伶

激愤—激忿

计划—计画

① 此词是指属于一定阶级、阶层、集团或具有某种特征的人，如“地主～”“先进～”。与分母相对的“分子”、由原子构成的“分子”（读 fēnzǐ）、凑份子送礼的“份子”（读 fènzi），音、义均不同，不可混淆。

纪念—记念
寄予—寄与
夹克—茄克
嘉宾—佳宾
驾驭—驾御
架势—架式
嫁妆—嫁装
简练—简炼
骄奢淫逸—骄奢淫佚
角门—脚门
狡猾—狡滑
脚跟—脚根
叫花子—叫化子
精彩—精采
纠合—鸠合
纠集—鸠集
就座—就坐
角色—脚色

K

克期—刻期
克日—刻日
刻画—刻划
阔佬—阔老

L

褴褛—蓝缕
烂漫—烂缦、烂熳
狼藉—狼籍
榔头—狼头、鎯头
累赘—累坠
黧黑—黎黑
连贯—联贯
连接—联接
连绵—联绵[①]
连缀—联缀
联结—连结
联袂—连袂
联翩—连翩
踉跄—踉蹡
嘹亮—嘹喨
缭乱—撩乱
伶仃—零丁
囹圄—囹圉
溜达—蹓跶
流连—留连
喽啰—喽罗、偻儸
鲁莽—卤莽
录像—录象、录相
络腮胡子—落腮胡子
落寞—落漠、落莫

M

麻痹—痲痹
麻风—痲风
麻疹—痲疹
马蜂—蚂蜂
马虎—马糊
门槛—门坎
靡费—糜费
绵连—绵联
腼腆—靦覥
模仿—摹仿
模糊—模胡
模拟—摹拟
摹写—模写
摩擦—磨擦
摩拳擦掌—磨拳擦掌
磨难—魔难
脉脉—眽眽
谋划—谋画

N

那么—那末

① “联绵字”“联绵词”中的“联”不能改写为“连”。

内讧—内哄
凝练—凝炼
牛仔裤—牛崽裤
纽扣—钮扣

P

扒手—掱手
盘根错节—蟠根错节
盘踞—盘据、蟠踞、蟠据
盘曲—蟠曲
盘陀—盘陁
磐石—盘石、蟠石
蹒跚—盘跚
彷徨—旁皇
披星戴月—披星带月
疲沓—疲塌
漂泊—飘泊
漂流—飘流
飘零—漂零
飘摇—飘飖
凭空—平空

Q

牵连—牵联
憔悴—蕉萃
清澈—清彻
情愫—情素
拳拳—惓惓
劝诫—劝戒

R

热乎乎—热呼呼
热乎—热呼
热衷—热中
人才—人材
日食—日蚀
入座—入坐

S

色彩—色采
杀一儆百—杀一警百
鲨鱼—沙鱼
山楂—山查
舢板—舢舨
艄公—梢公
奢靡—奢糜
申雪—伸雪
神采—神彩
湿漉漉—湿渌渌
什锦—十锦
收服—收伏
首座—首坐
书简—书柬
双簧—双锁
思维—思惟
死心塌地—死心踏地

T

踏实—塌实
甜菜—菾菜
铤而走险—挺而走险
透彻—透澈
图像—图象
推诿—推委

W

玩意儿—玩艺儿
魍魉—蝄蜽
诿过—委过
乌七八糟—污七八糟
无动于衷—无动于中
毋宁—无宁
毋庸—无庸
五彩缤纷—五采缤纷
五劳七伤—五痨七伤

X

息肉—瘜肉
稀罕—希罕
稀奇—希奇
稀少—希少
稀世—希世
稀有—希有
翕动—噏动
洗练—洗炼
贤惠—贤慧
香醇—香纯
香菇—香菰
相貌—像貌
潇洒—萧洒
小题大做—小题大作
卸载—卸儎
信口开河—信口开合
惺忪—惺松
秀外慧中—秀外惠中
序文—叙文
序言—叙言
训诫—训戒

Y

压服—压伏
押韵—压韵
鸦片—雅片
扬琴—洋琴
要么—要末
夜宵—夜消
一锤定音—一槌定音
一股脑儿—一古脑儿
衣襟—衣衿
衣着—衣著
义无反顾—义无返顾
淫雨—霪雨
盈余—赢余
影像—影象
余晖—余辉
渔具—鱼具
渔网—鱼网
与会—预会
与闻—预闻
驭手—御手
预备—豫备①
原来—元来
原煤—元煤
原原本本—源源本本、元元本本
缘故—原故
缘由—原由
月食—月蚀
月牙—月芽
芸豆—云豆

Z

杂沓—杂遝
再接再厉—再接再砺

崭新—斩新
辗转—展转
战栗—颤栗②

---

① “预”“豫”二字，古代在“预先、约定”的意义上通用，故形成了“预备—豫备、预防—豫防、预感—豫感、预期—豫期”等20多组异形词。现在此义项已完全由“预”承担。但考虑到鲁迅等名家习惯用“豫”，他们的作品影响深远，故列出一组特作说明。

② “颤”有两个读音，读zhàn时，表示人发抖，与“战”相通；读chàn时，主要表示物体轻微振动，也可表示人发抖，如“颤动”既可用于物，也可用于人。什么时候读zhàn，什么时候读chàn，很难从意义上把握，统一写作“颤”必然会给读者带来一定困难，故宜根据目前大多数人的习惯读音来规范词形，以利于稳定读音，避免混读。如“颤动、颤抖、颤巍巍、颤音、颤悠、发颤”多读chàn，写作“颤”；“战栗、打冷战、打战、胆战心惊、冷战、寒战”等词习惯多读zhàn，写作“战”。

账本—帐本①
折中—折衷
这么—这末
正经八百—正经八摆
芝麻—脂麻
肢解—支解、枝解
直截了当—直捷了当、直接了当
指手画脚—指手划脚
周济—赒济
转悠—转游
装潢—装璜
孜孜—孳孳
姿势—姿式
仔细—子细
自个儿—自各儿
佐证—左证

高手指点

(1) 平时要加强语法等相关知识的学习。
(2) 在校对速录稿时要注意运用这方面的知识。

(二) 常见语病

人们在说话或写文章时，所说、所写的内容如果不符合语法规则或修辞不恰当，或思维违反逻辑规律，就难免出现“语病”(指言语或文章中不妥当的地方)。这样，在一定程度上就会影响所要表达内容的准确性，甚至会引起别人的误解。

常见的语病，一般是语法错误、逻辑错误和修辞错误。

1. 语法错误

例 1：我们要尽可能地节省不必要的开支和浪费。

这句话的毛病是动词谓语和宾语有不搭配的地方，定语和它所修饰的中心词也有不搭配的地方。问题出在“开支和浪费”一同作动词谓语“节省”的宾语，又同时被定语“不必要”所修饰。可以说“节省不必要的开支”，却不能说“节省不必要的浪费”，应改为“节省不必要的开支，减少浪费”。

例 2：目前，各地广大农民正在开展一个整修渠道、积肥造肥为明年丰收做好充分准备。

动词谓语“开展”后缺明确的宾语。原因是把两句话并成一句话了，第一句话没说完就接上了第二句，把第一句话的宾语中心词给丢掉了，又拿第二句话补上，造成了语句不通。可以在“积肥造肥”后面补上“的群众运动”，并在其后面加上逗号。

例 3：这种错误态度必须铲除。

句子的主语和谓语不搭配。“态度”无法“铲除”，应该把“铲除”改成“改变”。

例 4：对于如何改进教学方法问题，我们交换了广泛的意见。

这句话的毛病是词序颠倒了，把状语“广泛”放到定语的位置上去了，应改为“广泛

① “账”是“帐”的分化字。古人常把账目记于布帛上悬挂起来以利保存，故称日用的账目为“帐”。后来为了与帷帐分开，另造形声字“账”，表示与钱财有关。“账”“帐”并存并用后，形成了几十组异形词。《简化字总表》《现代汉语通用字表》中“账”“帐”均收，可见主张分化。二字分工如下：“账”用于货币和货物出入的记载、债务等，如“账本、报账、借账、还账”等；“帐”专表用布、纱、绸子等制成的遮蔽物，如“蚊帐、帐篷、青纱帐（比喻用法）”等。

地交换了意见”。

例 5：我把情况一说，立即同意了我的请求。

第二个分句缺主语，要在“立即”前加上“他”或“她”。

例 6：我内心的激动和喜悦都快要跳出来了。

主语和谓语不搭配，“激动”和“喜悦”是一种心理状态，哪能“跳”呢？应把主语改为“我那激动和喜悦的心”。

例 7：我们还没走进车间，老师傅就向我们把车间的生产情况作了详细的介绍。

有的地方词序不对，令人感到别扭，“把车间的生产情况”挪到“向我们”之前就行了。

例 8：这件小事充分说明了在我们伟大的社会主义国家里，在党的亲切关怀下，正在茁壮成长。

这句话的毛病是动词谓语“说明”和宾语部分“正在茁壮成长”不搭配，问题出在宾语上，是谁“正在茁壮成长”呢？在它的前面加上明确的主语，如“孩子们”或“青少年”等构成一个主谓词组（短语）来作动词谓语“说明”的宾语，全句就通顺了。

例 9：她所执笔的那一段，写得最生动，语言也最通俗。

“执笔”是动宾式的合成词，前面不宜用“所”，把它删掉就可以了。该句也可改为：“她所写的那一段最生动，语言也最通俗。”

例 10：这篇文章对青年人特别感觉亲切。

只有“人”可以“对”什么“感到亲切”，而“文章”却不能对“人”感到亲切。由于“对”这个介词用错了地方，结果使句子的主语和谓语不搭配了，把“青年人”和“这篇文章”的位置对调一下就行了。

例 11：三年来，我战胜了不少困难，然而取得了显著的进步。

这是一个由两个分句构成的并列复句，它们之间并没有转折关系，应该把表示转折关系的连词“然而”删去。

例 12：尽管谎言家们说得天花乱坠，铁的事实总是改变不了的。

“尽管”后面的词语不能有选择性，而“不管”后面的词语则往往是有选择性的。如：可以说“尽管这样”，不能说“不管这样”；可以说“不管怎么样”，而不能说“尽管怎么样”。上句中的“尽管”应改为“不管”。

2. 修辞错误

例 1：我们十个人以排山倒海的浩大声势参加了义务植树活动。

“十个人”参加义务植树活动居然有“排山倒海的浩大声势”，太夸张了，应改为：“我们十个人积极地参加了义务植树活动。”

例 2：鸭绿江，它将中朝两国人民的传统友谊密切的巩固犹如鸭绿江水永流不息。

“江水永流不息”，只能喻示时间的久远，与“巩固”无关。依据句意，可以改为“中朝两国人民的传统友谊犹如鸭绿江水永流不息”。

例 3：高大的教学楼像披上了节日的盛装，向着新同学频频点头招手，表示热烈的欢迎。

这句中的拟人修辞手法用得很勉强：楼房是相对的静止物，如果“频频点头招手”，那将是什么情形呢？不如把“频频招手”改成“微笑着”。

例 4：学习汉语，也跟学习其他学科一样，没有好的学习方法是很难提高成绩的，正如毛主席所说的那样："语言这东西不是随便可以学好的"，我的汉语没学好，就是没有掌握好的方法。

这段论述的是学习方法问题，但引用部分论述的都是学习态度问题。要另行选引名人有关学习态度方面的论述，或者删去引用的内容。

3. 逻辑错误

（1）概念不清。

例 1：我市郊区的水果和梨都获得了丰收。

句中"水果"是一个大概念，它包括"梨"在内。把大概念和小概念并列在一起，不合逻辑。这是对"水果"和"梨"这两个概念没弄清楚造成的。要去掉"和梨"这个词组。

例 2：早晨，灿烂的阳光从地平线上冉冉升起。

句中"阳光"是太阳的光，"阳光"和"太阳"不同，"阳光"怎能"升起"呢？这是把"阳光"的概念弄错了。可以把"灿烂的阳光"改成"红彤彤的太阳"。

（2）判断不当。

例 1：早期使用计算机，基本上全由手工操作。

句中"基本上"是指大体或大部分，"全"应是指整个，没有例外。这两个词只能用一个，或用"基本上"，或用"全"，否则就难以恰如其分地判断。如果是指接近全部，可改为"几乎全部由手工操作"。

例 2：关心工人的身体健康，不能否认这不是好事情。

这句话成了三重否定，等于说"这不是好事情"，同作者的原意显然不符，应改为"不能不说是好事情"。

例 3：加强计划工作，是我们能否搞好企业管理的一个大问题。

"好坏""高低""多少""是否""能否"这类词语兼有正反两方面的意思，就要用正反两方面的词语来搭配，否则判断也不会恰当。句中的"能否"和上半句的"加强"不能搭配，应该把"能否"删去，或在"加强"之前加上"是不是能够"这样一个具有正反两方面意思的词组。

（3）推理不合逻辑。

例 1：这个飞行大队由于狠抓了业务技术训练，因此，没有发生飞行事故。

句中"狠抓了业务技术训练"的确是保证飞行安全的重要条件，但是不出事故，还有其他方面的工作要做，如：随时注意天气变化，及时进行飞机机件的检修等。这里只说"狠抓了业务技术训练"一项，推理就显得理由不充分。

例 2：在前段时间的教学工作中，由于我们重视了课堂教学，因而忽视了辅导工作。

其实，"重视了课堂教学"并不是造成"忽视了辅导工作"的原因；"忽视了辅导工作"也不是"重视了课堂教学"的结果，两者之间并没有因果关系。因此，把因果关系强加在这两件事之间，就不合逻辑。可以用转折关系的关联词语"……我们虽然……，却……"

例 3：民航局的同志为了超额完成生产任务，不辞劳苦，使客、货运量比去年同期增加百分之四十。

句中“不辞劳苦”之后，不能一下子就推出“使客、货运量比去年同期增加百分之四十”的结论，因为“不辞劳苦”地干什么，可以包括很多内容。因此，在“不辞劳苦”的后面还要加上“大力组织客、货源”一类进一步推理的话。

高手指点

（1）必须学习、掌握一些有关语法、修辞与逻辑的知识。

（2）要在速录实践中运用这些知识，并不断总结。

（三）使用计算机对速录稿进行整理

1. 速录稿整理的作用

速录是采用汉语拼音，以音节流的方式记录人们的讲话。由于汉语音节数量少，汉字数量大，加上人们在讲话过程中经常出现同音字词的现象，速录虽然采用了计算机智能性软件，但它始终不能像人那样能完全准确地翻译和记录人们的语言。另外，在速录时，由于时间等各种因素的影响，速录师也不可能把讲话者的内容一字不漏地记录下来，也不可能把其中的错误全部调整过来。所以，速录稿中肯定会存在纰漏，必须要进行校对和整理。

2. 速录稿整理的原则

（1）根据上下文语义通顺的原则。

速录稿的整理必须根据上下文进行，尤其是同音字词的判断必须依靠上下文，甚至是依靠整篇讲话的内容进行合理校对和整理。

对于语句的调整，也必须根据上下文进行，不能仅仅进行局部的修饰而忽略全文的配合。有时候，有一些内容在局部看来是合适的，可是根据全文，发现这里的内容应该是另外一部分内容的继续，这时就应该将其调整好。

（2）忠实原话原意的原则。

对速录稿进行整理不能任意进行。速录师的任务（职责）仅仅是把讲话如实地记录下来，没有权力修改讲话者的本意，也没有权力任意进行总结。

诚然，讲话者的讲话肯定有不合适的地方，口语化太强的地方，语法结构明显不合适的地方，明显指代不清的地方等，这些都需要进行适当的调整。但是，在调整时，一定要谨慎。在出现二意性又无法判断应该是哪一种情况时，最好不要修改，或将整理的部分用括弧做标记，说明这是记录以后，由速录师整理出来的，而不是讲话者直接讲出来的。

（3）整理的“信”“达”“雅”原则。

已故速记专家居正修先生曾经撰文对这个问题进行阐述，现摘录如下：

“信”，即正确、真实。这并不是说要逐字逐句“对号入座”，但必须要内容正确无误。“‘鲁鱼亥豕’故不可，离开原意也不行。‘真’是整理记录的首要条件”。

“达”，即通顺、通达。“要求整理时删去重复、补全缺漏，乃至更正谬误，以求完善。‘善’是整理记录的第二个条件”。

“雅”，即不俗、隽永。要“言简意赅，段落分明；保持讲话者的口语化，不要文章化；读其文犹如听其言。‘美’是整理记录的第三个条件”。

3. 用计算机对速录稿进行整理

(1) 光标移动：鼠标定位、单击；键盘光标移动键见图 3-38。

键盘快速光标移动键，见图 3-39。

图 3-38 光标移动键

图 3-39 快速光标移动键

PageUp：向文章首翻动一屏；PageDown：向文章尾翻动一屏；Home：到本行最左边；End：到本行最右边。

(2) 同音字词修改：鼠标单击、双击；键盘快捷键 Ctrl+Z、Ctrl+W。

(3) 字词联想：弹出同音字窗口；鼠标单击“前”或“后”。

(4) 段落调整：光标定位；回车或删除。

(5) 字符的删除：鼠标选中、右键删除（速录系统中无效），见图 3-40。退格或删除。

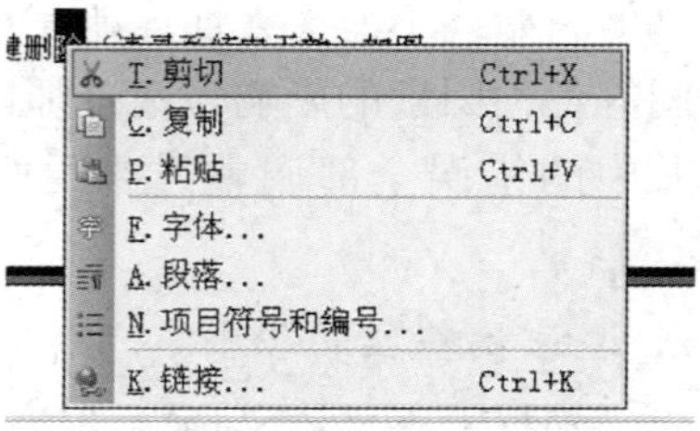

图 3-40 Windows 系统中字符删除操作

(6) 文字块的复制、移动：鼠标选中、右键删除（速录系统中无效），见图 3-41。键盘选中、删除键或组合键。

(7) 符号校对：光标定位在标点符号前；弹出同音词窗口选择符号，见图 3-42。

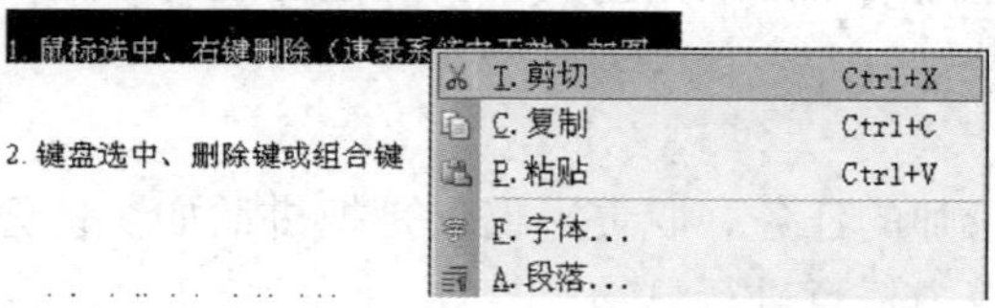

图 3-41 Windows 系统中文字块的复制、移动

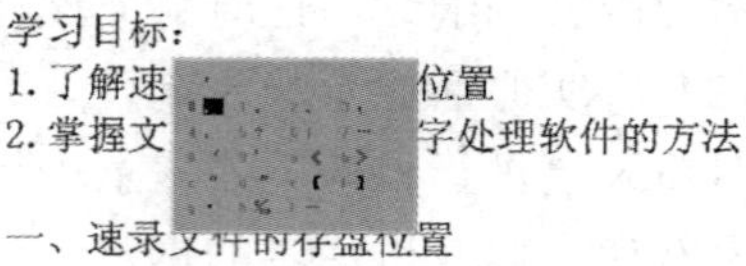

图 3-42 符号校对

利用插入符号功能插入符号，见图 3-43。

(8) 查找/替换：选中文字并复制；弹出“查找/替换”对话框，见图 3-44；填写需要替换的内容；进行替换。

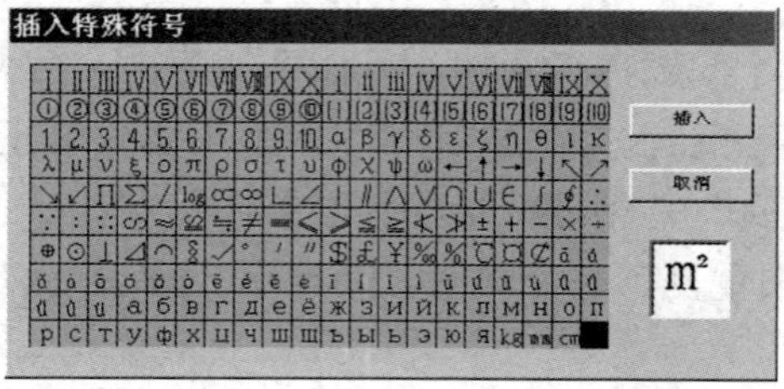

图 3-43 插入特殊符号

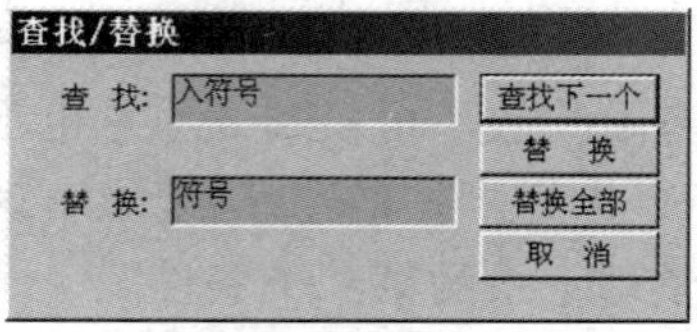

图 3-44 “查找/替换”对话框

高手指点

（1）标准键盘不能直接在速录系统中录入汉字，录入后无法保存。
（2）速录系统没有“恢复”功能，整理时要注意，尽量不要有误操作。
（3）建议在速录系统中，仅仅进行同音字词的整理操作。其他整理任务待排版时再处理。
（4）速录系统保存的是纯文本，没有格式信息，不要用空格进行格式设置。
（5）一些符号如上下标等，是排版功能，不是特殊符号，一定要在排版系统中进行设置。

二、文本文件的调入、排版与打印

（一）文本文件的调入

1. 速录文件的存盘位置

（1）默认路径。

不同的产品，在安装以后都是用安装路径作为文件的默认保存路径的。但是，不同产品的默认路径并不相同。下面以“亚伟中文速录机”为例简单介绍。

YW-A 型速录机的默认文件保存路径：C：\ ProgramFiles \ 亚伟中文速录机 \ Ywwin。

YW-Ⅱ型速录机的默认文件保存路径：C：\ ProgramFiles \ Ywwin。

（2）其他路径。

在使用者创建、保存文件的时候，可以自由选择存盘位置，通常是把不同的文件分类存放在不同的文件夹中，以方便查找和整理。

2. 文本文件的调入

在文字处理软件中，通常可以用多种方法实现文本的调入。

（1）复制与粘贴。

用鼠标双击文本文件将其打开；选择“编辑/全选”；打开文字处理软件；选择“编辑/粘贴”。

（2）打开文件。

打开文字处理软件；选择“文件/打开”，出现文件选择对话框；进入文件的存放路径，在其中找到相应的文件；确认打开。

（3）新建与插入文件。

打开文字处理软件；新建一个空白文件；选择“插入/文件”，出现文件选择对话框；进入文件的存放路径，在其中找到相应的文件；确认打开。

高手指点

（1）文本文件的保存位置十分重要，如果不清楚，就不可能正常调用。
（2）为了保存原始文件，最好不要选择直接打开文本文件的方法。

（二）一般排版

1. 简单文字格式

（1）字体的设置。

常用字体主要有宋体、黑体、楷体、仿宋体、隶书体、魏碑体等。字体的设置包括正文字体设置和标题字体设置。

1）正文字体的设置：一般文章正文是同一字体，多数选择宋体、楷体、仿宋体等，这几种字体显得正式、整齐、庄重。

2）标题字体的设置：文章的标题一般都选用黑体、隶书体、魏碑体等，这几种字体看上去粗壮、清晰、突出。

（2）字号的设置。

1）正文。正文是文章中文字最多的，一般也是字号最小的。最常用的是五号字；最大可以用三号字，如公文；最小也有用六号字的，如某些报纸、杂志。

2）标题。标题的字号一般比正文的字号大一二号，而且是一级比一级大，通常文章的总标题可以为二号字或一号字。

2. 简单段落格式

（1）居左、居右、居中。

1）居左。段落的左边与页面的左边缘对齐。

2）居中。段落的每行文字都与页面的左右边缘等距离。

3）居右。段落的右边与页面的右边缘对齐。

（2）缩进与间距。

1）缩进。一般的排版，文字左右都与页面的左右边缘对齐。缩进就是文字与页面边缘相隔固定的距离，可以是以“毫米”“厘米”为单位，也可以以“格”（即一个字符所占的位置）为单位。前者是为了让全文排版整齐；后者是为了让文字对齐，通常用在特殊的缩进上，如第一行缩进，以后各行都不缩进，或第一行不缩进，以后各行都缩进。

2）间距。第一，行间距。每一行之间的距离为行间距。行间距若太小，各行靠在一起，阅读困难；若行间距太大，又影响美观。通常行间距等于文字的高度或其一半，这样既不影响阅读，又比较美观。第二，段间距。每一段之间的距离为段间距。段间距一般不作调整，也可以用“格式”—“段落”中调节段间距的方法调整。使用段间距进行调整，通常是为了获得特殊的间距效果。

3. 页面的格式

（1）纸张大小和方向。

1）纸张大小。目前纸张大小的表示为字母和数字的组合，如 A4，字母代表纸张的原始尺寸，数字代表纸张对折的次数。“A4”即将 A 号的纸对折 4 次后的结果。一般最常用的是 A4 和 B5，后者相当于通常说的 16 开，前者相当于大 16 开。

2）纸张方向。纸张通常是长方形的，因此有纵向与横向的区别。纸张高度比纸张宽度长，即为纵向，反之即为横向。

（2）页边距和页眉页脚位置。

1）页边距。在纸张上打印文字，四周必须空出一定的距离，一方面美观，另一方面方便保存、装订、复印等。这四周空出来的区域就是页边距。

2）页眉页脚位置。除了正文以外，还有一些信息，如页号、联系方式、机构名称、标志等信息，都可以印在每一页上。这些信息如果放在纸张的上边缘，称为页眉，放在纸张的下边缘，则为页脚。可以通过设置它们距离纸张边缘的位置来获得不同的效果，但是不要把其位置设置在页边距以内，避免与正文混淆。

4. 文件的保存

排版后，文件必须进行保存，一般简单地按“保存文件”按钮或通过“文件/保存”进行保存即可。如果要给刚刚排版的文件另外命名，就需要使用“另存为”功能。文件保存的时候需要注意文件格式，通常存为所使用的文字处理系统特有的文件格式，这是默认的，以保证排版信息的正确存储。如果保存为“纯文本”，则任何排版的设置都将无效。文件保存的位置需要心中有数，进行统一的规划。比如某一盘专门保存某一类的文件，下面再按更详细的分类建立不同的文件夹。在一个文件夹下，不允许有两个文件的文件名完全相同。保存文件时，文件名可以使用汉字或字母，以方便记忆和查找为原则。过长的文件名，如：“关于组织专家对即将投产的新生产线进行检测验收的情况的报告”，这样的文件名阅读困难；过短的文件名如“报告”“报告 1”“报告 22”，这样的文件名不是一眼就可以看出这个文件是关于什么内容的，不容易查找。

高手指点

（1）排版设置以清晰、整洁、简单为原则，字体、字号的使用以三四种为宜。

（2）文件保存要分类清楚、名称清晰、查找容易，文件夹的嵌套层次以三层为宜，文件名以 4～10 个汉字为宜。

（三）文件的打印

1. 打印预览

在打印以前，为了保证打印的效果，不浪费纸张，通常都要“预览”一下，在屏幕上显示出和打印结果几乎一样的效果。

（1）单页与多页。预览时，可以调整看单独的一页还是将多页显示在一起。如果文章比较长，通常先用多页显示看一下整体的情况。如果文章不长，一般选择单页或双页显示。

（2）放大与缩小。如果要看打印的细节效果，就必须将显示的内容放大，一般可以放大到 100%，接近实际打印出来的比例。但是这样就看不到全局，必须缩小以后，才能够把整页显示完全。

（3）上页与下页。在打印的内容占据多页，又采取了单页或双页显示方式的时候，要想看到其他页的内容，就需要用到“翻页”功能。“上页”是向第 1 页的方向翻页，“下页”就是向最后一页的方向翻页。

2. 打印设置

要进行打印，就需要对打印参数进行一定的设置，这是因为打印机品种多，有的打印机还有很多特殊的效果选择，这些都需要通过“打印设置”来实现。

(1) 打印机的选择。如果所安装的计算机处在网络中，而网络中可能有多台不同的打印机，或计算机上安装了不同的打印机的驱动程序，在打印时，必须进行选择，否则就不能正常打印。

(2) 纸张选择。在排版的时候，已经选择了纸张的类型，一般在打印的时候不需要再进行选择。但有的时候，打印机默认的纸张状态与排版规定的纸张大小、方向不同，如果不进行选择，就不能保证打印的效果。因此，要检查一下打印机的纸张选择是否正确。

(3) 打印机属性。这是特殊的打印机在实现特殊打印效果时需要进行的设置。

(4) 打印范围。有时不一定要打印全部文章，可能仅仅打印其中的某一部分，这时就需要设置“打印范围”。打印范围一般是按页来进行设置的，可以填写要打印的页号，用“,”隔开，连续的页号可以用“—”连接。

(5) 打印数量。这是决定所要打印内容的复本数量，通常是打印 1 份，当然也可以打印多份，这些都在“打印数量”中设置。

3. 确认打印

经过“预览”“打印设置”，确认一切无误后，用鼠标单击“确定”，就可以开始打印了。

高手指点

(1) 将排版的内容打印出来是非常简单的，一般不需要预览或进行设置，有特殊情况时，需要进行必要的检查，以确保不浪费时间和纸张。

(2) 打印设备必须已经安装、连接好，并工作正常，有时候这一点往往会被人们忽略。

第四章

速录师提速阶段

本阶段要点

1. 速录师速度提升训练计划。
2. 词汇训练。
3. 击键频率及录入技巧训练。
4. 反应训练。

李老师： 露露，小苏的速录技能已经达到速录员的水平，去法院实习了。由于速录师需要有高速的击键频率，还要广泛地接触不同类型的文章，所以我们还要进行速录技能的提升训练。在这个训练阶段，我们除了继续提升击键频率外，还要大量地接触联词消字定字及选词等录入技巧。

露露： 没有问题，我有信心。

李老师： 好，那我们开始进入这一训练阶段。

第一节　速录师速度提升训练计划

一、训练目标

“速录师速度提升训练”的目标是将速度从 140 字/分钟提高到 180 字/分钟。这个阶段速度的提高既需要对音节码的进一步熟练，又需要进一步提高记录按键的连贯性，同时还需要努力掌握一些技巧以提高准确性。因此，这一阶段是一个综合提高的阶段，只有各个方面都同步提高，才能取得良好的效果。

二、训练内容

(一)基本功训练的巩固

速录员进行速度提升训练以后，音节码还远远没有达到条件反射的熟练程度。虽然进一步训练音节码，表面上很难再提高，那主要是因为每看到、听到一个词语都要单独进行反应，即使对音节码再熟练，速度也不容易再提高，但每次训练还是能够达到再熟练的训练目的。为了进一步熟练音节码，并扩大对各类专业词汇的掌握，在中级阶段，必须再对专业词汇音节码等基本功进行巩固。

此外，进入速录师速度提升训练阶段后，要求录入的准确率和击键的效率有大幅的提升，应对高频特定单音词进行强化训练，因此需要加入专门编写的句子来强化高频特定单音词的记忆和运用。

(二)精打文章的训练

在速录师速度提升训练阶段，熟文章的训练目标是260～300字/分钟。

通过熟文章的训练，速录师既可以熟练音节码，又可以提高连贯性，还可以掌握大量技巧，一举三得，事半功倍。因此，熟文章的训练是中级速度训练的主要训练内容。

(三)泛打文章的训练

在速录师速度提升训练段，泛打文章的数量应达到精打文章的3～5倍，速度要求不必过高，超过生文章10～20字/分钟即可。

(四)生文章的训练

在中级速度训练阶段，影响速度提高的因素除了音节码的熟练程度以外，一次上屏准确率也在一定程度上影响了水平的发挥。另外，熟文章里获得的连贯性存在一定的“惯性”，遇到相对生疏的其他类型的句群时，不一定能够适应而发挥出来。因此，需要通过生文章接触不同类型的词语。训练文章，一方面可以积累技巧，提高一次上屏准确率；另一方面，可以增强连贯性的适应能力，使速录的连贯性基本不受词语类型的影响。

总之，生文章训练作为熟文章训练的重要补充，对保证中级速度训练阶段的训练效果是十分必要的。

(五)特定码、略码的掌握

特定码主要是常用高频单音字特定码。这些字在速录过程中，根据讲话与记录的习惯，往往是单独记录，不与其他语句成分并击。因此，特定码的使用并不影响记录的速度。但准确率的提高又减少了整理的内容，使实际速度得到了提高。略码也是在不增加击键次数的前提下提高准确率的一种重要手段。这两种特定编码的掌握，对于速录水平的提高有很大的帮助。

三、训练方法

（一）基本功的巩固方法

1. 全部音节码总复习

将全部音节码复习一遍，看打或听打，一定要保证准确。要有意识地把顺序打乱，以保证复习的效果。最好进行音节码词语的训练，注意左右手的比重，要综合平衡训练。

2. 个别音节码强化训练

对于难度大的或经常出错的音节码，必须单独进行强化训练。方法是：首先找到发生错误的原因或指法的难度在哪里。其次，根据原因慢慢地调整指法，找到不容易出错的指法状态。再次，反复不断地重复、巩固正确的指法感觉，由慢到快逐渐提高速度。最后，在训练中特别加以注意，用新的指法去按键，避免反复。

3. 专项训练的复习巩固

专项训练的复习方法与初级速录训练中的练习方法基本一样，也可以有意识地找到包含相应内容的文章来训练。

（二）熟文章的训练方法

1. 文章的选择

熟文章要选择 500～800 字的涉及计算机、股票、历史等内容的文章。

2. 熟悉技巧

把文章中的特定码、略码以及其他技巧都挑选出来，做标记或做记录。在此基础上，要认真熟悉，做到心中有数。

3. 反复自由看打

按照“一次上屏准确”的原则，反复自由看打。训练的重点是保证准确率，不要追求速度。注意技巧的运用，注意以句为单位连贯地记录。

刚开始时，可以采用一段一段地训练的方法。对于个别有问题的地方甚至可以集中训练某一句，待熟练后再整体训练。每一次训练都要进行核对检查，找到出现错误的原因，并加以纠正。

4. 限时看打

根据预期达到的速度目标，计算出一个时间。与训练开始同步计时，努力在规定的时间内录完。可以由老师或其他人帮助报时间，给训练者一种压力，迫使头脑迅速反应，手指迅速运动，努力提高速度。

5. 高速听打

按照预期达到的速度目标，制作录音或由老师或其他人高声快速朗读。训练者按照朗读的速度与节奏记录，一定要先听后录，不要抢先记录。训练时，大脑高度紧张，随时准备记录基本上都背诵下来的文字，又不能超前。有时也会出现局部速度慢，而朗读的速度相对快的情况，这时就需要训练者加紧追赶。如果不能保证在高速下的准确率，就不能顺利地完成训练。

6. 高准确率看打

对某一篇熟文章进行看打训练时，若要求高准确率，速度就可以放慢一些。准确率通常要求达到99%～100%，基本上是一次上屏，尽量不要中途修改。这个训练很难，最好能够完成。这对于保证准确率、降低指法差错是非常重要的。

7. 看打、听打测试

看打测试：看打一遍，同时计时，不校对，计算速度与准确率。

听打测试：按一定的速度听打一遍，不校对，计算速度与准确率。

上述测试完成后，都要进行核对，针对错误的原因加以纠正。

（三）生文章的训练方法

1. 生文章的选择

生文章应该选择难度低于熟文章的材料，以股票、历史、计算机、时事评论类内容为主。

2. 实时干预看打

实时干预看打即边记录，边修正错误，随时试验使用各种技巧，并进行记录以备再用。

3. 不看屏幕看打

不看屏幕看打仅仅看文稿，不看屏幕，努力实现一次上屏准确，或根据手指的感觉，发现错误及时纠正。

4. 长时间连续看打

长时间连续看打的训练时间至少为半个小时，通常可以达到1个小时以上。这是一种“马拉松”式的训练，考验训练者的耐力。

5. 慢速听打

慢速听打的速度以训练者能够跟上为标准，由老师或其他人朗读，或听打录音文件。训练者边听边记录，努力保证完整、正确。慢速听打考验训练者速录的综合水平，尤其是各种技巧的运用和把握一次上屏高准确率的能力。

6. 快速听打

快速听打以训练者的实际速度为依据，高于这个速度10字/分钟左右，由老师或其他人朗读，听打录音文件。训练者应努力跟进，尽量减少丢、漏字现象，并要保证起码的准确率，可以不考虑一次上屏准确率的问题。这个训练主要考验训练者的反应能力和保持按键连贯性的能力，以及保证高速状态下低手误率的能力。

7. 长时间连续听打

长时间连续听打与长时间连续看打相似，时间在半个小时以上，通常在1～2个小时，听录音，或老师朗读。训练者必须坚持大脑的紧张状态，保持兴奋度，维持迅速、敏捷的反应和连贯、准确的按键。

8. 听打测试

听打测试即按照一定速度制作录音或朗读，听打一次，校对或不校对，计算成绩。注意检查错误的原因并进行纠正。

高手指点

（1）训练时一定要保证准确率，不要盲目追求速度。特定编码必须先记忆、后使用，否则容易出错。

（2）各种训练应穿插进行，以保证大脑有一个良好的状态。

（3）速度的提高不是“线性”的，有平台期，有低谷期，还可能出现反复，这些都是正常现象，一定不要轻易放弃，或三天打鱼两天晒网。

（4）测试是为了掌握自己的训练情况和实际水平，并不具有别的含义，不要过分苛求测试的成绩。另外，不要过多地测试，最多每天测试1～2遍即可。

第二节　词汇训练

训练任务：听打要求速度130字/分钟，准确率98%以上。看打要求速度170字/分钟，准确率98%以上。

词汇练习一（政治）

政治　主权　长官　惩戒　抚恤　国防　平衡　集体　中央　国家　罢免　程序
福利　国徽　华侨　疾病　地方　联邦　霸权　慈善　封建　国民　环境　政府
王国　保健　赤字　改革　国际　婚姻　政权　公国　保险　传统　开放　国旗
海军　宪法　苏丹　报酬　酬金　干部　国务　海洋　法律　总统　闭会　船舶
港元　关税　行业　政令　君主　庇护　道德　澳元　官方　航空　条例　总理
编制　地力　个体　官员　签证　民主　内阁　兵役　斗争　工人　国境　黄金
选举　部长　剥削　独立　工农　航班　汇价　公民　专政　布告　大赦　工业
航空　货币　政党　澳门　币制　儿童　公约　航运　兑换　领土　议员　边疆
法官　古迹　津贴　救济　就业　监察　军衔　结社　戒严　经费　纠察　空军
劳工　律政　领土　民权　农业　纳税　内乱　配额　侨居　侨眷　请愿　区长
任期　人道　商业　收支　首都　弹劾　外汇　污染　西藏　行业　宣战　勋章
移民　邮政　预算　灾害　驻军　帝国　法制　人治
八荣八耻　五个统筹　一国两制　台湾同胞　博大精深　安居乐业　不断提高
长期共存　改革开放　各界人士　我国国情　长治久安　肝胆相照　奋斗目标

参政议政　初步建立　根本利益　官僚主义　多种力量　法治国家　居安思危
顾全大局　各尽其能　议会制度　政治斗争　中央政府　知识分子　直接选举
义务劳动　医疗卫生　义务教育　言论自由　行政区划　辛亥革命　鸦片战争
物质文明　武装斗争　五星红旗　外交关系　外汇管制　统一战线　同工同酬
市场经济　收支平衡　司法机关　全民所有制　加强和改进　人民代表大会
人民民主专政　精神文明建设

词汇练习二（经济）

行情　博彩　皇粮　打假　商务　薄利　外商　萎缩　合营　白条　补贴　创汇
呆账　吊销　投产　下海　精简　顺差　债款　贷款　加工　坏账　执照　暴跌
付清　收费　逆差　债务　市场　退税　带薪　核算　兼并　偿还　摊派　承包
搬迁　仓储　传销　待岗　基金　脱贫　汇款　内耗　竞标　包干　转包　创业
待业　招商　产品　股份　配股　开标　报税　股票　春运　代职　遏制　汇率
贸易　疲软　拍卖　保值　产权　内需　循环　债券　贬值　下滑　票房　租赁
投资　权责　粗放　指数　促销　融资　滞销　逃汇　审批　小康　产销　集约
盗版　倾销　银行　兑换　盈余　存款　经济　长线　流动　倒爷　过热　交易
汇丰　出口　套现　边际　畅销　住房　财政　流失　物价　回笼　外贸　充值
涨价　消费　促进　公司　泡沫　困境　积压　独资　承购　标书　信用　垄断
直销　扶贫　实体　更新　减免　信贷
泡沫经济　名牌产品　劳务输出　跨国公司　经济特区　竞争意识　减员增效
金融机构　货币回笼　挤压产品　经济增长　灰色收入　宏观调控　中外合资
政企分开　综合国力　物价指数　商业银行　证券交易　日经指数　产业结构
通货膨胀　恶性循环　对冲基金　对外招商　短期债务　第三产业　挪用公款
刺激内需　重复建设　超前消费　城市规划　升级换代　长线产品　不良贷款
边际报酬　随行就市　外汇储备　经济指标　财政收入　统购统销　金融危机
固定资产　供不应求　三来一补　三通一平　良性循环　外向型经济
劳动密集型　可行性研究　菜篮子工程　购买力平价　资本密集型
优化资源配置　对外经济贸易　国民生产总值　工农业总产值　股份有限公司

词汇练习三（法律）

暴乱　叛逃　间谍　刺探　收买　资敌　情报　放火　决水　爆炸　投毒　失火
逃汇　洗钱　偷税　抗税　绑架　虐待　遗弃　重婚　抢劫　盗窃　侵占　盗窃
抢夺　毁灭　游行　示威　伪证　辩护　窝藏　扣押　冻结　脱逃　裁定　劫狱
携带　引诱　教唆　欺骗　容留　复制　答辩　贩卖　贪污　挪用　受贿　行贿
徇私　刑法　刑事　刑罚　管辖　主体　客体　情节　未遂　中止　既遂　主犯
从犯　罪数　数罪　惯犯　刑种　主刑　死刑　拘役　管制　罚金　死缓　量刑
免刑　累犯　自首　立功　执行　行刑　缓刑　减刑　假释　时效　赦免　赃款

追赃　退赃　证人　立案　侦查　管辖　自诉　回避　代理　证据　物证　书证
证言　供述　辩解　勘验　传唤　逮捕　回避　送达　起诉　询问　搜查　扣押
通缉　羁押　公诉　独任　举证　质证　判决　裁定　上诉　抗诉　提审　再审
执行　物权　债权　股权　侵权　违约　法人　动产　主物　从物　原物　诉权
质权　本权　典权　添附　诉状　附和　调解　合同　主债　从债　定金　要约
承诺　招标　投标　开标　拍卖　版权　商标　诉权
当事人　答辩状　调解书　上诉人　申请人　诉讼费　受理费　支付令　别除权
取回权　抵消权　近亲属　转继承　整理权　改编权　发行权　代位权　标的额
抵押物　回赎权　宅基地　收益权　占有权　他物权　自物权　强行法　程序法
本代理　再代理　负代理　胜诉权　期待权　著作权　抗辩权　上诉审　同案犯
合议制　财产刑　附加刑　持续犯　竞合犯　牵连犯
刑事责任　空间效力　属地管辖　罪刑法定　罪刑均衡　意思自治　犯罪构成
间接故意　有期徒刑　没收财产　驱逐出境　刑罚裁量　量刑情节　并科原则
验明正身　撤销缓刑

词汇练习四（股票）

人气　B股　三公　大盘　大关　大市　小盘　上市　上至　下滑　下挫　下调
下行　下档　个股　开户　开市　开盘　日线　月线　分红　反弹　长空　牛市
介入　发力　市价　市值　半仓　并购　收市　收盘　价位　多头　吃进　企稳
交割　交投　过户　次点　庄家　庄股　红利　红股　回稳　回潮　回调　回档
回吐　吊空　后市　买空　买入　买盘　出价　出局　出手　成交　休养　报收
抄底　护盘　利多　利空　杀跌　走稳　走向　走强　走弱　走软　走势　坐轿
低档　低吸　抢权　吸纳　连锁　进价　进仓　报价　呆猴　抗跌　股价　股票
股市　股东　股利　股民　股息　股金　股权　股本　规避　周线　炒股　补空
空手　空投　空涨　空跌　空盘　空仓　实空　实多　抬轿　拨档　卖空　卖出
卖盘　拍卖　拉抬　拉升　选股　选时　退潮　看好　看涨　看跌　急跌　前市
盈利　面值　净值　除息　除权　标定　标购　贴权　急挫　洗盘　冒尖　建仓
持仓　持股　持币　追涨　重组　涨势　配股　浮空　浮筹　浮多　套现　套牢
被套　高档　高收　涨跌　指数　破位　弱势　做多　崩盘　盘上　盘下　盘跌
盘底　盘档　盘局　盘整　盘高　盘口　鹿市　停板　停牌　探底　减磅　跌势
跌破　跌幅　短空　短线　强势　强压　跳空　跳水　断头　滞后　超跌　跑点
离场　满仓　跟风　搏傻　熊市　暴跌　暴涨　溢利　溢价　横盘　攀升　赢利
三角形　三优先　工业股　个人股　大飞乐　大闸蟹　中长线　中阴线　牛皮市
日成交　公众股　支撑强　支撑线　开盘价　主升段　市盈率　平均价　平均线
本益比　本利比　龙头股　次新股　次高点　次低点　优先股　后配股　成交股
成交单　成交量　成交价　成交手　成交额　成交数　企业股　合股数　有支撑
收盘价　回落期

词汇练习五（计算机）

半群 背景 倍速 编辑 编码 编译 变换 变量 变元 标号 标记 标量
标题 标志 表目 病毒 并行 波特 博弈 补码 采样 彩打 彩喷 菜单
参量 参数 操作 层号 查询 查找 常数 程序 抽样 窗口 磁道 磁鼓
磁盘 磁头 词库 存取 打印 代码 单步 弹出 盗版 低密 地址 递归
颠簸 电脑 调度 调用 调制 迭代 定点 定界 定序 抖动 读出 读入
读头 断点 堆栈 队列 对换 对阶 翻译 反馈 反码 返回 仿生 仿真
访问 分段 分类 分页 符号 浮点 覆盖 赋值 复原 高密 格式 跟踪
更新 光笔 光标 光钮 光盘 光驱 过程 函数 核心 互斥 环境 缓冲
回车 会话 汇编 活动 基元 集合 级联 记录 加密 检索 键盘 接口
阶码 节点 结点 解密 解释 进程 矩阵 空洞 空集 口令 联机 链表
链路 良序 路径 路圈 轮转 逻辑 码制 脉冲 媒体 密码 幂集 命令
模块 模拟 目录 内存 内容 排队 排列 排序 盘片 配置 瓶颈 屏蔽
屏幕 前景 前馈 嵌套 清除 清零 清屏 区段 取反 取数 取样 缺省
确立 任务 冗余 入口 软件 软盘 色带 筛选 删除 扇出 扇面 扇区
扇入 舍入 声卡 时钟 实时 实体 首标 鼠标 属性 数据 数组 刷新
衰减 死锁 算法 碎片 索引 通道 同步 透明 拖动 网络 微机 尾数
位串 位片 文件 误差 系统 线序 响应 项目 向量 校验 芯片 信息
修补 学习 循环 寻址 压入 压缩 遥感 页表 页格 页界 页面 移位
溢出 译码 引导 硬件 硬盘 映象 优化 语句 语言 语义 预置 元素
原版 原码 原语 再生 噪声 增量 阵列 争用 正版 支撑 支持 支援
执行 指令 指针 纸带 中断 终端 重叠 重写 主机 柱面

高手指点

对于略码较多的政治、经济类词汇，准确率要高一些，争取达到99%～100%。对于联词消字定字和选词比较多的股票、法律、计算机类词汇，准确率达到98%即可。对于不懂的专业术语，要查出词汇的含义及使用的范围。

第三节　句子训练

训练任务：听打要求速度达到160字/分钟，准确率达到98%以上；看打要求速度达到200字/分钟，准确率达到98%以上。

句子练习一

1. 旧时候，剧场中为观众找座位的人叫作案目。
2. 电视里经常说的“黑白两道”这个词，什么是“黑”？什么是“白”？
3. 行百里者半九十。
4. 还没到年根儿就开始办年货了。
5. 你帮厂里搞建设的事已经报到了县里。
6. 车上人多拥挤，请把自己的包看好。
7. 新发行的 B 股一上市就涨了几倍。
8. 对不起，我把你送我的笔弄丢了。
9. 明清时期的章回小说是宋代话本的变体。
10. 产品在出厂前一定要有标称。
11. 四川有很多人染了猪链球菌。
12. 今年学院内又增添了两个系部。
13. 证人证言必须满足一定条件，本院才能采信。
14. 几个月前我曾见过她一面。
15. 凡构成犯罪的案件，不管涉及什么人，都要一查到底，绝不允许包庇迁就。
16. 台上的演员技艺超绝。
17. 尺有所短，寸有所长。
18. 法院在审理中要避免“重错轻处”和“轻错重处”。
19. 课本中讲授的加、减、乘、除是简单的数学运算。
20. 子弹射穿了玻璃。
21. 他没有敲门就闯进来了。
22. 这个实验到第 36 次才成功。
23. 打人犯法，杀人偿命。
24. 多少代仁人志士“但愿苍生温饱”的愿望得以实现。
25. 党倡导的“保持共产党员先进性”教育活动正在全国展开。
26. 学习氛围不浓导致理论和实际结合得不好。
27. 这次会议非得你去不可。
28. 该冰箱采用了节电的设计。
29. 调阅档案要严格登记。
30. 大街上人来人往，男的、女的、老的、少的，都顶着炎炎烈日。
31. 各队的组成人员经过了严格的审查。

句子练习二

1. 眼看着那个人夺过皮包拔腿就跑。
2. 该案已发回重审。

3. 流脑是一种常见的呼吸道传染病，可防可治，不必惊慌。
4. 他像箭一样飞到学校。
5. 将第 28 页的答案抄写三份。
6. 这封信至今无人来取。
7. 家庭住址是东南区富运路 12 号。
8. 将这几处错误改完后交给我。
9. 植物的根通常长在土里。
10. 你竟然敢无视已制定的规章制度。
11. 钢、煤等产量已居世界前列。
12. 正确理解“公”与“私”。
13. 学习速录技能要把好“速度关”和“准确率关”。
14. 比海还要宽广的是人的胸怀。
15. 该制度规范国和国之间的贸易活动。
16. 将这两部分合在一起，就是一篇完整的文章。
17. 愿梦想化为现实。
18. 画上的马像活的一样。
19. 真的假的一看就知道。
20. 衣柜里有 15 件衣服。
21. 要将问题讲透彻，稍有偏差就会误解。
22. 答案和老师教的一样。
23. 第十届运动会赛程安排比较紧。
24. 农业博览会上的南瓜重达百斤。
25. 事情进展得竟如此顺利。
26. 举全省之力，打造东北老工业基地。
27. 均按行业标准执行。
28. 这间屋子空着，没有出租也没有卖。
29. 书的情节很感人，使很多人哭了。
30. 这四块地加起来有 30 多亩。
31. 离放假还有六周的时间。
32. 星联商厦正是酬宾期，很多人去那里购物。
33. 量小非君子。
34. 党领着人民奔小康。

句子练习三

1. 她留了两个馒头给身患疾病的孩子。
2. 水漫过杯子了。
3. 这些产品都是由棉麻制成的。
4. 他考虑了两秒，然后答应了。

5. 命你用一天的时间打退敌人。
6. 真是拿你没有办法。
7. 请你解释一下这个难理解的问题。
8. 他用泥捏小人儿，泥人每张脸都笑得很好看。
9. 他身上带有很浓的烟味。
10. 玉米皮制品在国际市场上受到欢迎。
11. 上千名群众聚集在广场上，为庆典做出自己的贡献。
12. 这件事由你全权处理。
13. 男孩抢到女孩的糖后往院子外跑去。
14. 他确因身体原因没有上班。
15. 他高举着火炬跑入会场。
16. 被告原系某高校教师。
17. 原告现诉至我院，要求法院判令被告赔偿其损失费2 584元。
18. 患者伤在胸部，心脏停搏，呼吸很弱，瞳孔放大，应速做抢救。
19. 婚礼上的宾客们设了很多难题来考验新人。
20. 这周学生及格率又升了两个百分点。
21. 待到山花烂漫时，她在丛中笑。
22. 他只收了二百元，没有把价格提起来。
23. 他只有六岁，却似大人一样支撑着家。
24. 宋×偷了台电脑，想卖些钱回家。
25. 这道题有代表性，前年也考过。
26. 田中种的都是供出口的水稻。
27. 两个院子都通着，中间只有一个月亮门。
28. 他是位新选手，却投出第一的好成绩。
29. 向北望就会看到那座山，像一个少女站到江边。
30. 地址是文合路，须记住。
31. 这篇论文写得很好，如果再加些案例就更好了。
32. 《英雄儿女传》是我国早期的电影作品。
33. 该房子有主卫生间和客卫生间，非常方便。
34. 自 5 月 6 日开始，他已写了26 800字了。

问： 这些句子练习的语法有些不通，练习起来记忆量也非常大，我用联词消字定字的方法进行句子练习可以吗？

答： 在设计这项练习的时候，为了使高频特定单音词成为练习的主要对象，因此没有（也不能）考虑语法的问题。以前讲过准确熟练地使用高频特定单音词是提高准确率和速度的必要条件之一，因此在进行句子练习时一定要记忆并使用高频特定单音词，这样才能达到该项练习的目的。至于联词消字定字在以后还有专门的练习训练。

第四节　击键频率及录入技巧训练

一、精打练习

精打练习训练任务：看打速度 300 字/分钟，准确率 98%以上；听打速度 240 字/分钟，准确率 98%以上。

精打一（难度系数 63.5%）

继续推进信贷资产支持证券试点

在日前召开的信贷产品创新座谈会上，央行副行长表示，要着力推动基础信贷产品的创新工作，继续推进信贷资产支持证券试点，积极发展信用衍生产品。

央行副行长指出，要进一步加强和规范对银行间市场的管理，提高对金融创新重要意义和作用的认识，认真研究货币市场、债券市场、股票市场的发展规律，正确认识和把握 OTC 市场特点、功能与运作，明确银行间市场金融产品创新的重点。与此同时，要加强对我国发展信用衍生产品的研究，不断丰富我国的金融市场产品和市场层次，发挥好信用衍生产品在丰富投资品种和信用风险管理等方面的作用。

会议强调，要着力推动基础信贷产品的创新工作，推进信贷一级市场和信贷二级市场的协调发展；继续推进信贷资产支持证券试点工作，开发将间接融资转化为直接融资的工具；积极发展信用衍生产品，提高对信贷风险的管理水平；加强各部门之间和市场成员之间的协调合作，形成推动创新和防范风险的合力，促进我国金融市场的全面协调可持续发展。

据介绍，我国金融市场从 20 世纪 80 年代起步，经过多年的发展，形成了一个初具规模、层次清楚、分工明确的金融市场体系。同业拆借市场、债券市场、票据市场、股票市场、保险市场等金融市场体系基本形成；形成了票据、债券、股票、基金、期货、黄金等比较完整的产品系列，同时还出现了买断式回购、债券远期交易、利率互换、远期外汇交易、外汇掉期交易、权证等新的金融工具和衍生金融产品。

录入技巧：

（1）双音略码词语。

召开　货币　特点　丰富　层次　强调　持续　年代　经过　比较

（2）四音略码词语。

发展规律　与此同时　协调发展　管理水平　初具规模　金融市场

（3）选词。

央行（2）　债券（2）　一级（9）　二级（2）　合力（2）　期货（2）　远期（3）

（4）高频特定单音词。

期

精打二（难度系数 65%）

日前，招商证券收购招商证券香港有限公司的申请获得中国证监会批准。事实上，国内已有很多券商设立国际业务部或者香港分支机构，但部分尚未拿到合法身份。与此同时，香港本土券商也早在几年前就积极地拓展内地业务。分析人士呼吁，两地券商的融合势不可当，应及早出台政策进行规范。

据不完全统计，截至目前，内地有近20家证券公司设有香港分公司或者国际业务部。开设香港分公司的券商包括国泰君安、申银万国、南方证券、广东证券、光大证券、中银国际证券等，而大鹏证券、招商证券、国信证券、湘财证券等内地券商也开设了国际业务部门，与香港券商之间进行多个业务领域内的广泛合作。

在大型券商捷足先登的情况下，中小券商也不甘落后。西南证券及江南证券等许多中小券商关于港股的分析文章频频见报，这显示这些券商也开始以研究业务为切入点，为进入国际资本市场作准备。近一两年来，内地券商与香港券商之间的业务融合在加速，香港券商开拓内地市场的力度越来越大，而内地券商也希望做国际业务。这个市场在一年半到两年的时间内将基本饱和，无论是对公司还是对个人，能够在市场达到饱和前进入发展机会将更多。

事实上，早在数年前，以香港地区为主的国际业务就已成为一些国内券商的重要盈利来源。据消息人士透露，一家总部位于深圳的券商已经开始在香港开展自营和经纪等业务，去年公司的大部分盈利都来源于海外业务收入。内地与香港的金融市场迟早是要打开的，并开始为此做前期的准备工作。

录入技巧：

（1）双音略码词语。

部分　分析　南方　广泛　落后　这些　准备　还是　达到　地区　重要　来源　开展　去年

（2）三音略码词语。

事实上

（3）四音略码词语。

有限公司　与此同时　势不可当　证券公司　光大证券　捷足先登　越来越大

（4）多音略码词语。

据不完全统计

（5）选词。

证券（2）　国泰（3）　中银（4）　大鹏（2）　国信（2）　港股（4）　显示（2）　人士（2）　经纪（6）

（6）高频特定单音词。

已

（7）联词消字定字。

近（来）

（8）捆绑。

申银万国　湘财证券　不甘落后

（9）分击。

早/在　两/地

精打三（难度系数 74%）

随着 5 月 5 日东北华联正式以“ST”形式“挂牌”，沪深两市总计有 16 家上市公司被予以“特别关照”。根据沪深证交所股票上市规则《上市公司状况异常期间的特别处理》的规定，当上市公司出现财务状况异常，导致投资者对该公司前景难以判定，可能有损害投资者权益的情形时，交易所将对该股票交易实施特别处理，包括当日涨跌幅限制为 5%，中期报告必须审计，股票行情显示有特别提示。

作为一家老牌改制上市企业，辽物资成为今年起实施特别处理的首个“产物”。素有“破烂王”之称的辽物资属物资流通类企业，改制后于 1993 年 5 月 18 日在深交所上市。从 1996 年起，公司陷入了全面亏损的境地，每股收益－0.23元。1997 年该公司更是大幅度亏损，主营业收入仅为13 550万元，较上年度减幅 50.5%，亏损15 077万元，每股收益锐减至－1.16 元。

而稳坐上市公司 1997 年度“亏损大户”的则非农垦商社莫属，其 0.12 元的每股净资产已创沪市开市以来每股净资产值的历史最低，若扣除 3 年以上应收款项及一些待摊费用、待处理财产损失、递延财产之后，农垦商社每股净资产为－0.24 元。依国际会计准则及公司法有关规定，农垦商社现已距清算、破产仅一步之遥。更为严重的是，农垦商社的母公司也自身难保，仅应付农垦商社的各种款项就达 3.52 亿元，谁来挽救岌岌可危的农垦商社，投资者忧心忡忡。而该公司股价目前仍在 9 元的高位，似乎透露出投资者的某种希冀。

录入技巧：

（1）双音略码词语。

随着　严重

（2）四音略码词语。

递延资产　一步之遥　忧心忡忡

（3）选词。

华联（4）　首个（3）　素有（3）　减幅（2）　大户（2）　开市（2）　希冀（3）

（4）高频特定单音词。

以　称　现　已　元

（5）联词消字定字。

辽（河）　仅（仅）　至（于）　莫（不）　属（于）　创（作）　沪（深）

市（尺）　依（法）　距（离）

（6）捆绑。

证交所　今年起　深交所　主营业　待处理　母公司　岌岌可危

精打四（难度系数 66.9%）

当前网络风险分析与应对策略

在这么多年的发展过程中，网络威胁是怎样变化的？从最上面来看会看到各种网络威胁的形态，从目前来看，我们会看到一个发展的主线，它经过了文件性的病毒、网络病毒、邮件病毒，发展到今天更多地侧重于通过 Web 方式传播的病毒。在跟用户接触的过程中，我问他你感觉到这些病毒是怎么样进入网络里的？很多人都讲就是用户上了某个网站，或者不小心点了某个邮件链接，病毒就出现了。从网络形态来看，通过 Web 方式传播成为主流。以前的威胁形态通常是以出名为目的，现在完全是以牟利为目的，希望通过这个程序的扩散来获得金钱上的利益。从下面来看，我们会看到威胁无孔不入，以前可能是只跟专业的电脑人员相关，随着手机病毒的出现，可能路边上一个摆摊卖苹果的都会遇到病毒的问题。所以在内容安全上成为大家共同面临的问题。从去年年末到今年年初，一些不法分子在整个网络上引起很大的病毒事件。他们通过熊猫烧香病毒直接获利 10 多万元，因为他们可以窃取游戏的账号和 QQ 的账号，然后在网上卖，直接获利。

一般来讲，风险刚出现的时候，我们的威胁比较少，损失比较少，但是随着时间的推移，我们的损失会到达一个顶点。安全厂商在提供相应的解决方案之后，我们的风险就会越来越低，直到这个网络风险在我们的网络里完全清除掉。但是今天我们看到的是不同的，当一个网络威胁进入我们的网络之后，它开始不断地自我更新自己。防毒厂商、安全厂商必须不断更新自己的软件，现在病毒变得和防毒厂商一样，执行之后会再去网上下载更新。

录入技巧：

（1）双音略码词语。

上面　感觉　怎么　希望　电脑　时候　但是

（2）三音略码词语。

怎么样　感觉到　越来越

（3）选词。

链接（6）　事件（3）　直到（3）　清除（2）　防毒（2）

（4）高频特定单音词。

讲　点　只　卖　刚　主　件　再

（5）联词消字定字。

低（涡）　获（得）　利（益）

（6）捆绑。

侧重于　无孔不入

精打五（难度系数 68%）

计算机是一种能迅速而高效地自动完成信息处理的电子设备，它能按照程序对信息进行加工、处理、存储。

计算机的运算速度快、计算精度高、存储功能强，具有逻辑判断能力和自动运行能力。在现代社会，计算机已应用到军事、科研、经济、文化等各领域，是人们工作中一个不可缺少的好帮手。在科研领域，人们使用计算机进行各种复杂的运算及大量数据的处理，如卫星飞行的轨迹、天气预报中的数据处理等。由于计算机能高速、准确地进行运算，因此，以前人们往往需要花费数天、数年时间甚至一辈子才能完成的计算任务，计算机在很短的时间内就能完成。

在政府机关中，每天都涉及大量数据的统计与分析，有了计算机，人们的工作效率就大大提高了。在工厂，计算机为工程师们设计产品提供了有效的辅助手段。现在，人们在进行建筑设计时，只要输入有关的原始数据，计算机就能自动处理并绘出各种设计图纸。在生产中，人们用计算机控制生产过程的自动化操作，如温度控制、电压电流控制等，从而实现自动进料、自动加工产品以及自动包装产品等。计算机加速了工厂生产的自动化。在国外，有人形象地将工厂自动化（可简称为FA）解释为：FA＝数控自动机床＋自动装置＋计算机辅助设计（简称CAD）＋计算机辅助制造（简称CAM）＋计算机辅助测试（简称CAT）。在企业中，计算机为管理人员提供了办公自动化系统，企业人员能借助这些系统及时了解企业每一天的运作情况，并由此调整及制订工作计划。在国外，有人形象地将办公室自动化（英文缩写为OA）解释为：OA＝微电子信息处理机＋计算机通信系统＋其他电子办公设备。具体来说，所谓OA，就是包括以个人计算机为核心的办公室事务处理机、传真机、复印机、智能电话、图像文字处理机等，能使办公室事务处理实现自动化作业。

录入技巧：

（1）双音略码词语。

迅速　速度　准确　设计　操作　从而　电话

（2）三音略码词语。

自动化　办公室

（3）四音略码词语。

现代社会　不可缺少　天气预报

（4）选词。

花费（2）　简称（2）　制定（2）　智能（3）

（5）联词消字定字。

绘（制）

精打六（难度系数71.1%）

诗歌的审美

诗歌的艺术形象相对于散文、小说来说，有一种高度的集中与概括的特点。臧克家的《三代》，用6行诗就概括了旧中国农民代代不可改变的悲剧命运。这种集中与概括，要求进入诗歌的人、事、景、物、理必须是典型的、精炼的，它们的艺术联结与组合是跳跃的、简约的。它没有了小说形象的逼真性和散文形象的写实性，没有叙事性文学的那种情节枝蔓和场面环境。诗歌艺术形象的大部分资源来自诗歌作者的主观心灵，是诗歌作者主观感觉的具体化材料，体现了一种概括生活、超越生活、变形生活的表现性审美特征。

诗歌文体发展的历史证明诗歌是人类表达、宣泄情感的较好载体。诗歌作者在具体的写作过程中，以能否表达出主观情感为目的来选择和提炼诗歌意象，创立和设置诗歌意境，诗歌语言的种种使用技法也是为了更准确、更细致、更贴切地抒情达意。离开了人类抒情的动机，诗歌就没有了产生和发展的动力。

诗歌形象抒发的情感从表现形态上看是具体的、个性化的，它直接源于诗歌作者的个人体验。但优秀诗歌的审美品质却是在这种个性化的情感里集中概括了人类深层的情感状态和情绪体验。不同时代的人们喜欢吟咏李商隐的爱情诗，是因为"相见时难别亦难，东风无力百花残"的诗歌意境概括了人类一种刻骨铭心的相思、痛摧肝肠的离别、生死不渝的忠贞这样的共同的情感体验。诗歌作者抒写的是"小我"的情感，但它走向人类"大我"的境界是诗歌艺术得以永久流传的根本原因。

诗歌形象传达的情感虽然是概括的、典型的，但它在艺术表现上必定是具体的、形象的，诗歌艺术的关键就是将无形的情感化为有形的意象，将抽象的观念化为生动的具象，把作者的情感形象化。这种感情形象化是通过诗歌意象来具体实现的。诗歌意境的最小艺术单位就是一个诗歌意象。诗歌意象是作者的意中之象，是外界的人、事、景、物、理经过作者情感孕育而重新创造出来的独特形象，它是一种带上了强烈的主观色彩但又与生活物象截然不同的、能在人们头脑中用想象感知的具象。

录入技巧：

（1）双音略码词语。

高度　环境　抽象

（2）四音略码词语。

刻骨铭心　根本原因　截然不同

（3）多音略码词语。

相见时难别亦难

（4）选词。

联结（2）　跳跃（2）　省级（2）　叙事（2）　意象（5）　意境（3）

技法（2）　达意（6）　动机（2）　吟咏（3）　无力（5）　相思（2）

肝肠（2）　忠贞（2）　抒写（2）　有形（2）　具象（2）

（5）高频特定单音词。

旧　代　化

（6）联词消字定字。

诗（歌）　事（实）　景（色）　物（质）　理（想）　痛（苦）　摧（毁）

象（散）

精打七（难度系数 71.8%）

读书为学的用途是娱乐、装饰和增长才识。在娱乐上，学问的主要的用处是幽居养静；在装饰上，学问的用处是辞令；在才识上，学问的用处是对于事务的判断和处理。因为富于经验的人善于实行，也许能够对个别的事情一件一件地加以判断；但是最好的有关大体的议论和对事务的计划与布置，乃是从有学问的人来的。在学问上费时过多是偷懒；把学问过于用作装饰是虚假；完全依学问上的规则而断事是书生的怪癖。学问锻炼天性，而其本身又受经验的锻炼；盖人的天赋有如野生的花草，他们需要学问的修剪；而学问的本身，若不受经验的限制，则其所指示的未免过于笼统。多诈的人藐视学问，愚鲁的人羡慕学问，聪明的人运用学问；因为学问的本身并不教人如何用它们；这种运用之道乃是学问以外，学问以上的一种智能，是由观察体会才能得到的。不要为了辩驳而读书，也不要为了信仰而盲从，也不要为了言谈与议论而读书，要以能权衡轻重、审察事理为目的。

有些书可供一尝，有些书可以吞下，有不多的几部书则应当咀嚼消化。这就是说，有些书只要读读它们的一部分就够了，有些书不必过于细心地读；还有不多的几部书则应当全读、勤读，而且要用心地读；有些书也可以请代表去读，并且由别人替我作出摘要来，但是这种办法只适于次要的议论和次要的书籍，否则这样的书就和蒸馏的水一样，都是无味的东西。阅读使人充实，会谈使人敏捷，写作与笔记使人精确。因此，如果一个人写得很少，那么他就必须有很好的记性；如果他很少与人会谈，那么他就必须有很敏捷的思维；假如他读书很少的话，那么他就必须要有很大的狡黠之才，才可以强不知以为知。史鉴使人明智；诗歌使人巧慧；数学使人精细；博物使人深沉；伦理之学使人庄重；逻辑与修辞使人善辩。“学问变化气质。”不仅如此，精神上的缺陷没有一种是不能由相当的学问来补救的，就如同肉体上各种的病患都可以用适当的运动来治疗一样。踢球有益于肾脏；射箭有益于胸肺；缓步有益于胃；骑马有益于头脑；诸如此类。

录入技巧：

（1）双音略码词语。

因为 也许 本身 锻炼 运用 盲从 而且 别人 摘要 办法 否则 运动

（2）四音略码词语。

权衡轻重 这就是说 不仅如此

（3）选词。

才识（5） 幽居（5） 富于（4） 事务（2） 偷懒（2） 怪癖（2） 修剪（2）
指示（3） 愚鲁（3） 智能（3） 审察（2） 事理（8） 咀嚼（2） 书籍（2）
蒸馏（2） 记性（4） 机智（2） 气质（2） 补救（2） 骑马（2） 狡黠（2）
假如（2）

（4）高频特定单音词。

道 请 善

（5）联词消字定字。

养（育） 静（止） 依（法） 断（了） 盖（子） 诈（骗） （品）尝
吞（咽） 读（书） 勤（快） 替（补） 巧（合） 慧（娜） 辩（驳）
肺（部） 胃（病） 史（册） 鉴（别）

精打八（难度系数 76.3%）

你的理想还在吗？

我教过一个学生，名叫梁作文。有人说，名字和命运有一定的关联，原因是你名字里有什么你就会经常想什么。可能是因为这样的缘故，梁作文十分喜爱作文。他的文章常被我作为范文在班上朗读。后来，在一次语文课上，我突发奇想，模拟着孔夫子的样子让弟子们“各言其志”。轮到梁作文时，他居然说：“我的理想是获得诺贝尔文学奖！”举座哗然。这个胸有大志的孩子无论是在上学期间还是在工作之后，一直都没有停止写作，也曾在报刊上发表了不少“豆腐块”。但是，前不久，我听说他不幸患上了结肠癌。得知他在北京做手术，我给他发了这样一条短信：“你的理想还在吗？”他的回复只有简单的一个字：“在！”我的心空一下子晴朗了许多。同样的问题也曾问过一个当年豪气干云的大学同窗。如今饱食终日、养尊处优的他在这个问题面前哑然失笑。他说：“理想？那是上一辈子的事了！这辈子咱算是活明白了，早把理想当下酒菜吞了咽了。”

对许多人而言，理想是青少年时代的伴生物。随着年龄的增长，阅历的增加，理想慢慢风化了，剥蚀了，或者被实际的、实在的、实惠的欲望所替代了。当现实的闷棍不由分说地打来，最乖巧的应对或许就是放弃——放弃曾经的追索，放弃曾经的执着。在灰暗的天空下沮丧地低头，说“我认输了”，或者说“我答应用手中的钻石交换你递过来的玻璃”。

在我看来，理想好比一件可以御寒的衣服。人生拥有了这件衣服就不至于在凄风苦雨中瑟瑟发抖。我们的肉眼看不到这件衣服，它穿在我们的灵魂深处。暖与寒，苦与甘，无须人言，我心自知。为什么有人会说“有梦不觉征衣单”？那是因为“梦”可以增加“征衣”的厚度啊！

如果说成长是一辈子的事，那么理想也应该相伴生命的每一天。即使人生即将终结，也不允许理想先于肉体谢幕。理想活着，痛苦就有了分担者。那被我们清晰地表述过的理想，是否还在殷勤地照耀着我们生命中的每一天？没有宗教信仰的我们，愿不愿意为自我的理想充当虔诚的教徒？

你的理想还在吗？

录入技巧：

（1）双音略码词语。

学生　北京　面前　曾经　交换　玻璃　那么　应该

（2）四音略码词语。

突发奇想　饱食终日　养尊处优　哑然失笑　不由分说　灵魂深处

（3）多音略码词语。

诺贝尔文学奖

（4）选词。

名叫（5）　范文（2）　轮到（2）　大志（4）　期间（1）　不幸（2）　回复（2）
豪气（4）　辈子（3）　剥蚀（2）　实惠（3）　认输（2）　手中（4）　人言（2）
征衣（3）　活着（2）　虔诚（2）

（5）高频特定单音词。

各　举　发　字　空　活　打　件　穿　自

（6）联词消字定字。

梁（山）　常（常）　班（级）　志（刚）　座（机）　问（题）　菜（根）
咽（喉）　伴（儿）　递（给）　寒（噤）　甘（蔗）　心（里）　知（道）
梦（想）　单（位）　愿（意）

精打九（难度系数66.9%）

中国城市的规划

中国城市不但起源早，而且大都经过了一批能工巧匠的精心规划设计，然后才施工建成的。也就是说，从城址的选择、划定范围到平面布局，都是经过事先精密安排的。从某种程度上说，中国城市的起源与规划是同步的，中国城市起源于西周，西周的城市就进行过整体规划，而且最早使用平面设计图。平面设计图也就是城市建设的蓝图，框定城市的范围，划定不同分区，使城市整体布局井井有条。中国城市从一开始就比较整齐，显然同进行过规划和使用平面图有密切关系。当然，也有人把中国都城规划划分为几个阶段，认为商和西周为初期形态，东周至两汉为密封式形态，曹魏邺城到隋唐长安为棋盘式封闭形态，北宋开封到元明清北京为开放式街道布局形态。这种观点只是对中国古都规划模式的概括，并不反映整个中国城市规划的特点。因为唐代的扬州城已成为开放式城市，而西周的城市也并非看不到整齐规划布局的影子。从考古发掘可以证明西周的城市已进行过规划，而且最早使用了城市平面图。中国城市的绝大多数都受规划思想的指导，有自己的规划原则和城市平面图。

阴阳五行思想、风水思想等对中国城市规划都有影响，但在奴隶社会时还不是主流。中国奴隶社会的城市也是在一定的规划思想指导下建成的，这就是以“天命”思想为指导的中心对称布局模式。春秋战国时代是社会大变动的时代，是奴隶制度向封建制度过渡的时代，在思想文化方面也是百花齐放、百家争鸣。由于没有统一的或主要的指导思想，反映在城市规划上也就没有占主导地位的思想。这一时期兴起的城市很多，使中国城市得到很大发展，而城市的形制多种多样，不拘一格。由于注重实际，因地制宜建设城市就成为被普遍接受的规划原则。

在每个王朝的首都规划中，都毫无例外的以皇宫为主体，皇宫无不摆在中轴线上，以显示皇权的至高无上。同时，有了中轴线以后，不仅可以突出皇宫的重要地位，也为对称布局创造了条件，使城市庄严、肃穆、大方、壮观。地方城市规划虽不像首都那样严格，但把衙署摆在什么地方也是必须首先考虑的问题。

中国城市规划是由许多能工巧匠完成的，他们既受到当时统治思想的影响，也受到各人学识智慧的制约，但有一点是统一的，即都要因地制宜，巧施安排，不拘一格地进行规划设计。

录入技巧：

（1）双音略码词语。

蓝图　密切　春秋　封建　普遍　以后　那样　考虑　当时

（2）四音略码词语。

能工巧匠　也就是说　绝大多数　百花齐放　百家争鸣　指导思想　多种多样

不拘一格　因地制宜　毫无例外

（3）选词。

事先（2）　整齐（2）　街道（2）　古都（3）　发掘（2）　指导（2）　兴起（2）

形制（3）　主体（2）　显示（2）　统治（2）　各人（2）　智慧（2）

（4）高频特定单音词。

元

（5）联词消字定字。

城（市）　（坝）址　商（议）　（格）式　郢（昊）2　巧（得）　施（加）

（6）捆绑。

井井有条　中轴线　至高无上

（7）后置成分特定码。

奴隶社会　奴隶制度

精打十（难度系数 74.2%）

儒家战争观

先秦的儒家对战争的基本态度是把战争置于最高的道德原则“仁”的基础之上，因此先秦儒家的战争暴力观里张扬着一种独特的东方伦理主义精神。这一精神来自孔子，经孟子发扬光大，旋由荀子集其大成。其中，在现实层面上，儒家战争观分化为孔子所代表的以“礼制”为核心，以及孟子为代表的以“民本”为核心两条不同的支脉。儒家战争思想在传统中占有无可辩驳的地位，它的影响不仅轰然回响在漫长的历史长廊中，而且至今在文化的深层意识里，我们仍感受着它那巨大的历史惯性。

孔子虽然没有直接阐述战争与道德的关系，但考察其对某些政治、战争事件所发之言论，仍可把握孔子战争思想的脉络。孔子的理想是“天下归仁”的世界。“礼制”所强调的是社会等级化和秩序化，在孔子看来，社会的“礼制”秩序是宇宙自然秩序在人间的体现，因而是神圣的。在君君、臣臣、父父、子子的等级秩序中，君为臣纲、君主的地位神圣不可侵犯是“礼制”最重要的原则之一。因此，孔子的战争观在客观性质上带有明显的“君本位”特点，这一特点遂使它在以后的历史中为权势阶层所青睐。

孟子也许是东西方历史上第一位系统地阐述战争与伦理道德之间关系、并把战争明确置于道德前提之上的古代思想家。和孔子一样，儒家最高的伦理原则“仁”是孟子战争观的源头，但在社会政治层面上，他将“仁”落实在“仁政”上，不同于孔子落实在“礼制”上。这样，最初在社会政治层面上，两者的战争观开始分道扬镳。

古希腊的柏拉图、亚里士多德，虽然也像孔子那样以伦理为基点建构自己的国家政治学说，前者认为“国家的目的是创造合乎最高道德规范的人类”，后者亦从“善”“正义”的伦理观念出发阐述自己的政治主张，但是他们对战争的基本态度，柏拉图停留在维护国家内部和外部利益的工具上，亚里士多德仅限于“务必以求取闲暇与和平为战争的终极目的”。显然他们对战争的认识并没超越功利层次而进入道德层次，他们也没有像孟子那样对战争与道德的关系作系统而透彻的阐述，或许后人可从柏拉图、亚里士多德学说内在义理结构关系的推演上，逻辑地将战争与道德联系起来，但他们本人却丝毫没有意识到要去这样做，从而明确提出战争是“善的工具”之类的命题。

录入技巧：

（1）双音略码词语。

战争　态度　某些　明显　落实　合乎

（2）三音略码词语。

思想家　差不多

（3）四音略码词语。

发扬光大

（4）多音略码词语。

神圣不可侵犯　亚里士多德

（5）选词。

置于（5）　大成（1）　轰然（2）　回响（4）　事件（3）　仁政（3）　基点（3）
务必（2）　终极（6）　功利（4）　义理（4）　孔子（2）

（6）高频特定单音词。

发　善

（7）联词消字定字。

仁（爱）　旋（律）　集（合）　礼（貌）　制（度）　君（子）　臣（子）
父（母）　纲（要）　遂（人）　亦（能）　取（得）

（8）捆绑。

仅限于

二、泛打训练

泛打训练需要寻找多于精打文章 3～5 倍的文章，难度系数在 66%～70%。取材要广泛，例如可选取股票、IT、历史类内容的文章。

三、生文章训练

本教材以网络资源的形式共提供了速度为 150～180 字/分钟的生文章 80 篇，其中既有声音文件又有文本文件。

问：在这一阶段的训练中，我接触了很多类型的生文章，虽然难度系数都是在66%左右，可还是有的文章打起来顺手，有些文章却反应不过来，从而导致准确率不高。这是为什么呢？

答：这是由两方面原因造成的，一方面是平时积累不够，当出现某一方面的专业词汇时，由于不了解该词汇是什么意思，由哪几个字组成的，所以出现手足无措的情况；另一方面是在“条件反射”方面的练习还不够扎实，不能根据“音”而记录“音”，总是在记录“音”之前考虑字形的组成，这样就延缓了反应的速度，导致准确率不高。

要解决上述问题首先要将高频特定单音词掌握并运用好，将词打准练熟。其次，将熟文章的击键训练到频率为 280 字/分钟左右，从而为出现生僻词汇提供充足的反应时间。当出现自己不了解的专有名词时，要将音击准确，能捆绑就说明正确了，不能捆绑就在该词后面加一个“回车”以便回头修改。

第五章 速录师工作实务阶段

本阶段要点

1. 设备准备。
2. 信息采集。
3. 版面编排及文本处理。

李老师： 露露，你经过前面的努力已经达到180字/分钟的速度，这一速度只能从事各个领域的录音及文档的整理工作。要想成为一名合格的速录师，还需要学习速录师的工作实务。

露露： 好的。

李老师： 好，那我们开始进入这一训练阶段。

第一节 设备准备

一、速录软件的调试与速录机的日常维护

（一）速录软件的调试

速录软件在安装成功以后，一般都可以正常使用。但是由于计算机的不同、操作系统的不同以及使用接口的不同等原因，有可能会出现各种不同的问题而不能正常使用。如果希望更加方便地使用速录软件，就需要对安装好的速录软件进行必要的调试。

1. 亚伟根目录路径

（1）亚伟根目录的作用。速录系统总是安装在固定的目录下，有一些程序运行所需要

的文件就放在这些特定的目录内，这就是亚伟根目录。程序需要“知道”这些文件的位置，并通过系统中记录的亚伟根目录路径来寻找。如果系统中记录的这个路径是错误的，程序找不到所需要的文件，就会出现错误，提示“无法打开 ziku. add 文件”（如图 5－1 所示）。

（2）亚伟根目录的位置。亚伟根目录有固定不变的名称：CSTENO（即“中文速录”的意思），该目录一般在速录系统的安装目录下。因此，亚伟根目录的完整路径应该是：速录系统的安装路径 \ CSTENO。

图 5－1　操作错误提示框

（3）亚伟根目录的调整。在速录系统主菜单中，通过“选项”菜单中的“设置亚伟词库”命令，就可以对其中的亚伟根目录进行调整（如图 5－2 所示）。

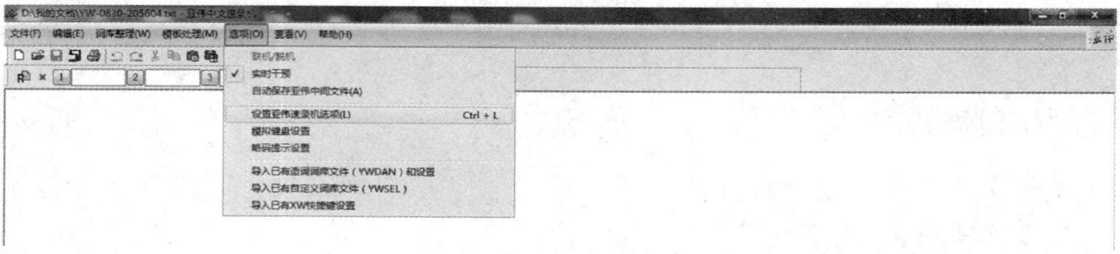

图 5－2　设置亚伟根目录

（4）速录系统的安装路径。找到速录系统的快捷方式，查看其“属性”中的“快捷方式”选项卡，其中的“目标”显示了速录系统的安装路径（如图 5－3 所示）。

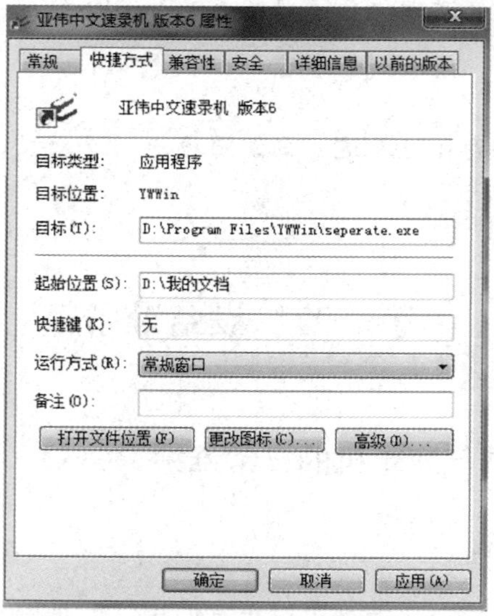

图 5－3　速录系统的安装路径

2. 串口号

（1）串口号的作用。有串口的计算机通常都有两个串口，编号为 1 或 2。对于以串口和计算机连接的速录机来说，串口号的作用是区别速录机使用的是计算机的哪个串口。如果串口号错了，程序就找不到速录机，自然就不能正常运行了。

（2）串口号的调整。在速录系统主菜单中，通过“选项”菜单中的“设置亚伟词库”命令，就可以对其中的串口号进行调整（如图 5-4 所示）。

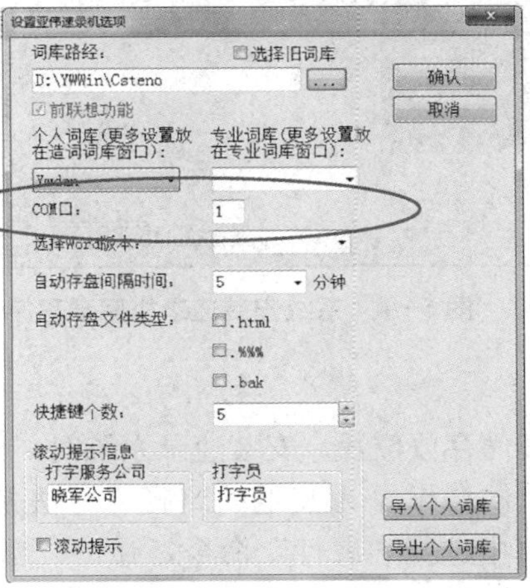

图 5-4　设置串口号

3. 人体学输入设备

（1）作用。如果速录机是用 USB 接口与计算机连接，则需要安装相应的驱动程序。这个驱动程序是由操作系统提供的，称作人体学输入设备（如图 5-5 所示）。

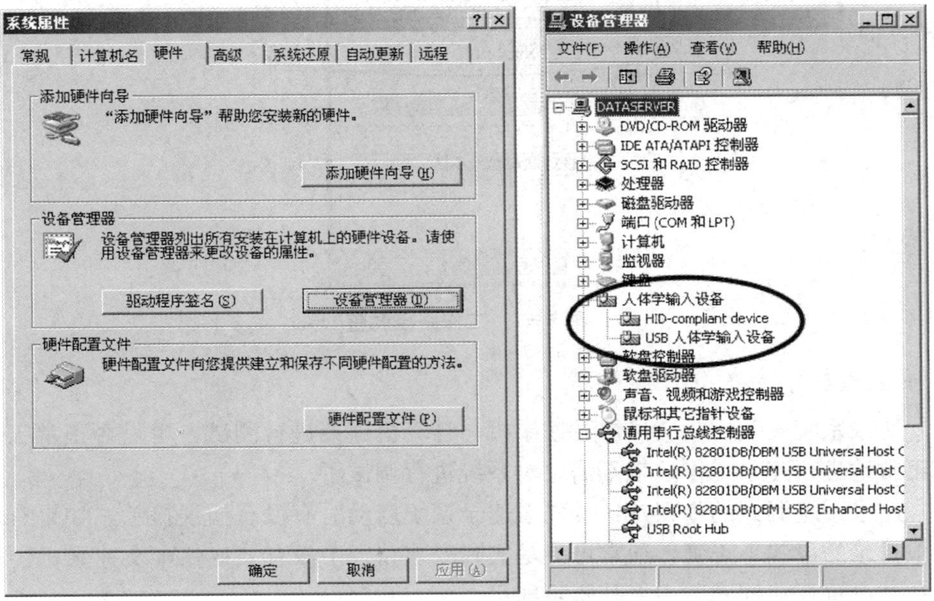

图 5-5　人体学输入设备

（2）安装。速录机与计算机的 USB 接口连接并打开电源后，Windows 会发现这个设备。此时，操作系统会自动完成驱动程序的安装（如图 5-6 所示）。

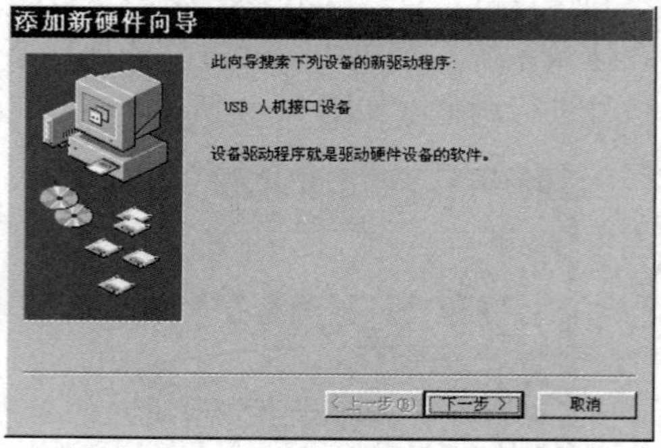

图 5-6　系统安装速录机驱动程序

4. 工作路径

工作路径就是默认的文件存放位置。安装速录系统时，已经默认设置为系统的安装路径。为了使用的需要，有时候会设置为其他的路径。方法是：在快捷方式上单击鼠标右键，然后在弹出的快捷菜单中选择“属性”命令，弹出“属性”对话框，在“快捷方式”选项卡的“起始位置”项中按照需要调整就可以了（如图 5-7 所示）。

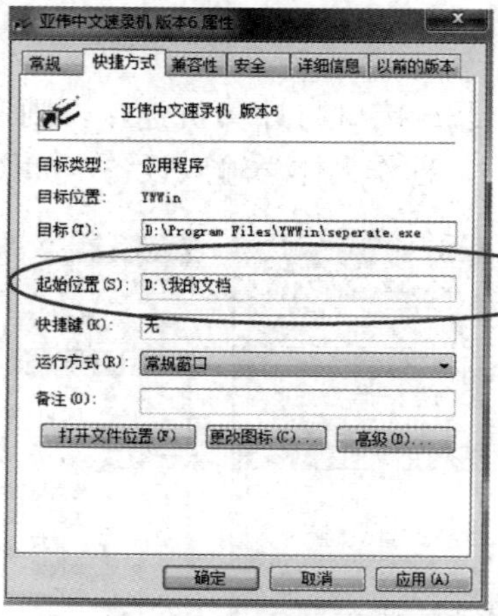

图 5-7　工作路径调整

5. 安装过程中的几个问题

（1）速录系统安装后，应尽快对速录机与计算机连接进行测试，看是否正常工作。如果能够正常地进行速录工作，就不需要对系统进行调试了。

（2）速录系统调试的步骤是：首先看速录系统启动时有没有错误提示，如果有，一般是亚伟根目录的设置不正确，通常可能是实际安装路径中没有“亚伟中文速录机”这一层目录，在“设置亚伟词库”中将其删除即可。

（3）路径的正确格式为：“盘符：\ 文件夹 \ 文件夹 \ ……”。

（4）有的计算机，尤其是笔记本电脑，USB 接口的电压设计宽容度小，有可能无法识别速录机等人体学设备，此时就只能使用串口连接了。

（5）如果经过调试还不能正常进行速录工作，就应该检查连接线和速录机是否正常。

（二）速录机的日常维护与保养

1. 键盘

亚伟速录机的键盘是非密封的，因此，要防止异物（尤其是小铁钉等）和液体（如水、果汁等）进入机器内部而造成短路，损毁速录机。

2. 供电

YW-Ⅲ型亚伟速录机是信号线连接电脑供电或电池供电，两种供电方式不可同时供电。

3. 信号线

信号线很容易损坏，从而造成信号传输中断，使速录机无法使用。在使用时，不要用力拉、拽、弯、折信号线。

4. 其他

要避免摔、砸、撞击速录机；避免阳光直射液晶显示屏。

高手指点

（1）切勿随意打开速录机。
（2）如有必要，可以将键帽拔下，以清洁键盘底板。

（三）常见故障及排除方法

1. 速录系统故障的种类

（1）速录机故障。速录机可能的故障包括：电源系统烧毁或断路、液晶显示器故障、键芯触点老化失效等。

（2）速录软件故障。速录软件的故障包括：亚伟根目录设置错误、串口号设置错误、USB 驱动安装错误等。

（3）信号传输故障。信号传输故障包括：信号线断路、计算机接口烧毁、没有正确安装等。

2. 速录系统故障的识别与排除

（1）观察现象。如果速录机莫名其妙地丢字，可能是键盘有问题；如果不能录入，可能是速录机、速录软件或信号系统的故障；如果速录机根本就没有反应，则可能是速录机电源系统故障；如果在启动速录软件时出现错误信息提示，则可能是亚伟根目录设置错误；如果速录机正常，也没有错误信息提示，但就是不能录入，则可能是串口号设置错误或 USB 驱动安装失败。

（2）替换法。如果有多台速录机或计算机的话，则可以充分使用“替换法”准确判断故障的原因。如果速录机在不同的计算机上都不能录入，则速录机故障的可能性极大。如果不同的速录机在同一台计算机上都不能录入，则速录软件和计算机故障的可能性极大。可以通过更换信号线的方法判断故障。

（3）常见故障的排除。一些常见故障现象及排除方法见表 5-1。

表 5-1

序号	故障现象	排除方法
1	提示“无法打开 ziku. add 文件”	设置亚伟根目录
2	提示“初始化亚伟词库错误”	检查串口号
3	没有提示但不能录入	检查串口号、人-机接口设备、信号线
4	速录机指示灯不亮	检查速录机电源

高手指点

(1) 遇到大故障时，务必请精通计算机的人员协助解决。
(2) 如果无法排除故障，最好与速录机销售商或生产厂家联系，切勿自行处置。

二、字处理软件的安装与临时略码的制作

(一) 常用字处理软件的安装设置

1. 常用字处理软件的安装

常用字处理软件主要有 WPS 和 Word 等，其安装过程与其他软件相类似，都需要运行 Setup 程序，然后一步步地完成安装。其中，以下一些内容和步骤需要加以注意：

(1) 安装路径。

一般软件的默认安装路径在 C 盘，有很多人习惯将软件安装在其他的磁盘分区上，这时就必须对安装路径重新进行调整。但在调整时，要尽量只改变分区，不改变子目录的原始设置，以方便今后的管理。

(2) 安装方式。

一般软件的安装都提供自动安装和手动安装两种不同的安装方式，默认是自动安装方式，安装那些最常用的内容。如果有特殊需要，需要安装较多的组件或不需要安装那么多组件，就可以选择手动安装方式，在组件列表中选择需要安装的组件进行安装。

2. 常用字处理软件的设置

下面以 WPS 为例介绍常用字处理软件的设置。

(1) 设置“视图”内容。

视图即软件界面上显示的内容，其设置包括：工具栏、标尺、网格等。

(2) 设置“自定义”内容。

在“工具”菜单中选择“自定义”命令，出现“自定义设置”对话框。

1) 工具栏。可以选择在工具栏中安排哪些功能块的内容，如图 5-8 所示。

2) 命令。可以选择在工具栏中具体放置哪些操作命令按钮，如图 5-9 所示。

3) 自定义快捷键。可以对所有操作自定义快捷键，也可以仅仅使用键盘进行操作。有一些系统已经有定义，可以再定义；对于没有定义的，可以进行定义。“自定义快捷键”选项卡如图 5-10 所示。

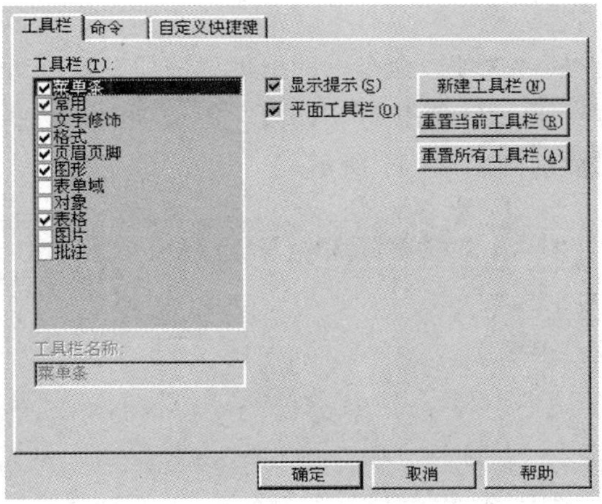

图 5－8　“工具栏”选项卡

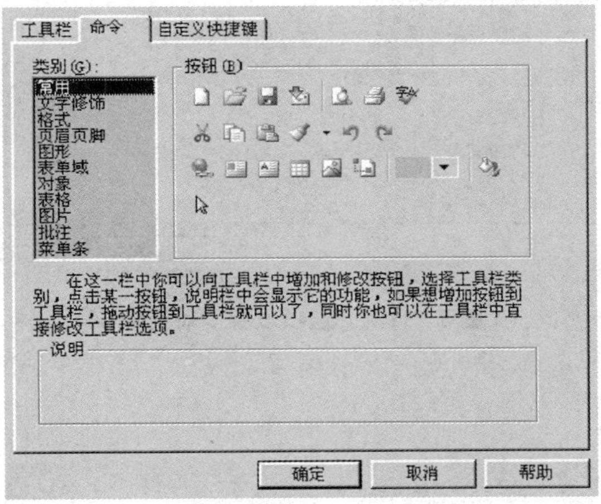

图 5－9　“命令”选项卡

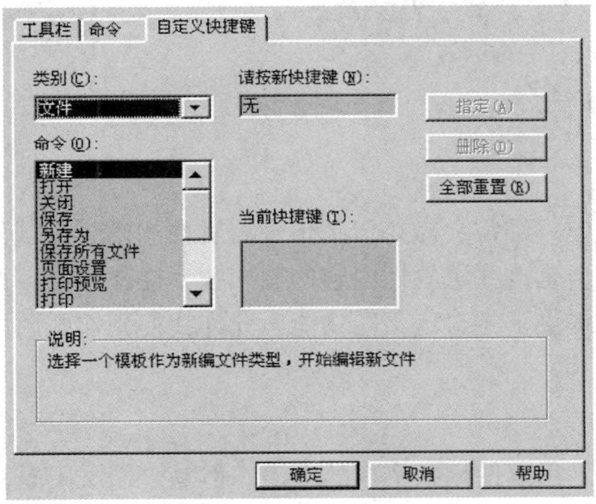

图 5－10　“自定义快捷键”选项卡

(3) 设置“选项”内容。

在“工具”菜单中选择“选项”命令，即出现“选项设置”对话框。其中又包括“系统”“编辑”“文字排版”“显示”“用户”“修订”等选项卡，这些设置很少使用，了解一下即可。“选项设置”对话框如图 5－11 所示。

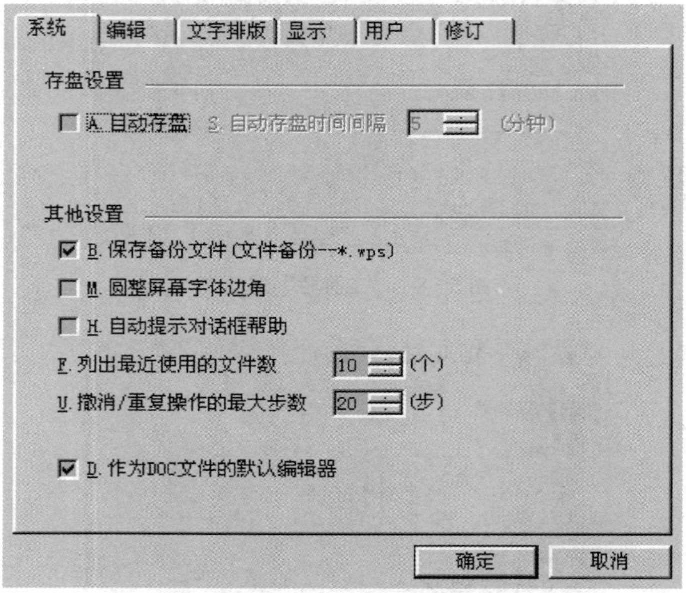

图 5－11　“选项设置”对话框

高手指点

(1) 安装时注意余下的磁盘空间大小，注意不要把磁盘空间占满。

(2) 虽然软件提供了设置工具，但一般初始的设置都是经过精选的，基本上可以满足大多数的使用需求，因此不要过多地设置不必要的内容。

(二) 临时略码的制作

1. 临时略码的作用

在日常的速录工作中，经常会需要记录很多重复性的内容。虽然速录的速度很快，完全可以实现同步记录，但是这些重复性内容的使用频率往往很高，因而出现错误的可能性也就增加了。速录系统提供了“自定义”功能，允许我们制作临时略码，可以很好地解决这个问题。

2. 临时略码的使用

在速录中会经常碰到很多使用频率高的词语，但是它们又不是词，这时候可以用临时略码来表示。

(1) 人名。在速录中经常会遇到很多人名时，可以把人名制作成临时略码。

（2）英文。像“Windows”“. com”“Internet”这些经常出现的英文单词，可以制作成临时略码。

（3）专业词语。可以把专业词语制作成临时略码，以提高工作效率。

（4）一些特殊的符号，如“.”等，在速录系统中不能直接记录，可以把这些符号制作成临时略码。

（5）其他。

3. 临时略码的制作

（1）将需要制作成临时略码的内容在速录系统中正确记录。

（2）将记录好的内容选中并复制。

（3）打开“词库整理”菜单中的“自定义词库”对话框。

（4）添加词条，即把复制好的内容粘贴在文字输入框中（这项操作仅可用标准键盘完成）。

（5）定义临时略码的速录组合键（如图 5－12 所示）。临时略码制作好以后，就可以通过双手并击相应的速录组合键来实现迅速而准确地记录。也可以通过复制自定义词库文件“CSTENO \ LIB \ YWSEL”在其他的计算机上使用这些临时略码。

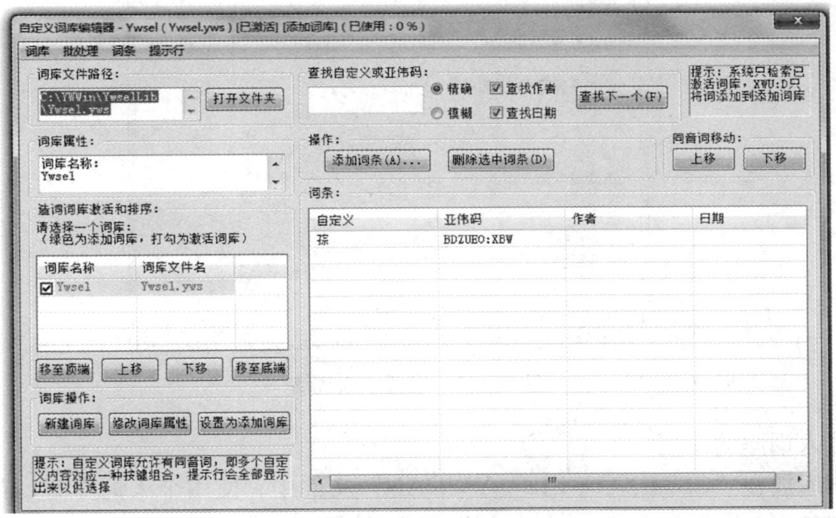

图 5－12　自定义词库编辑器

高手指点

（1）临时略码定义的音节码双手键位一定不要都是速录音节码，这样会与已有的词汇组合相冲突。一般用一个音节码和一个“回车”或标点符号等功能码组合构成临时略码。

（2）不要过多地制作临时略码，这一方面是由于词库的容量有限，另一方面是因为过多的临时略码会加重速录员的记忆负担。

(三)个人词库的设置与使用

1. 个人词库的作用

个人词库是为了补充系统词库中没有的新词而专门设置的，允许用户根据需要将词库中没有的词放在个人词库中，以方便使用。

2. 个人词库的设置与使用

(1)个人词库的设置。

在速录系统“选项”菜单的“设置亚伟词库”对话框内，必须选择个人词库“YWDAN”。这个内容安装时已默认设置完毕，一般无须进行调整，如图 5-13 所示。

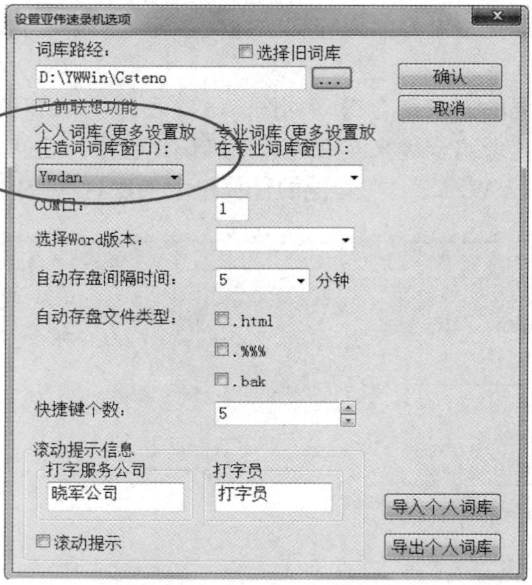

图 5-13 设置个人词库

(2)个人词库的使用。

个人词库放在“CSTENO \ LIB \ YWDAN”文件中。使用个人词库时，首先需要将原先的“YWDAN”进行备份。方法是将“YWDAN”改名为“YWDAN0”或新建文件夹，将“YWDAN”复制过去。

将自己的“YWDAN”文件复制过来，覆盖原先的“YWDAN”即可。

高手指点

(1)在复制个人词库时，一定要保存原先的个人词库，以免覆盖别人的个人词库。

(2)自己的个人词库一定要保存好，可以将它复制到 U 盘，或放在电子信箱中，以免自己的个人词库丢失。

(3)因为每个人的个人词库都是不相同的，所以使用别人的计算机进行速录时可能会很不适应。在更换计算机时，记住要先把自己的个人词库设置好。

第二节　信息采集

一、会议记录格式

速录在我国还是一项新的职业技能，其形成和发展的历史较短，因此在速录领域对于会议记录的格式，还未有权威部门做出统一的规定，但根据这几年速录工作实践经验的总结，这里对会议记录的格式做一些初步的介绍。

以下为两份会议记录范例，一繁一简，速录师在实际工作中可将此作为参考，还可以根据会议的具体需要，自行设计会议记录的格式。

范例一：

一、开会事由：

二、开会时间：年　　月　日　时　　分

三、开会地点：

四、主席：　　　　　　　　速录：

五、出（列）席单位及人员：（如附件）

六、主席报告：

七、宣读上次会议记录及项目进展：

八、报告事项及决定：

第一案

（案由）

（内容）

（决定）

第二案……

九、讨论事项及决议：

第一案

（案由）

（说明）

（拟议）

（决议）

第二案……

十、临时动议及决议：

第一案

（案由）

（说明）

（拟议）

（决议）

第二案……

十一、总决议：

十二、散会

范例二：

一、会议名称：
二、会议大纲：
三、会议内容： 主席： 速录：

高手指点

会议记录的格式可以有所差别，但是一般都要体现出会议的要点，如时间、地点、主持人、参加人、讨论的题目、形成的决议等。

二、非语音信息的记录采集

(一) 非语音信息

(1) 非语音信息的含义。

顾名思义，非语音信息就是在演讲过程中不通过演讲者口述表达的信息，包括演讲者自身的信息、与演讲相关的信息以及演讲者所处环境的信息。

(2) 非语音信息的种类。

1) 演讲者自身的信息。这部分信息是演讲者自身通过非语音方式向听众传达的信息，包括眼神、手势、表情、姿势等。

2) 与演讲相关的信息。这些信息是演讲内容的一部分，包括挂图、投影、实物、表演、板书等。

3) 演讲者所处环境的信息。这是所谓的“场景”信息，包括现场的气氛、环境布置、听众的反应等。

(二) 非语音信息采集的必要性和记录方法

(1) 非语音信息采集的必要性。

非语音信息中，有一些是演讲过程中的重要信息，例如板书、图片等。现场的听众由于亲眼看到了所有的内容，所以可以听得明白。但是，如果不记录必要的非语音信息，看记录的人就不一定能够明白，而且这些往往是关键的、重要的内容，所以才会使用图片等非语音信息的方式来表达。在这种情况下，记录内容如果仅仅包括语音信息，肯定是不合适的。

有一些非语音信息虽然对理解演讲的内容没有决定性的影响，如鼓掌、哄笑等，但是使现场的气氛很活跃，如果对这些情况不进行记录，记录稿就不够生动。严格来说，就是没有充分真实地反映现场的情况，有悖于速录工作“实”和“信”的原则，因为这里面所包含的信息有时是远远不能用语言来表达的。只有让阅读者根据你的记录，不仅能够看到发言的文字内容，还能够了解到现场的情况，感受到现场的气氛，让阅读者有身临其境的感觉，从而加深对发言内容的理解，这才能称得上是一份速录佳作。

（2）非语音信息的记录方法。

一般情况下，非语音信息的记录都用括号做标记，并单独占一行。

1）演讲者信息。

这类信息一般用简单而准确的描述法进行记录。一般用“动＋宾”的词、句结构或“状＋动＋宾”的词、句结构来描述，例如：

（点头）。

（微笑）。

（用力地挥手）。

（激动地拍案而起）。

2）演讲信息。

这类信息最重要，必须尽可能地详细陈述，并根据情况，适当地使用括号。演讲者为了更好地让听众理解演讲的内容而传达出的非语音信息，在语音信息中包括了非语音信息的全部内容，非语音信息仅仅是从另外一个角度，如图表等，再一次表达同样的内容。在这种情况下，就需要速录师认真听讲，并注意观察，看是否非语音信息中有语音信息中没有包括的内容，若有就一定要补充说明并陈述出来。例如：

这几年公司的业绩稳定增长，请看这张图，一年比一年好（柱形图：前年 1 400，去年 2 300，今年 6 500）。

当然，陈述得基本清晰、信息够用就可以了。

演讲者事先安排了图表、幻灯片等非语音信息作为演讲内容的一部分。演讲时，语音信息是围绕这些非语音信息进行的，听众单单看非语音信息不能理解，单单听语音信息，又理解不透彻，必须是两者配合起来才能够把问题讲清并使听众理解清楚。这时，非语音信息的记录就更加重要了。单用语言陈述往往不能很好地表达，必要时，需要借助纸笔、相机等工具，或与会议主办者联系，向演讲者索要相关的非语音信息资料。

总之，虽然上述情况不是很多，但是，随着多媒体技术的普及，对于演讲者应用现代科技手段的情况，速录师必须做好准备，注意收集记录非语音信息。

3）场景信息。

在演讲现场有很多信息，静态的信息如场面、布置、装饰，动态的信息如气氛、反应、情绪、动作等。这些内容的记录应简要、生动，尽量把现场的情况如实地反映在速录稿中。

在会议开始前，现场的一些情况可以事先记录，例如：“会场庄严肃穆，座无虚席”“会场彩灯高悬，挂满了彩带和气球”等。

在会议进行过程中，演讲者与听众者的情绪、反应等一定要及时记录，因为这些情节事后很难能全部回忆起来。例如：“长时间热烈的掌声”“全场哄堂大笑”“他频频向听众席点头招手”“有人上台给他送花”“会场鸦雀无声”等。

高手指点

（1）非语音信息的记录一定要真实、准确，不可过分夸张和凭空臆造。

（2）非语音信息的记录原则上应在现场完成，不宜事后补记。

（3）会议现场展示的一些图表等内容不好记录的，一般会后要和会议主办者交代清楚，请他们向演讲者索要资料，这些资料与速录稿配合使用，形成完整的会议记录。

三、常用符号的录入及速度强化的技巧

（一）常用符号的识别与输入

1. 符号录入功能

（1）概述。速录机模拟标准键盘录入功能主要包括符号录入功能和控制键功能。符号录入功能可以录入标准键盘上常用的符号和一些特殊符号。实际上，英文字母的输入也属于这一功能。控制键功能最常用的是模拟 Ctrl、Alt 和 Shift，分别是左手击打 XWU、XAO 和 XUE。

（2）符号录入功能的编码方法。这些符号的录入方法都有一个普遍的规律，就是左手按 XU，右手按音节码。右手的音节码又根据符号的特征采用名称、象形、谐音等方法编定，非常好记。符号的编码尽量成对编排，如左方括号为 XU：XBUNO（fang），代表方括号的意思；右方括号则谐音为 XU：XBUN（fen）等。

2. 符号录入功能键

（1）对标准键盘上键码符号的录入见表 5-2。

表 5-2　　标准键盘上键码符号的录入

屏显符号	速录码	解释
!	XU：BDAN	叹（号）
@	XU：AO	奥（象形联想）
#	XU：GINE	井（象形）
$	XU：XBIU	美（元）
%	XU：BIO	百（分号）
ˆ	XU：GIAO	角［象形］
<	XU：GIAN	尖［象形］
>	XU：GIN	今［谐音］

续前表

屏显符号	速录码	解释
：（全角状态字符）	XU：XBAO	冒（号）
，（全角状态字符）	XU：DEO	逗（号）
。（全角状态字符）	XU：GIU	句（号）
？（全角状态字符）	XU：UN	问（号）
“	XU：IN	引（号）
&	XU：AN	按［谐音］
*	XU：XINE	星［象形］
（	XU：IUAN	圆（括号）
）	XU：IUN	云［谐音］
—（中横线、减号或连接符）	XU：XGNE	横（线）
_（下横线）	XU：XGN	很［谐音］
＋	XU：GIA	加（号）
＝	XU：DNE	等（号）
|	XU：XZU	竖（线）
\	XU：XBUAN	反（斜杠）
/	XU：ZNE	正（斜杠）
{	XU：DA	大（括号）
}	XU：DIA	嗲［谐音］
[	XU：XBUNO	方（括号）
]	XU：XBUN	分［谐音］

（2）对其他符号的录入见表 5－3。

表 5－3

屏显符号	速录编码	解释
£	XU：INE	英（磅）
α	XU：XIU	（阿尔）法
β	XU：BDA	（贝）塔
Σ	XU：XBA	（西格）马
Ω	XU：GA	（欧米）伽
π	XU：BGIO	派
μ	XU：XIEO	米尤

高手指点

（1）并不是所有的符号都安排有速录机的编码，仅仅是对一些常用的、方便录入的符号或标准键盘上可以录入的符号进行了编码。

（2）遇到没有速录编码的符号，可以在排版时再从文字系统中插入。

（3）速录过程中遇到无法录入的符号时，必须用文字作必要的说明，以作后期录入提示。

(二)速度强化的技巧

1. 速录速度的提高和强化

速录速度主要体现在对速录技能掌握的熟练程度上，任何技能的提高和熟练都有一个过程，不是一蹴而就的，也不是经过长期的断续的、松散的训练就可以达到炉火纯青的水平的。

心理学的研究表明，操作技能的掌握与熟练是一个动作记忆的过程，其特点有以下两个：

(1) 动作记忆需要在相对一段时间内不断重复，而且要有一定的频度。训练强度越高，训练效果越好。

(2) 动作记忆通过一段时间的强化训练，一旦达到一定水平，就不会轻易回落。

所以，作为动作记忆的速录技能的熟练，也必须在一定的时间内达到一定的强度才有良好的效果，即速度的提高需要强化。

2. 速度强化的方法和技巧

(1) 多遍重复法。

对于一个编码（音节码或词语）以“击打—复位—再击打”的方式多遍重复，直至能够基本上做到多指同时运动为止。这是局部强化练习，目的是使某一个音节码的指法尽快熟练，并形成动作记忆以加深印象。但是一定要准确击打，及时调整指法，把准确击打的感觉固定下来。

对于一个完整的练习，在每一个词语都已经比较熟练后，也应该对整个练习进行不同顺序的多遍重复，以使整个练习都熟练自如。改变顺序是为了消除顺序记忆所产生的“熟练性假象”，使练习的效果更加接近真实。但是一定要注意练习没有结束以前不要去检查屏幕上的内容是否正确，更不要中断练习去修改某一个击打错误的词语。正确的方法是：打完一遍后，仔细检查有没有错误，对错误的词语进行单独练习，找一找纠正错误的感觉，并做上标记，下一次练习时特别加以注意。只有这样进行练习，才能使准确率在熟练性提高的同时不滑坡或与熟练性同步提高。

(2) 重叠反复法。

在进行速度训练时，每一篇文章的速度要求是阶梯上升的。重叠反复法就是通过回头练习，将前面练习过的文章再反复练习，使其达到与正在练习的文章相同的熟练程度。这是一种温故而知新的练习方法，可以使熟文章的速度很快地提高。

(3) 循环练习法。

记忆心理学的研究成果之一就是“遗忘曲线”，它告诉我们“记忆—遗忘”的规律。为了能够取得最理想的练习效果，我们可以根据这个规律，采用循环练习法。按照这个方法来练习，可以在最佳的时刻——即将遗忘时——进行重复，达到最佳的学习效果。循环练习成功地解决了“温故”与“知新”的辩证关系，既不丢掉新的，更不放弃旧的，可以把人脑的记忆功能发挥到一个高水平。这在机械记忆方面已经取得成功，更何况动作记忆本来对大脑的记忆负担就很轻，更能发挥出这种方法的优势。

(4) 一分钟练习。

一分钟练习是指以一分钟为限，进行限时看打或限速听打。将一篇文章化整为零，一段一段地练习录入，一点一点地达到速度的要求，然后再进行整篇文章的练习，这样比直接就进行整篇文章的录入训练效率更高。一般情况下，对于较长的文章的录入训练，应采取这种练习方法。因为一分钟的练习，精力更容易集中，练习的效果也就比较好，而且劳逸结合，还便于检查和调整，这是高级速度训练开始时常用的方法。

（5）限时看打法。

限时看打法是限定一个时间段，在这个时间段中对某一篇熟文章高速看打，力争打完。这种练习是将学习者对熟文章的击打潜力最大限度地激发出来，使熟文章的速度进一步在短时间内有所提高。这是突破速度障碍的一种练习手段。但是，这种练习不宜过多地进行，一是这种练习易于疲劳，强度过高可能会损伤肌肉；二是不容易控制准确率，容易失控，重复错误。因此，必须配合进行调整性练习，即只要求打准刚刚练习过的文章，而不要求速度的练习，旨在调整高速击打过程中的错误指法和感觉。这样一张一弛地反复练习，既训练了速度，又不失准确，使学习者能体验到高速、准确击打的感觉。练习的最终结果是使练习者能够对自己的双手指法有极强的控制力，在高速击打的过程中指法不走样、不变形，保证准确率不因速度的提高而下降。

（6）马拉松式训练。

马拉松式训练是长时间紧张地看打或听打的一种高强度的练习。没有一定的耐力和毅力，是不能很好地完成长时间和大容量的速录任务的，因而也就不能很好地胜任速录工作。因此，这种马拉松式的训练，从提高耐力的意义上讲，速录速度的提高倒在其次了。

马拉松比赛后，运动员需要休整，同样，马拉松式的速度训练以后，速录员也必须进行调整。速录员需要学会一些生理和心理的调整方法，以便在长时间的速录过后，对自己紧张的身心进行调整和放松。

高手指点

（1）强化训练的关键是强度，即在单位时间内的训练量，千万不要理解为“疲劳战术”。

（2）强化训练的方法很多，不局限于本教材中所介绍的，学员可以根据自己的个性特点选择和发挥。

（3）强化训练的强度较高，学习者一定要注意休息。

四、数码录音笔及播放器的使用技巧

（一）数码录音笔的使用

速录工作人员用录音笔采集信息，包括两项基本工作：一是能够正确地使用录音笔，将演讲者的语言信息完整清晰地实录下来；二是能够正确地使用录音笔把录下来的语言信息播放出来，并通过速录机将其转化成文字即文档。当然，这项工作可能对于一般计算机文字录入人员或机关工作人员来说都能顺利完成，在此只是把它作为速录工作人员所应具备的一项基本技能，做进一步的强调。

1. 数码录音笔简介

数码录音笔就是以0和1这种数字形式来记录声音的录音机。它的英文全称是“Digital Voice Recorder”，中文名为“数码录音笔”。之所以称这类产品为“数码录音笔”，主要是因为其体积相对于传统的磁带录音机来讲，非常小巧，而且重量很轻，甚至有部分产品的外形就像一支钢笔，可以放在口袋里随身携带，使用十分方便。因此，人们形象地将它称为“数码录音笔”。

它与磁带录音机的主要区别如下：

（1）录音形式不同。数码录音笔记录的是数字信号，而磁带录音机记录的是模拟信号。

（2）存储介质不同。数码录音笔以闪存作为存储介质，闪存可以经受上百万次的反复擦写，使用成本几乎为零，而磁带录音机以传统的磁带作为存储介质，磁带相对闪存来讲显得十分脆弱，且使用成本较高。

（3）录音时间长短不同。数码录音笔的一次不间断录音时间一般在4小时以上（视闪存大小和录音质量的高低而有所差别），有的甚至达十几个小时，磁带录音机一般不会超过2个小时。

（4）主体结构不同。磁带录音机使用的是机械传动结构，因此抗震能力较弱，存在接触性磨损，使用寿命较短，而数码录音笔是全电子结构，基本可以做到无磨损、抗振动。

2. 数码录音笔的外部结构

数码录音笔外形小巧，面板合理安排了按钮和显示屏等部件。

（1）液晶显示屏：用来显示数码录音笔的工作状态及相关信息。

（2）录音/停止键：按一次开始录音，再按一次停止录音。

（3）播放/停止键：按一次开始播放录音，再按一次停止播放。

（4）暂停/显示键：快速按一下，起暂停作用；按下此键1秒钟以上，则起显示键作用，此时显示屏上出现系统日期和时间（部分产品提供）。

（5）内置扬声器：用来播放录制的声音。

（6）录音笔大多没有电源开关，按以上键中的任何一个即可开启电源；停机1分钟后，电源会自动关闭。

（7）外置麦克风插孔：利用高灵敏度外置麦克风录音，可以极大地提高录音质量。

（8）耳机插孔：插入随机耳机，播放时可用来收听（内置扬声器自动关闭），录音时可作监听器用。

（9）USB插孔：它是与计算机高速互联的端口，通过它可以实现声音文件的上传与下载。

（10）推钮：类似于滚轮键设计，将许多功能集中于此一键之上，使操作变得简单快捷。

（11）音量控制键：用来调节音量的大小。

（12）删除键：用来删除不需要的声音文件。

（13）锁定键：打开锁定键，其他功能键均不起作用，可以防止误操作。

（14）内置麦克风：与外置麦克风相比，录音效果要差一些。

（15）皮带孔：将皮带系于此孔，可防止录音笔滑落、丢失。

（16）电池盖：打开此盖，可装入电池，其使用时间一般在4.5～8小时。

3. 数码录音笔的基本操作

大多数数码录音笔提供了两种录音模式：SP和HQ。SP为常规录音模式，压缩率较高，生成的录音文件较小，录音时间相对较长，但音质较差；HQ为高质量录音模式，其压缩率较低，生成的录音文件较大，录音时间较短，但音质较好。使用者可视情况选择合适的录音模式，以达到最佳的效果。

录音笔一般都提供了内置麦克风。内置麦克风是电解电容式的，灵敏度较低，抗干扰能力弱，所以其录音质量相比高性能的外置麦克风要差一些。因此，无特殊情况时应尽量采用外置麦克风录音。

另外，麦克风灵敏度的设置对录音效果也有一定的影响。在安静环境下如开会、讲课时，应将灵敏度设为Hi；在嘈杂环境下，应将灵敏度设为Lo。部分产品还具有VOS功能（即声控功能），启用该功能，仅在有声音时才启动录音，从而最大限度地避免存储空间和电能的浪费，相对延长了可录音时间。

为方便录音文件的有序管理，数码录音笔一般将内存分为若干个文件夹，每个文件夹最多存储100个声音文件。

数码录音笔的基本操作步骤如下：

（1）录音。

1）准备录音。录音前首先要进行必要的设置，如选择合适的录音模式、声音文件的存储位置以及麦克风的灵敏度等。

2）普通录音。设置完成后，按下录音键，就可以进行正常录音了。

3）转录。如果要将其他设备的音频信号转录下来，如将英语磁带转录到数码录音笔中，只要用随机音频线分别连接随身听的耳机插孔和录音笔的麦克风插孔，按下录音笔的录音键后再按下随身听的播放键即可。

4）电话录音。有的产品提供了电话录音功能，这就要用到随机附送的电话适配器。通过随机原配的连线，将电话机、录音笔以及墙上的电话线分别与电话适配器进行对应连接即可工作。

（2）播放。

1）普通播放。如果想听一听录制的声音，可以先利用“推钮”键来选择任一文件夹中的某一文件，再按下播放键，即可用内置式喇叭或耳机收听。

2）反复播放。利用数码录音笔提供的反复播放功能，可以反复收听某个声音文件或文件的任意一段，完全可以把数码录音笔作为复读机使用。

4. 数码录音笔随机软件的使用

通过USB接口与计算机相连，可以实现录音文件的快速、无损传输。录音文件的上传、下载与播放等都是通过随机提供的软件来进行的。通常软件包括“Manager”（即“管理”功能）和“Player”（即“播放”功能），录音文件的播放器将录音文件作为电子邮件来传送，使收件人不安装播放软件也能收听。

（1）软件安装。将随机光盘插入光驱，执行安装程序“Setup.exe”，一步步地选择“Next”，即可完成安装。

（2）硬件连接。用随机附送的USB线将数码录音笔与计算机相连，计算机提示发现新硬件并自动完成相应驱动程序的安装。

（3）文件管理。可以将录音笔中的文件上传到计算机中，也可以将计算机中的录音文件下载到录音笔中。软件通常仅仅对特定的文件提供支持，对其他文件不提供支持。但是，一般都可以将录音文件转换为通用格式的声音文件。

（4）文件播放。这是录音文件的专用播放器，对其他音频格式不支持，微软的 Media Player、Winamp 等常用音视频播放器也不支持此种录音文件格式。

5. 数码录音笔语言信息采集

速录工作人员用数码录音笔采集语音信息，一般包括两项工作：一是能够正确地使用数码录音笔将要采集的演讲者的语言信息完整清晰地录放出来；二是能够把数码录音笔播放出来的语言信息通过速录机转化成文字即文档。数码录音笔是当前录放设备中的高科技产品，速录工作人员一定要比一般人更能熟练地操作和使用，只有这样才能胜任自己的工作。

高手指点

（1）切忌在高温、潮湿的环境下使用录音笔。

（2）由于录音笔体积小、重量轻、表面光滑，很容易丢失，建议在使用时最好系上皮带，以防丢失。

（3）不要将录音笔靠近强磁场，以免造成笔内闪存的损坏。

（4）长时间不使用时应将电池取出，防止电池流出的液体腐蚀机芯。

（二）MP3 播放器使用技巧指南

1. 安装

安装指的是 MP3 通过 USB 接口与 PC 连接，安装管理程序（无驱型的则不需要安装管理程序，Windows 2000 以上的操作系统基本上不需要安装）。在此可能出现的问题有以下两个：

（1）端口问题。

USB 线没有插紧。接插连接线时一定要认真、仔细，把接头插牢固。“主机板的 USB 端口功能没有在 BIOS 里面启用”这个问题很少出现，通常在“设备管理器”中没有“通过串行总线控制器”，反复检查、安装都没有，就可能需要检查 BIOS。

（2）兼容性问题。

兼容性问题主要包括两类：MP3 和主板发生兼容问题；MP3 安装的管理软件和操作系统不兼容（也就是在该操作系统下不能工作）。发生这类问题时，自己一般是无法解决的，只能和 MP3 生产厂商的技术服务部门取得联系，寻求解决方法。

2. 传送音乐文件

一般正常安装后，实现传送音乐文件这个功能很简单。

（1）选择文件。

在计算机硬盘上，找到需要传输的 MP3 文件，最好将这些文件放在统一的文件夹中，以方便传输。

（2）复制文件。

有时 MP3 被计算机认为是一个移动存储设备，即磁盘，用通常的方法就可以复制。但有时候就需要使用管理程序，这时则按如下步骤操作：打开管理程序—传输文件。

通过管理程序将要传输的 MP3 文件拷贝或拖放到 MP3 播放器的位置上（不同 MP3 的管理程序有差别，但大致原理都是一样的。）

有些 MP3 播放器不支持中文 MP3 文件名称，这时需要将文件名称改成英文名称；有些情况下 MP3 播放器不支持群文件的拷贝，这时只能一个一个文件来依次拷贝。

（3）播放。

不同机型的播放键的位置不同，但通过仔细阅读说明书都可以熟练操作。一些 MP3 文件和 MP3 播放器所支持的范围不同，容易出现跳过、死机的现象，一般有以下六个原因：

1）采样率不符。一般的 MP3 播放器只能支持 44.1kHz 的采样率，因此采用 48kHz 录制的歌曲文件就不能正常播放出来。

2）压缩率不符。如果 MP3 播放器不支持该 MP3 的压缩率（太高或太低），也不可能播放出来。

3）VBR 不支持，也不能正常播放。

4）压缩格式不同。一些文件采用特殊的压缩软件压缩，默认的压缩格式为 MPEG—Ⅱ，也就是第二层压缩，但显示的却是 MP3 格式，大部分 MP3 播放器也都不能支持。

5）版权限制。如果播放的是 WMA 文件，有可能遇到版权保护的问题，这时就要用一些相关软件解除版权限制后才可以播放。

6）显示乱码。一些播放器在播放 MP3 时，液晶显示屏上可能会出现乱码，如果用户的语言设置没有问题的话，那么一般是 ID3 的设置有问题，ID3 设置就是设置音乐文件的歌曲名、作者是否可以显示。

3. 语音信息的采集

掌握 MP3 播放器语音信息的采集和数码录音笔语言信息的采集一样，对速录工作人员来说一般包括两项工作：一是能够熟练使用 MP3 播放器把演讲者的语言信息完整清晰地录放出来；二是能够将播放出来的语言信息通过速录机转化成文字即文档。随着科学技术的飞速发展，各种语音信息采集的技术和设备更新发展很快，高科技产品层出不穷，速录工作人员一定要注意不断学习，要比一般人更快更熟练地操作和使用这些设备，只有这样才能更好地胜任自己的工作。

第三节　版面编排及文本处理

一、版面编排

（一）复杂排版

1. 分栏

当一行的字数比较多的时候，容易看串行，此时，一般都采用分栏的方式，把页面纵向分割成若干个区域，即“栏”。这样，每一行的字数减少后，阅读起来比较轻松，版面也比较美观。

(1) 分栏数。

分栏以 2，3，4 栏为多，排版系统中以“分栏数”表示将一页分为多少栏。通常的排版系统都是对页面进行等分。

(2) 栏间距。

栏与栏之间的距离即栏间距，这个距离一般在一两个汉字或 5mm 左右。太宽了浪费纸张，太窄了效果不明显。

(3) 分栏线。

有时为了让栏间更加清晰，通常增加线条，这便是分栏线。这个线条可以有各种样式，如虚实、粗细等，在排版时都可以进行设置。

2. 字体的变化与修饰

为了排版的美观，通常需要对字体进行更多的修饰，以丰富文字的表现力。

(1) 粗体、斜体和画线。

这是对文字进行强调的主要方法。

1) 粗体，是把文字的笔画加粗，这样看上去要比其他的文字颜色更深。

2) 斜体，是让文字向右适当倾斜，这样看上去比其他的文字更加活泼。

3) 画线，是在文字下面增加线条，这样看上去好像是人们在看文章时把重点内容做了标记一样。

(2) 颜色、边框和底纹。

这是对文字进行修饰的方式，通常应用于标题。颜色是指文字的颜色，可以选择各种各样的颜色，使文字看上去很活泼；边框用于把文字框起来，引起人们的注意；底纹给文字增加背景，让人们感觉文字与众不同。

(3) 字符间距。

文字之间的距离即字符间距，一般是固定默认的。通过调整字符间距，可以使较少的文字充满更大的空间，或使较多的文字挤在一起。如果不是特别需要，是不进行调整的。

(4) 其他。

不同的软件对字词的修饰能力不同，例如对字的长宽比例进行调整，使文字“瘦长”或“矮胖”，对文字做出勾边、阴影、空心等修饰。

高手指点

(1) 分栏时注意不要分得太多，以免画蛇添足。

(2) 字体的修饰注意不要用得过于复杂、花哨，以免弄巧成拙。

(二) 表格的制作与插入

1. 电子表格的制作

在表示互相关联的数据的时候，经常要使用表格，因此学会电子表格的制作是十分必要的。

(1) 表格制作。

在排版软件中，表格都是单独设置的一项功能。表格的制作有手动和自动两种方式。

1) 绘制表格，即手动制作表格，通常是用鼠标进行，步骤如下：选择绘制表格功能；移动鼠标光标到需要绘制表格的位置；按住鼠标左键同时拖动鼠标即可绘制出规则的表格。

2) 插入表格，即自动制作表格，步骤如下：

移动光标到需要插入表格的位置；选择插入表格功能；选择行数、列数，确认后即可插入表格。

(2) 表格调整。

绘制或插入的表格都是规则的，比较死板，有时需要进一步地制作调整。

1) 单元格操作。单元格是表格中的任意一个方格，针对单元格的操作主要包括尺寸、字体、段落、颜色等。另外还可以删除、增加、拆分、合并单元格。

2) 行列操作。表格包括若干行和若干列，针对行和列的操作主要包括行高、列宽、颜色、字体、段落等，与单元格基本相同。另外也可以增删行或列。

3) 表格外观。表格外观主要是表格线的选择，一般外框是粗线，内部是细线，也可以全部或部分不要线。

4) 表格位置。表格在页面上的位置可以灵活调整，一般安排在左右居中的位置。

5) 画线。多数排版软件都提供了自由画线的功能，可以用鼠标在表格内部任意画直线、斜线和擦除，在制作复杂表格的时候通常要使用画线的手段。

2. 电子表格的插入

电子表格即已经制作好的数据库。数据库中已经制作好的内容如果要放在文件中，可以不需要制作表格，直接将电子表格插入即可。

在排版软件中，都提供了"OLE 对象"插入的功能，在其中可以选择插入电子表格，进行必要的选择、设置即可。

高手指点

(1) 制作表格的目的是使数据表达得清晰、简洁，因此，表格一定不要过于复杂。
(2) 表格的行、列、单元格要尽量保持统一。

二、整理、输出与提交

(一) 速录机的基本编辑功能

1. 速录机的编辑键盘

(1) 速录机编辑键盘的键位分布。

为了方便地使用速录机键盘在速录系统中进行简捷、基本的编辑操作，速录机的软件系统特意设计了编辑键盘，编辑键盘上的编辑键位如图 5-14 所示。

图 5-14 速录机编辑键位

(2) 编辑键盘的转换。

编辑键盘用左手的功能键“XAN”实现转换，当左手按“XAN”时，速录机键盘的右手部分就转换成编辑状态。当左手松开“XAN”键时，右手部分又自动恢复为音节码状态。

在连续使用编辑功能时，左手的转换功能键既可以按住不动，也可以与右手同步击键，按自己的使用习惯而定。这与阿拉伯数字、数学符号及拉丁字母的使用习惯基本相同。

2. 编辑键盘的功能与使用

(1) 编辑键盘的键位功能。

X：强制上屏。

B：退格（相当于标准键盘的“Backspace”键）。

D：删除（相当于标准键盘的“Delete”键）。

Z：查速录码（当前光标处及前后各 10 个汉字的速录码）。

G：确认（相当于标准键盘的“Enter”键）。

W：左移光标。

I：上移光标。

U：下移光标。

N：打开同音字窗口，修改当前光标汉字的同音字（换字）。

E：右移光标。

A：打开同音双音词窗口，修改当前光标双音词的同音双音词（换词）。

O：取消操作（相当于标准键盘的“Esc”键）。

(2) 编辑功能的使用。

光标的上下左右移动、退格、删除、取消、确认等功能与标准键盘功能一致，使用方法也相同。在按住不动超过一定时间后，即可实现该功能的连续操作。

退格：用于删除光标前面的字符。

删除：用于删除光标后面的字符。

确认：用于选择同音字词后确认“替换”和“回车”功能。

取消：用于放弃同音字词的修改，关闭由速录机打开的对话框。

速录系统特有的包括：

强制上屏：用于将提示行中的文字强行送上屏幕，中断系统的捆绑工作。

同音字：弹出同音字窗口，用于替换当前光标处的字的同音字。

同音词：弹出同音词窗口，用于替换当前光标前后的双音词的同音词。

查速录码：弹出窗口，显示当前光标前后 10 个汉字的速录码，以供查阅。

高手指点

（1）编辑键盘在使用时要注意指法的正确性，克服指法的随意性。

（2）使用编辑功能时要注意在速录系统的“插入”状态下进行，否则容易出现错误。

（3）一定要注意光标的位置，很多功能的实现都是在光标位置的前后进行的，因此，编辑操作时首先需要确定光标的位置。

（二）速录系统的外挂功能

速录机虽然也有一个键盘，但它是按计算机的外围设备通过非键盘接口与计算机连接的，因此，不能像计算机标准键盘那样向计算机输送字符，必须使用专用文字处理系统软件。为此，人们精心设计出了速录系统的外挂功能，从而实现了使用速录机进行中文输入的目的，使速录机的应用突破了专用文字处理系统的限制，为广大速录机的使用者提供了更加灵活的应用方式，将速录机的应用范围扩展到了网络。在这个意义上，速录机外挂输入系统也可以说是速录机的网络版。下面以亚伟中文速录机的外挂系统为例进行说明。

1. 安装

（1）速录系统 6.0 版的外挂功能。

在亚伟速录系统软件中，外挂功能与专用文字处理系统是捆绑在一起的。正常安装了速录系统以后，外挂功能就已经成功安装了。在桌面上会有一个快捷方式图标，如图 5－15 所示。

图 5－15　速录系统 6.0 版快捷方式图标

（2）速录系统早期版本的外挂功能升级。

在“亚伟安装光盘 \ Ya _ Wei \ ywwg _ bata. ins \ ”中有外挂文件，或下载亚伟外挂系统文件。

亚伟中文速录机外挂输入系统包括三个文件：Seperate. exe、Ywinput. exe、Tmhook. dll。由于是提升安装，因此，必须首先安装亚伟中文速录机专用文字处理系统，再进行外挂系统的升级安装。升级方法有以下两种：

1）复制升级。将上述三个文件复制到“YWWIN”目录中，将“Seperate. exe”覆盖更新即可（另外两个文件是新文件）。

2）使用升级安装程序。启动程序后，选择当前安装亚伟中文速录机的“YWWIN”目录，确认后即可自动完成升级安装。

2. 运行

亚伟中文速录机外挂输入系统的运行命令是“Ywinput. exe”，在“YWWIN”目录中用鼠标双击这个文件，如果正常运行，在屏幕右下角的工作栏中可以看到一个蓝底黄字的“亚伟”图标，如图 5－16 所示。

鼠标右键单击这个图标，弹出命令菜单，可以选择“输入框开启/关闭”“键位输入”

图 5-16　工作栏中的“亚伟”图标

校正乱码、亚伟字库和“退出”等命令，如图 5-17 所示。

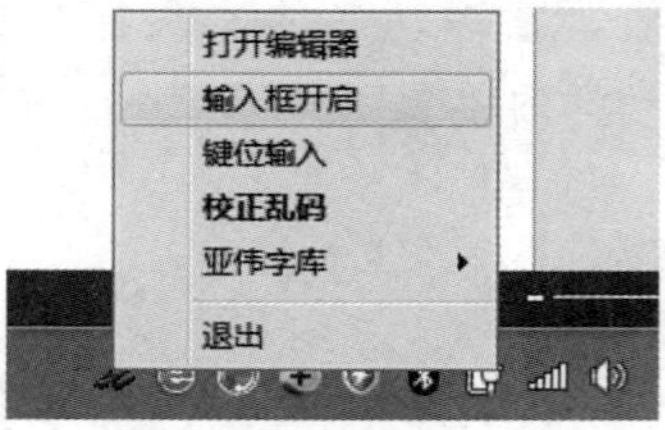

图 5-17　输入框开启/关闭操作

3. 使用

程序运行后，即可用亚伟中文速录机在速录系统以外进行输入。基本功能与速录系统完全相同，以下介绍一些外挂功能特有的应用。

（1）显示/关闭输入提示行。

双手并击“DGIN：DGIN”可以显示/关闭输入提示行。输入方法与专用文字处理系统中的输入方法完全相同。显示/关闭输入提示行如图 5-18 所示。

图 5-18　显示/关闭输入提示行

（2）打开/关闭键码输入状态。

双手并击“XW：XW”可以打开/关闭键码输入状态，键码输入状态是直接将键位码送上屏幕，主要用于键盘练习或直接输入键码。

由于是外挂，所输入的内容只向当前的活动窗口中发送。如果不上字，有可能是此窗口在后台。用鼠标点击该窗口，或用“XAO：BDIAO”（即“Alt”＋“Tab”键）在不同的窗口之间跳跃。

（3）乱码处理。

如果显示乱码，请打开任意一个其他的中文输入法。方法是：用“Ctrl＋空格”键或“XWU：X”。

（4）与速录系统的关系。

如果事先同时打开了专用文字处理系统，则外挂系统将不起作用，直至关闭专用文字处理系统。在任何时候，都应该先运行外挂输入系统，再运行专用文字处理系统。

（5）外挂的某些特点。

在外挂输入系统中，对标准键盘键位的模拟功能将起到重要的作用，通过这些功能，基本上可以实现大部分需要通过操作标准键盘才能完成的操作，如菜单命令、光标移动、基本编辑等。这些功能键绝大部分是已经定义好的，在专用文字处理系统中已经存在，只要了解一下 Windows 的操作规则就可以使用。

高手指点

（1）外挂功能不可以两个人同时操作，否则会互相干扰。
（2）外挂功能不可以进行同音字词的校对，不可以造词、自定义。
（3）外挂功能对于上屏的字不可以用左手的 W 键删除倒数第二个字。
（4）外挂功能不产生中间文件等备份。

（三）电子邮件的基本使用

1. 电子邮件的基本知识

（1）电子邮件概述。

顾名思义，电子邮件就是以电子方式存在的邮件。电子邮件是在互联网上保存和传递的，需要专门的邮件服务器，用专门的邮件程序才能工作。

（2）电子邮件的使用。

1）申请电子信箱。任何人都必须向电子邮件服务商申请电子信箱，才可以获得自己的电子邮件地址，其格式如下：账号@服务商域名，如 tangyawei@china. com 等。

2）常用名词。

发件人：发送电子邮件的人的邮件地址，一般是由系统自动填写的。

收件人：接收电子邮件的人的邮件地址，必须填写，否则邮件无法发送。

标题：电子邮件的内容提要，一般都需要填写，如果没有，系统会自动显示为“无标题”。

正文：电子邮件的内容，如果仅仅发送附件，可以不写正文，但出于礼貌，通常还是要写点内容。

附件：随同电子邮件一起传递的文件，可以是任何内容，通常有大小的限制。

转发：将收到的电子邮件原封不动地再发送给其他人。

回复：直接给发送电子邮件的人回信。

删除：将电子邮件放进垃圾箱，并未真正删除，必须在垃圾箱中再删除或等待系统自动删除后才真正删除。

永久删除：直接将邮件删除而不放在垃圾箱中。

保存地址：将电子邮件的发件人地址保存起来，以方便以后通信。

拒收：将发件人的地址列入黑名单，以后再有他发的邮件，就直接删除。

2. 电子邮件的编制

（1）录入正文。

在网上直接录入。现在上网很方便，一般就是直接登录自己的电子信箱，选择“写信”，直接在正文录入框中“写”正文。

在“记事本”中录入。如果正文的内容很多，或上网不方便，就可以采用在文本处理软件中录入文字的方式，将所写正文内容保存在计算机内。需要发送邮件时，直接将正文内容粘贴或以附件形式发送即可。

(2) 粘贴附件。

1) 选择文件。如果随邮件发送附件，必须先确认文件在计算机上的位置，然后通过粘贴附件程序选择计算机上的相应文件。

2) 确认粘贴。文件选择完毕，必须将其上传到网上，这个过程一般称为“粘贴附件”，如果附件较大，需要等一段时间。有的程序允许选择多个文件集中传递，有的程序仅允许一次选择并传递一个文件。

3) 完成。出现“粘贴成功”等提示信息后，才可以进行下一步。如果在传递期间网络断开，则需要重新选择和传递。文件粘贴完毕，就可以返回写信程序。在有的程序中，也可以直接点击相应的按钮完成最后的发送。

3. 电子邮件的发送

(1) 填写发送信息。

1) 收件人地址。可以填写多个收件人地址，中间用西文逗号分隔。这样，相同的邮件可以同时发送给多个收件人。

2) 抄送。即不是主要的收件人，有点类似于公文中的“抄送”。意思是要抄送人了解邮件的内容，知道发件人给谁发送了什么样的邮件。也可以填写多个地址，方法同上。

3) 暗送。即“偷偷地”发送，暗送的地址在收件人接收邮件时并不显示，因此，收件人不知道你给谁同时发送了同样的邮件。

(2) 发送。

1) 立即发送。单击这个按钮，立即就把邮件发送出去，并反馈是否成功发送的信息(根据设置的不同有可能不反馈)。

2) 定时发送。有的邮件可能是事先写好，过一段时间再发送，这时就可以使用定时发信。首先选择好发信的年、月、日、时、分、秒，然后确认，到了预定的时间，系统自动发信。

3) 紧急程度。这是提示系统处理邮件的顺序，如果紧急则系统会优先处理。但是，如果都是紧急邮件，系统也只好按时间顺序来处理这些紧急的邮件了。所以，如果不是必要，一般不要选择紧急。

(3) 保存已发送邮件。

这是把已写好的邮件原封不动地保存在一个文件夹中，以方便今后再发送或作存档用。但是这样会占用邮箱的空间，需要定期清理。

4. 电子邮件的接收

(1) 登录电子信箱。需要使用账号和密码。

(2) 打开收件箱。可以看到有没有新邮件，并通过标题了解邮件的大概内容，并可以直接删除不需要的“垃圾”邮件。

(3) 打开邮件。直接单击邮件主题即可打开邮件并浏览正文，查看其他的信息。

(4) 打开/下载附件。附件如果是文本，则可以直接打开，如果是程序文件或压缩文件，则必须下载后才可以使用。直接单击可直接下载，也可以选择“另存为”下载。

(5) 邮件处理。根据不同情况，可以对邮件进行转发、回复、存地址、删除、拒收、转移到其他文件夹等处理。

高手指点

（1）在网上直接操作的时间过长，有时会自动退出登录状态，如果正在写信，则可能丢失刚刚写好的内容，需要重新撰写。

（2）接收邮件后，系统不会自动删除邮件，需要注意保存邮件并清理信箱，以保证邮箱有足够的空间。

（3）操作时系统会有反馈信息，要按反馈信息进行操作，以免误操作或重复发送。

三、文本意外处理

（一）速录系统文本的备份

演讲者的讲话声音是稍纵即逝的，这时速录技术的运用就显得尤为重要。如何能最大限度地保证速录稿的完整和准确，是速录系统在最初设计时就需要充分注意的问题。在速录记录的具体过程中，有时会发生意外，这在所难免，因此，速录系统在初始设计时就设计了多级备份的功能。

（1）文本文件。

这是速录系统在实时保存时最常用的一种文件格式。如果速录师在速录过程中，能够随时存盘，这个文件就不致丢失，并相当完整地保存下来。

（2）中间文件。

这个文件是保存速录系统正常工作的必需文件，包括了同音字词的信息。在设置自动保存时，也可以选择自动保存这个文件。

（3）BAK 文件。

这个文件是系统自动保存的备份文件。每隔 20 秒或每录入 100 字没有存盘时，系统就自动保存一次该文件。

（4）SPF 文件。

这个文件保存的是速录机每次击键的键位码组合信息。

高手指点

要想让速录系统中的备份功能发挥最大的作用，一定要事先起好文件名。

（二）速录系统文件的恢复

当意外断电或死机时，可以通过上述文件进行恢复。恢复的顺序是：

（1）打开 BAK 文件。在速录系统中选择打开文件，在文件对话框中选择“All Files（*.*）”（即“所有文件”），这时就可以找到与速录稿同名的 BAK 文件了。

（2）打开 SPF 文件。

在速录系统中打开文件，在“文件”对话框中选择“亚伟音节码文件”，找到倒数第二个文件，将其打开即可重新开始工作。

（3）打开中间文件。

在速录系统中打开文件，在“文件”对话框中选择“亚伟中间文件”，找到与速录稿同名的中间文件。

高手指点

恢复文件时，在进入速录系统中后，一定不要先打开文本文件，而要先打开备份文件。

第六章

高级速录师提速阶段

本阶段要点

1. 高级速录师速度提升训练计划。
2. 词汇训练。
3. 击键频率及录入技巧训练。
4. 反应训练。

李老师：露露，你经过前面的努力，速录已经达到180字/分钟的速度，但是距离从事各式各样的会议记录工作在速度与难度上还有一定的差距，我们还需要进行一段时间的提速训练。

露露：好的，我现在学习的兴趣很高。

李老师：好，那我们开始进入这一训练阶段。

第一节　高级速录师速度提升训练计划

一、训练目标

高级速度训练的目标是将速度从180字/分钟提高到220字/分钟。这一阶段速度提高的关键是击键频率的提高。

击键频率的提高受以下几个因素的影响：

（1）生理能力。

这是由人的生理结构决定的。当然，相对于速录工作的实际来说，根本不需要将人的生理极限发挥出来就完全可以轻松胜任。因此，没有必要针对这个方面进行训练。

（2）反应能力。

这是由人脑对速录工作的适应程度决定的。一般在速录时，由于演讲者的语言是连续不断的，在速录的同时，语言还是会不断地出现。因此，速录工作必须要求“一脑二用”，既要速录，还要继续听讲，这就涉及反应能力的问题，不经过训练，肯定无法实现完整记录。

（3）控制能力。

速录最终要体现在双手迅速、准确地按键上。大脑控制双手十指运动的能力，决定了能否在最短的时间内完成每一次按键的动作。控制能力主要是通过手脑的协调配合，精准地操纵手腕、手指各个肌肉群来控制手指完美地按键。这虽然有天生的因素，但更主要的是后天训练的结果。只要尽早开始严格地、持久地、规范地训练，绝大多数人都可以做得很好。

（4）熟练程度。

这是由对音节码和技巧的熟练程度决定的。对音节码的熟练，最终能达到条件反射的程度；对技巧的熟练，最终也能达到“先知先觉”的程度。在这种情况下，反应时间为零，击键频率就取决于前面几种能力的发挥了。

综上，努力将反应时间降低到零，是每个速录师应追求的目标，也是经过刻苦努力可以实现的；同时，努力将按键动作做到最快，同样是每个速录师应追求的目标，经过不懈的努力，是可以不断提高的。

二、训练的内容与方法

（1）词汇练习。

该项训练主要是通过练习联词消字定字，来提高录入单字的准确率和效率，从而提高文章录入的准确率。

（2）情景模拟训练。

该项训练主要是训练反应能力和控制能力。方法是选择广播或电视一类的声音素材，通过不断地追打、跟打，争取全面、完整地把所听到的内容都记录下来。情景模拟训练每次 20～30 分钟。

（3）广泛看打训练。

该项训练主要是训练音节码和技巧的熟练，尤其是技巧的熟练。要认真、仔细、用心地把文章中出现的技巧一一记录下来，经常复习，烂熟于心，最终熟练应用。每次训练的时间可长可短。

（4）口语训练。

这是模拟实际速录工作的一种训练，也可以当作获取工作经验的实习。该项训练是对速录能力的综合检验，既需要速度，又需要准确，还需要进行必要的整理。经常进行这样的训练，可以帮助学习者尽快适应实际速录工作的需要。口语训练每次 10～30 分钟。

（5）变速听打。

这项训练的目的是让学习者适应不同的速度环境，能够随时调整自己的紧张状态，也是为实战做准备的一种训练。经过这样的训练，在实际工作中，遇到不同速度的演讲者，速录员都可以很快进入状态，完成记录。

（6）马拉松训练。

这项训练主要是长时间、高强度地听打/看打。目的是使学习者适应长时间的紧张状态，从生理上、心理上、脑力上全面调整，保证实际工作中能持续、稳定地完成记录任务。马拉松训练每次为 60～120 分钟。

（7）基本功强化训练。

快速地朗读音节码词语等基本功训练内容，可以让学习者大脑高度紧张，几近极限。目的是训练学习者对音节码的反应能力、熟练程度以及迅捷按键的能力。基本功强化训练每次 15～20 分钟。

（8）调整性训练。

按自己感觉速度最合适、准确率最高的方式随意地看打、听打，用以对紧张的训练进行适当地调整，以免养成错误的速录习惯。主要是对准确率和指法进行调整，既保证了其他训练的效果，又巩固了以前训练的成绩。调整性训练每次 10～15 分钟。

高手指点

（1）高速听打训练不必苛求准确率，努力跟上即可。

（2）广泛看打训练不必苛求速度，多多学习技巧才是主要目的。

（3）高级速度训练中的很多项目都是强化训练，因此，必须注意不时地进行调整性训练。

第二节　词汇训练

训练任务：听打要求速度 150 字/分钟，准确率 98%以上；看打要求速度 200 字/分钟，准确率 98%以上。

词汇练习一

鏖战　哀啼　岸边　氨基　暗示　鳌拜　螯足　碍事　敖汉　挨个　挨饿　凹凸
谙练　艾子　俺们　屏息　冰花　饼子　卑鄙　捕鱼　哺养　泊位　薄荷　帛画
鹁鸽　钵盂　巴不　辞赋　瓷器　果实　罗恩　兵营　秉持　丙醇　泌阳　鄙意
逼问　步步　补助　霸主　罢了　坝址　班级　拜见　抱窝　饱嗝　邦联　贝勒
备注　拔刺　博物　驳斥　避暑　壁垒　碧波　笨拙　杯赛　瘪三　弊病　奔驰
彬彬　鞭笞　匾额　禀帖　扳手　裱糊　扮戏　毙伤　边儿　辈出　编译　搬移
蹦极　暴雨　臂助　悖逆　苯胺　勃起　脖子　拔河　扒拉　悲苦　账簿　宾客
闭门　贲门　蚌埠　必须　臣子　踩踏　漕粮　蔡恩　脆骨　汤匙　碴儿　彩印
波茨　插枝　茶几　岔气　叉子　慈母　磁力　畜类　储备　嵯峨　触电　绅士
撮合　搓洗　渗析　申述　瞅着　谗言　馋涎　褚谋　绸缪　醇和　惩治　逞着

邹家 敞篷 呈现 诚朴 承包 槽子 尝鲜 醋精 畅快 场合 裁减 猜疑
纯真 禅师 菜谱 蚕丝 材质 扯淡 辰砂 串门 偿债 葱花 池鱼 趁势
晨曦 曹魏 撑住 催化 酬金 孱弱 炒货 册子 夜幕 秤砣 痴呆 窗户
崔恩 喘息 猝死 谄媚 抄袭 捶击 炊事 缔约 淡雅 杜绝 朵儿 舵机
惰民 碘酒 冻死 灯塔 镀锡 倒戈 跌势 稻米 笃定 氘核 帝俄 堤岸
嘟噜 悼词 迭部 搭铺 迪化 邓恩 端午 订货 岛屿 抵达 玷辱 颠倒
栋号 趸船 堵住 怠慢 待制 堆积 掂掇 掇弄 碟子 丹丁 钉鞋 毒物
低涡 底座 呆气 袋装 盯着 戴高 单位 兜底 遁迹 丁丁 典故 鼎沸
瞪眼 董卓 煅烧 逗乐 炖药 顿悟 渡过 蹲着 目前 粉黛 黛绿 盗墓
灯烛 弹雨 兑现 耳机 颚足 摁钉 鹅掌 鄂毕 尔雅 蛾子 恶意 厄运
谔谔 繁育 弗拉 浮动 呋喃 伏地 泛音 俯卧 拂尘 罚金

词汇练习二

犯法 返回 锋刃 翻译 峰顶 蜂窝 冯恩 费德 奉新 俸禄 饭盒 辅助
付出 俯冲 番薯 赋税 赴约 泛起 纺车 府城 帆布 樊哙 范本 芳草
浮动 覆辙 伐木 伏特 痱子 肺部 附近 珍贵 福德 刮胡 癸亥 聒噪
虢州 裹胁 圭亚 肝移 惯例 撑住 隔壁 功德 贵德 官本 购置 歌德
逛荡 锅巴 赶赴 搁置 格式 狗窝 供词 鬼子 跪拜 郭达 甘蔗 瑰丽
羹汤 骨骼 枸杞 苟且 龟背 缸瓦 钙化 葛布 港务 宫廷 钩子 庚子
够呛 盖子 恭敬 杆子 柜橱 拐棍 罐儿 护卫 焊液 旱鸭 憨厚 灰暗
禾草 桓台 桦甸 蘅芜 寒噤 悍然 酣饮 狐疑 绘制 悔恨 秽闻 汇集
辉照 毁誉 鸿沟 火气 河西 耗资 汗毛 挥戈 虎劲 彗星 何以 核武
沪剧 惠普 虹吸 滑稽 胡子 函数 画纸 喊叫 鹤鸣 骇异 壶把 恨不
盒饭 赫哲 涵洞 郝村 珲春 毽球 激磁 键盘 京师 简直 肩窝 橛子
箭步 球半 机制 尖脐 缉捕 兼备 祭祀 奸淫 挤满 煎熬 冀望 鉴于
减法 桀黠 鲸吞 胶合 茭白 亟待 郊外 僵卧 焦比 稷下 胫骨 钾盐
矫诏 娇声 街心 浚县 菌核 槛车 脊背 瘠薄 浸渍 揪心 姜桂 贾森
驾驭 嫁娶 架子 景物 惊异 晶核 敬德 静止 揭批 颈椎 碱基 计划
围剿 夹克 掘进 剂量 俊杰 借以 接物 贱民 见得 降至 吉林 迹象
积极 靖江 津浦 警车 劲敌 救国 拒绝 境地 鸡蛋 界定 级别 纪纲
缴获 精细 井水 洁白 久已 竭力 极为 矩阵 寄信 蒋某 忌嘴 句法
甲基 竞逐 杰作 纳谏 谨慎 截取 脚步 涓滴 锦州 荆州 俱乐 筋络
睫毛 君主 锯齿 绢花 攫取 净化 浆果 晋剧 佳音 俭省 剪子 诘责
讥嘲 戛然 骄矜 拣选 剑兰 劫持 酒窝 凯歌 筐子 款式

词汇练习三

魁梧 康乐 坤表 垮台 扛活 坎儿 恪守 颗粒 刊物 砍杀 胯骨 捆绑

烤火 酷似 叩门 扣除 喟叹 柯罗 咔嚓 李恩 立德 轮渡 凌迟 卢布
梨涡 脸皮 劣迹 驴子 骡子 罗布 令狐 龄期 吕四 鹿皮 缕纱 练笔
喇嘛 黎明 懒汉 亮度 狼窝 链矢 力气 理解 揽活 刘备 兰花 瘤胃
拎包 岭北 鲁河 抡刀 沦为 伦理 拢紧 罹难 莱特 滥伐 涝水 沥胆
靓女 铃铛 赖以 撂下 聊一 娄底 搂抱 溜子 烙印 篱笆 敛钱 郎中
滦河 勒阿 屡次 牢固 淋巴 愣愣 陵墓 撩拨 裸露 卵子 洛神 遛马
垒球 闽西 茉莉 摸底 默默 募兵 玛纳 蜜腺 梦呓 枚举 猫狗 麻辣
膜拜 磨车 穆桂 漠北 慕华 瞒报 酶蛋 曼德 码头 鸣响 帽子 猛烈
冒昧 邈然 迷雾 慢慢 孟子 免予 麦子 弥补 闹革 尼姑 奶母 娜拉
挠秧 念珠 啮合 倪迪 嫩芽 诺言 牌位 赔补 潘恩 濮阳 暴露 帕拉
爬行 扑打 拼搏 佩戴 刨除 庖丁 瓶子 披露 秦安 奇特 岐山 裙子
器物 琼脂 勤俭 启迪 钱物 齐备 弃婴 墙壁 竖琴 娶亲 骑兵 岂能
乾安 歉收 契闭 枪乌 欠我 劝阻 迁移 漆黑 掐头 拳头 禽蛋 浅薄
寝衣 瞿秋 圈阅 犬齿 瞧着 绮贞 钦定 沁水 刃具 仁弟 儒者 乳汁
冗笔 阮玲 扔弃 冉冉 述说 恕罪 手巾 术语 师部 申斥 锁住 赎金
松弛 扇区 势必 甩车 市尺 石碑 睡衣 税务 蛇皮 瘦子 视察 驾驶
授课 烧纸 圣上 售价 索引 绅士 士绅 苏伊 绍兴 舒适 碎步 赏罚
沈阳 氏族 寿命 斯巴 朔县 膳食 侍从 示威 施加 捎带 守住 伞兵
煽惑 兽皮 史册 闪电 缩尺 药物 殊死 晒垡 泗水 商议 纱布 食品
湿热 尚未 蜀汉 邵武 骚动 臊气 屎尿 塔河 偷吃 抬阁

词汇练习四

涂抹 腿子 踢踏 掏钱 拓扑 拖拉 碳水 炭火 庭长 捅娄 挺进 填补
妥当 弹劾 摊位 厅一 徒劳 潭州 铜丝 桐柏 途径 汤姆 童真 筒子
挑眼 沓来 堂屋 恬淡 凸凹 托福 烫伤 捂盖 味道 特务 吾身 瓦斯
玩儿 未必 吴门 弯路 挽歌 闻一 魏某 汪洋 切实 沃尔 唯有 威尔
韦恩 醒酒 携带 咸涩 雪花 箱子 晓得 孝感 玄奥 秀才 陷入 喧腾
吓唬 悬隔 贤哲 泄气 泻药 亦能 咬住 鹰隼 鱼池 咿呀 袁绍 烟雾
炎热 眼窝 榆次 寓所 豫东 粤江 玉林 伊索 怡娜 溢出 犹大 愈合
宜宾 耶稣 缘何 鹦哥 英武 吁请 雅趣 唁电 员额 仪表 悦目 座机
枝丫 肇事 治安 职位 卓越 幢幢 肘子 致畸 注意 钟爱 章法 撞针
枣树 妆容 咒骂 直拨 整个 诏书 狡诈 诈骗 栈房 招致 眨巴 调侃
李岚 丁玲 保姆 偏颇 九卿 王琦 腐蚀 立嗣 不遂 钥匙 水桶 一趟
文苑 木俑 荣膺 投掷 荣臻 记忆 海豹 土鳖 于斌 林彪 金箔 牙碜
暗娼 延宕 铸锭 马蒂 饥饿 王菲 每逢 铬矾 作坊 晒垡 马竿 撑篙
宾馆 如皋 春晖 阿訇 面颊 告诫 外籍 勤俭 吴郡 马厩 船坞

词汇练习五（常见英文缩写及解释）

1. AA 制　AB 角　ABC—美国广播电台　B 淋巴细胞　BBC—英国广播电台
2. CAD—计算机辅助设计　CBA—中国篮球甲级联赛　CDMA—码分多址
3. CD-R—可录光盘　CD-ROM—只读光盘　CD-RW—可擦写光盘
4. CFO—首席财务官　CGO—首席沟通官　CI—企业标识　CIP—预编目录
5. CIMS—计算机集成制造系统　CIO—首席信息官　ICP—因特网信息提供商
6. COO—首席运营官　CPA—注册会计师　CPU—中央处理器　ICQ—网络寻呼机
7. DOS—磁盘操作系统　DSL—数字用户线路　EDI—电子数据交换
8. FA—工厂自动化　FIFA—国际足联　GDP—国内生产总值　HA—家庭自动化
9. GIS—地理信息系统　HDTV—高清晰度电视　NMD—国家导弹防御系统
10. IC 卡—集成电路卡　GRE—美国等国家研究生入学资格考试
11. ICU—重病监护病房　IDC—互联网数据中心
12. Internet—互联网　IT—信息技术　ITS—智能交通系统　UOD—视频点播
13. MTV—音乐电视　NC—网络计算机　PC—个人电子计算机　PPA—本丙醇胺
14. OA—办公自动化　OCR—光学字符识别　OEM—原始设备制造商
15. OPEC—石油输出国组织　ST—特别处理　VIP—要人，贵宾
16. PT—特别转让　QC—质量管理　RAM—随机存取存储器
17. RMB—人民币　SBS—大楼综合征　SCI—科学引文索引　CEO—首席执行官
18. WAP—无线应用协议　WLAN—无线局域网　WTO—世界贸易组织
19. VCD—激光视盘　VDR—光盘录像机　ATM 机—自动柜员机
20. AIDS—艾滋病　ADSL—宽带　APEC—亚太经济合作组织　CBD—中央商务区
21. B 超　BBS—网络论坛　GNP—国民生产总值　EQ—情商　B 细胞　BP 机
22. DNA—脱氧核糖核酸　EMS—邮政特快专递　E-mail—电子邮件
23. FAX—传真件　GPS—全球定位系统　ISP—因特网服务提供商　AM—调幅
24. ISO—国际标准化组织　APC—复方阿司匹林　API—空气污染指数
25. CT—计算机体层成像　CTO—首席技术官　CONDO—共享式社区
26. DIY—自己动手做　DVD—数字激光视盘　F1——级方程式赛车
27. FM—调频　GMDSS—全球海上遇险与安全系统　GSM—全球移动通信系统
28. HIV——艾滋病病毒　IGRS 标准组——信息设备资源共享协同服务标准化工作组
29. HSK—汉语水平考试　PHWG—数字家庭工作组　POS—商场电子收款机
30. IOC—国际奥林匹克委员会　IP 地址—国际协议地址　IQ—智商
31. ISDN—综合业务数字网　KTV—指配有卡拉 OK 和电视设备的包间
32. MBA—工商管理硕士　MD—迷你光盘　MPA—公共管理硕士
33. MP3——种常用的数字音频压缩格式　PDA—个人数字助理
34. pH 值—氢离子浓度指数　SOS 儿童村——种专门收养孤儿的慈善机构
35. SIM 卡—用户身份识别卡　SOHO—小型家居办公室　UFO—不明飞行物
36. SOS—国际上通用紧急呼救信号　TMD—战区导弹防御系统　TV—电视

37. T 型台　T 恤衫　Tel—电话　X 光—X 射线　T 淋巴细胞

露露：进行的这些词汇练习感觉不怎么常用，我们训练这些词汇有什么用处呢？

李老师：这些词汇虽然不怎么常见，可是你注意到没有，这里边的单字是我们练习过程中经常遇到的汉字，所以聪明的你一定猜到我们进行词汇练习的目的了——那就是训练联词消字定字。联词消字定字与英文缩写的熟练掌握是高级速录师必须掌握的技巧之一，我们不仅要将该练习打准、打熟，还要将该练习应用到以后的生文章练习和实践练习当中。

第三节　击键频率及录入技巧训练

一、精打练习

精打练习训练任务：看打速度 300 字/分钟，准确率 98%以上；听打速度 260～280 字/分钟，准确率 98%以上。

精打一（难度系数 73.3%）

众所周知，环境污染已成为影响中国可持续发展的重大社会问题。当前，环境污染又出现一个令人忧虑的新动向：随着城市工业化程度的提高，工业污染逐渐侵入农村地区，对农业生产造成巨大破坏，并由此产生一系列连锁反应：工业排污—河流污染—农田毁坏—百姓返贫—社会增负。近日，山西省霍州市王庄村就发生了工业排污致使数百亩农田被毁的事件。

工业污水殃及农田，青苗被毁，百姓断粮。时下，正是山西冬小麦返青的季节，可霍州市退沙街道办事处王庄村的 500 余亩麦田还是一片荒野。2004 年 11 月份，该村用汾河水完成了最后一次灌溉，但让 400 余户村民欲哭无泪的是，这次灌溉竟使 530 亩良田面临绝收。据悉，从 2004 年 11 月 11 日到 22 日浇的 530 亩小麦已全部死亡。

霍州市地处山西东南部，黄河两大支流之一的汾河从这个县级市中部纵贯而过。王庄村位于霍州市最北端的汾河东岸，与晋中市灵石县接壤，这里的村民长期靠水泵抽汾河水灌溉。据村民介绍，汾河上游的煤矿、电厂、焦化厂等企业已经存在好多年了，对汾河的污染也已经很久，但以前从未出现冬灌小麦成片死亡的情况。

从王庄提水站俯瞰汾河，上游流下来的河水漆黑一片，大片大片的油污在河面上打转。村民们说，汾河上游的介休、灵石等地沿河建了很多高污染企业，汾河成了它们最便捷的排污通道，下游的老百姓可遭了殃。一位村民忧伤地说："我们农民勤劳耕作，天天盼望丰收，不想盼来了绝收。"

村民说，不种麦子的土地也该长野草了，可这个地现在连野草都不长。70 多岁的朱丙申把土壤拿回家自己做试验，种上豆子，结果豆子都烂了，更别说出芽了。村民告诉记者："现在我们每天都在等结果，看看地还能不能种，该种些什么东西，我们去年一年的损失该由谁来承担？今年的口粮都成了问题，我们的生活该怎么办?”

当地环保部门已介入调查。霍州市环保局副局长告诉记者，造成小麦死亡的原因与汾河水被污染有关，但汾河上游沿河污染企业涉及太原市、晋中市等地级市，霍州环保部门调查取证很困难。另外，现在距冬灌已经有4个多月了，当时的水样已无法获得，环保局已经提取被毁损土壤的样本到权威部门进行化验分析，但分析结果还没有出来，目前还不能确定该由谁来承担有关责任。

录入技巧：

(1) 双音略码词语。

土地　告诉　月份

(2) 四音略码词语。

众所周知　环境污染　令人忧虑　连锁反应

(3) 多音略码词语。

可持续发展　街道办事处

(4) 选词。

近日（2）　山西省（2）　王庄（1）　致使（4）　事件（3）　污水（2）

殃及（3）　山西（2）　良田（1）　支流（2）　纵贯（4）　电厂（2）

俯瞰（2）　打转（1）　灵石（4）　便捷（3）　试验（2）

(5) 高频特定单音词。

亩　退　哭　竟　使　东　站　流　种　拿　办

(6) 联词消字定字。

返（回）　贫（不）　负（责）　沙（粒）　欲（得）　浇（水）　端（的）

岸（边）　冬（天）　遭（到）　（遭）殃　盼（望）　朱（德）　丙（苯）

申（斥）　烂（漫）　距（离）

(7) 捆绑。

冬小麦　焦化厂

精打二（难度系数 74.9%）

发现于云南元谋的猿人化石表明，距今170万年前的“元谋人”是中国境内已知的最早原始人类。距今近60万年前居住在北京周口店一带的“北京人”，能直立行走，能制造、使用简单的工具，并知道了用火。距今一万年前的新石器时代遗址遍布中国各地。在距今六七千年的浙江余姚河姆渡和西安半坡遗址，发现了人工栽培的稻谷和粟粒及农耕工具。

最古老的王朝夏朝开始于公元前2070年。夏王朝的中心地区，在今河南省西部和山西南部一带，其势力和影响已达到黄河南北，并开始进入奴隶社会。继夏而兴起的商、西周进一步发展了奴隶制度，之后是王室势力衰微、诸侯争霸的春秋战国时期，这一时期被认为是由奴隶社会向封建社会过渡的阶段。

大约在5 000年前，中国人已知道了冶炼铜的技术。3 000多年前的商代，人们开始使用铁器；在制陶方面，有了白陶和彩陶；丝织生产也相当发达，产生了世界上最早的提花丝织技术。到了春秋时期，制钢技术已经出现。春秋战国时期思想学术空前活跃，涌现出了对后世产生深远影响的著名的哲学家老子、孔子、孟子和军事学家孙武等人物。

公元前221年，秦始皇嬴政结束了长达250多年诸侯纷争的战国时期，建立了中国历史上第一个统一的、中央集权的多民族封建国家——秦。秦始皇统一了文字，统一了度量衡，统一了货币，建立了郡县制度。由他奠定的封建国家框架在以后的2 000多年中一直被人们沿用着。他在十几年的时间里组织30多万人在中国北部修建了绵延5 000公里的长城，并生前就开始修筑庞大的坟墓。1974年发现的、守护秦始皇陵的秦兵马俑震惊了世界。8 000个如真人大小的陶俑、陶马和战车栩栩如生，被誉为“世界第八大奇迹”。

公元前206年，刘邦建立了强大的汉王朝。汉代的农业、手工业、商业都有了极大发展，人口达到5 000万。汉武帝刘彻在位期间是汉王朝最为强盛的时期，他使中央政权实际控制的地方从中原扩展到了西域。他派使臣张骞两次出使西域，打开了从长安经新疆、中亚直抵地中海东岸的道路，被称为“丝绸之路”，中国绚丽的丝织品经此源源西运。随着东西交往的密切，佛教也于公元一世纪时传入中国。公元105年，官员蔡伦总结了民间造纸的经验，使人类的书写材料发生了根本变化。

录入技巧：

（1）双音略码词语。

控制　根本

（2）四音略码词语。

中央集权　栩栩如生

（3）多音略码词语。

新石器时代

（4）选词。

元谋（2）　距今（3）　已知（7）　直立（6）　遗址（9）　千年（3）　山西（2）
兴起（2）　王室（2）　商代（2）　铁器（2）　丝织（3）　嬴政（3）　长达（2）
郡县（2）　沿用（2）　坟墓（2）　极大（1）　期间（1）　出使（4）　源源（3）

（5）联词消字定字。

火（花）　粟（米）　（颗）粒　继（而）　夏（日）　铜（丝）　武（力）
秦（国）　陶（器）　（木）俑　直（接）　抵（达）　岸（边）　西（部）

（6）捆绑。

万年前

精打三（难度系数71.1%）

汉之后，经历了三国、晋、南北朝、隋等朝代，李渊于公元618年建立了唐朝。李渊的儿子唐太宗李世民（626—649年在位）实行一系列开明的政策，把中国封建时期的繁荣昌盛推向了顶峰：有发达的农业、手工业和商业，纺织、染色、陶瓷、冶炼、造船等技术也都有了进一步的发展，全国水陆交通纵横交错。

唐亡后，经历了五代十国战乱频繁的时期。公元960年，后周大将赵匡胤建立了宋朝。宋朝曾先后有北宋、南宋，南宋时政权南迁，将北方先进的经济、文化推广到南方，促进了该区域的经济开发。宋代天文、科技以及印刷术均居世界前列，毕昇发明的活字印刷，堪称人类印刷史上的一大革命。

1206年，成吉思汗建立蒙古汗国。其孙子忽必烈1271年入主中原，建立元朝（1271—1368），定都大都（今北京）。忽必烈结束了长达数百年的多政权并立的局面，实现了包括新疆、西藏及云南地区在内的全国大统一。造纸、印刷术、指南针、火药是中国古代科技的“四大发明”，至宋元时期相继传入世界各地。

1368年，明太祖朱元璋在南京建立了明朝。1405年至1433年，明成祖朱棣派太监郑和率领庞大的船队进行了七次规模宏大的海上远航，途经东南亚各国、印度洋、波斯湾、马尔代夫群岛，最远到达非洲东海岸的索马里和肯尼亚，是哥伦布时代以前世界上规模最大、航程最远的海上探险。

明朝后期，中国东北部的满族迅速崛起，于1644年建立清朝，定都北京。清朝最著名的皇帝康熙统一了台湾，遏止了沙俄的入侵。他还加强对西藏的管辖，制定了由中央政府最终决定西藏地方领袖的一整套规章制度。

1911年孙中山领导的辛亥革命，推翻了清王朝200多年的统治，同时也结束了延续2 000多年的封建君主制，建立了中华民国，这是中国近代史上最伟大的事件之一。

发生于1919年的“五四运动”被认为是中国现代历史上许多重大事件的思想源头，其直接起因是第一次世界大战后强加于中国的不平等条款。强烈的爱国主义导致了这场由学生发起进而发展到全国各阶层的抗议运动。它同时引发各种新思潮进入中国，其中最为引人注目的是马列主义在中国的传播。1921年，毛泽东等12人代表各地的共产主义小组在上海举行第一次全国代表大会，中国共产党诞生。

录入技巧：

（1）双音略码词语。

全国　文化　革命　率领　台湾　领袖

（3）三音略码词语。

一系列　肯尼亚　第一次

（3）四音略码词语。

繁荣昌盛　纵横交错　五代十国　成吉思汗　四大发明　马尔代夫　辛亥革命　世界大战　引人注目　马列主义

（4）多音略码词语。

全国代表大会　中国共产党

（5）选词。

李渊（2）　顶峰（2）　纺织（3）　堪称（2）　史上（4）　并立（4）　郑和（2）　遏止（2）　制定（2）　统治（2）

（6）高频特定单音词。

均　宋　元

（7）联词消字定字。

晋（南）　隋（朝）　亡（魂）　术（语）　居（住）　昇（形码）　至（于）　场（子）

（8）捆绑。

经历了

精打四（难度系数68.2%）

在汽车工业等领域，减轻结构质量用来减少能量消耗是人们长期追求的目标，也是先进制造技术发展的趋势之一。内高压成形正是以轻量化和一体化为特征开发出来的一种空心变截面轻体构件的先进制造技术。最近这几年，由于汽车工业和航空工业的快速发展，内高压成形技术受到越来越多的重视。管材的内高压成形过程与很多因素有关，其中施加在管件内部的压力与轴向进给量之间的配比关系尤为重要，它影响截面的形状、厚度分布和最终的成形尺寸。过大的进给量会导致起皱，甚至折叠；相反压力给的过大，而进给不足时，就会胀裂。因此，如何将两者的匹配关系优化好是内高压成形技术在实际应用方面的最重要的课题。由于内部压力和轴向进给量之间的关系很难用显函数形式表达，属于非线性问题，所以传统的优化方法存在以下困难：

第一，优化中靠经验调整的参数较多，掌握困难。

第二，优化计算效率较低。优化时需要大量的有限元模拟计算，计算耗时过多，且结果往往不尽如人意。

第三，难以保证求得全局最优，往往陷入局部最优。

为了解决这些困难，本文采用了将均匀设计实验法、神经网络和遗传算法相结合求解内高压成形工艺最佳参数。充分利用均匀设计代表性好、试验次数少、试验效益高的特点，来建立神经网络的训练样本；然后利用神经网络具有联想、记忆、分类、优化计算和模式识别的功能，找出输入（决策变量）与输出（目标函数值）之间的关系（映射）；最后利用遗传算法的全局寻优功能得出最优参数，指导实际生产。

均匀试验设计是在正交试验设计的基础上进一步发展而成的方法。均匀试验设计相对正交试验设计有着明显的试验次数少、布点均匀的优势。均匀试验设计根据数论在多维数值积分中的应用原理构造一套均匀设计表，用来进行均匀试验设计。均匀设计表是一种规格化的表格，是均匀试验设计的基本工具，用 Un（mk）表示，表中 U 是均匀设计表代号，n 表示横行数即试验次数，m 表示每纵列中的不同字码的个数，即每个因素的水平数，k 表示纵列数，即该均匀设计表最多安排的因素数。

均匀设计法的优点：

第一，布点均匀，代表性好。

第二，试验次数明显比其他方法少。

第三，可通过计算机给出的定量的数学模型进行处理，分析工艺条件结果的影响。

第四，试验的效益高。

神经网络是对人类大脑的一种物理结构上的模拟，即以计算机仿真的方法，从物理结构上模拟人脑，以使系统具有人脑的某些智能。在众多的神经网络模型中，多层前馈神经网络模型是目前应用最为广泛的模型。

录入技巧：

（1）双音略码词语。

追求　保证　训练　表示　横行

（2）四音略码词语。

神经网络　充分利用

（3）选词。

成形（5）　管材（2）　管件（3）　轴向（4）　较低（3）　耗时（3）　试验（2）

映射（2）　指导（2）　数值（2）　积分（2）　仿真（2）　智能（3）

（4）高频特定单音词。

轻 变 量 法

(5) 联词消字定字。

截(面) 起(来) 皱(纹) (肿)胀 裂(纹) 显(得)

寻(找) 优(质) 纵(向) 馈(赠)

(6) 捆绑。

有限元 相结合

(7) 分击。

过/大

精打五(难度系数 78.6%)

滚压成形技术大约在100年以前就被用于螺纹零件的制造中，并获得了成功。对于齿轮零件来说，同样人们很早就开始运用滚压成形技术对其进行加工。不同的是，齿轮轮齿部分的成形精度要求，要比螺纹牙成形严格得多。轮齿成形精度低、模具寿命短等因素制约了该技术的发展。20世纪50年代，不少学者以提高轮齿成形质量，解决实用化问题为目的，进行了齿轮的滚压成形研究。20世纪70年代出现采用内啮合滚压成形的加工方法，最具有代表性的是由波兰人创立的WPM法。WPM法是用一对扇形齿轮作成形刀具，分别通过两个偏心轴使扇形滚刀做圆周运动后将轮坯齿形包络出来。WPM法为内齿成形刀具，较外齿滚刀强度好，且刀具与轮坯之间周向接触弧长，相对滑动速度小，具有成形质量好、刀具寿命长的特点。随后德国人又采用Grob法进行了直齿轮塑性成形研究。Grob法为仿形法，沿轴向进给。需分度回转才能完成全部轮齿的加工，加工精度较范成法低，但适合加工花键轴一类的长形零件。冷挤滚压成形存在成品合格率、生产效率等方面的问题，推广运用受到限制。为此，热挤滚压成形技术受到关注，日本学者开始研究热挤滚压齿轮技术。与冷挤滚压不同，热挤滚压设置一对齿形滚轮沿横向进给，工件用高频线圈加热，成形压力明显下降，且轮齿容易成形。由于影响热挤滚压齿轮质量（如精度、材料流动、成形缺陷及热处理后强度等）的因素较多，后来日本学者又进行了热挤滚压齿轮成形诸多影响因素的实验研究。进入20世纪80年代，滚压成形技术研究向高品质、低成本的“净成形”加工方向发展，并运用模拟仿真技术进行试验研究。

滚压成形有范成和仿形两种方法。范成法多用于齿轮成形，仿形法适合花键轴加工。范成法的原理是通过横向进给，使齿轮滚刀与加工齿轮啮合传动，轮坯受挤压塑性变形后，被包络出齿形。

在常温下用范成法对轮坯进行滚压成形时，轮齿是经过数次滚压形成的，理论上齿根的压入量正好是齿顶的凸起量，但实际上齿顶的凸起是偏向一方的。轮齿的成形质量与毛坯材料、滚挤压力、圆周速度及滚压次数等工艺参数有关。当参数选择不当时，会出现齿顶处卷料下凹现象。这是由于齿面材料流动与心部材料流动速度不等引起的。实验研究表明，它与刀具的压入量和轮坯圆周速度有关，与压入量成反比，与圆周速度成正比。对无加工硬化的材料，可消除卷料现象。刀具与轮坯接触时的滚挤压力变化是影响轮齿成形质量的一个重要因素，滚挤压力除受材料的抗拉强度及压入量影响外，还与成形中的啮合状态有关。

录入技巧：

(1) 双音略码词语。

日本　流动

（2）四音略码词语。

生产效率

（3）选词。

滚压（2）　实用（4）　扇形（1）　包络（3）　仿形（4）　轴向（4）

花键（2）　工件（2）　凸起（4）

（4）高频特定单音词。

短　化　周　沿　需　顶

（5）联词消字定字。

轮（子）　坯（布）　齿（科）　形（成）　直（接）　范（德）　挤（满）

净（化）　（凸）凹

（6）捆绑。

低成本

精打六（难度系数 70.3%）

由于太空中经常有许多流星和太空垃圾经过，待在太空中的宇航员随时都会有危险。例如，在 2001 年 10 月 26 日，为了避开一块太空垃圾的碰撞，美国国家航空航天局地面飞行控制人员设法将正在组建中的国际空间站的轨道提升了约 1.6 千米。由于太空中的宇航员远离地球，一旦遇到危险，他们往往只能坐以待毙，因此，为了防止这种悲剧的发生，美国国家航空航天局正在与美国国会、欧洲航天局以及其他机构讨论国际空间站的逃生计划。

关于这一问题，现在有三种想法。一种想法是在国际空间站坚固的安全舱里储存足够的空气、食物和医疗用品，出现紧急情况时，宇航员可以待在那里，等待救援。另一种想法是将一艘俄罗斯的“联盟”号飞船停留在国际空间站上随时待命，一旦那里发生严重事故，“联盟”号飞船将担负紧急疏散国际空间站成员的任务，确保他们安全返航。但是，第一种想法太被动，而第二种想法在援救人员的数量上又受到很大限制，一艘“联盟”号飞船每次只能载客 3 人（留在国际空间站上的人员不能太少，如果只有 3 个人的话，单空间站的维护就够他们忙的，根本没有时间从事科研活动），如果增加停留在国际空间站上“联盟”号飞船的数目又会受到费用、停泊空间等方面的限制。

因此，人们又提出了第三种想法，即采用宇航员救援船。这种救援船是以 X-38 飞机为基础改建的，它长 10 米，带有一个现今世界上最大的可控降落伞，伞的面积达 700 平方米。这种宇航员救援船可以常年停泊在国际空间站上，一次可载客 7 人。当出现紧急情况时，宇航员可以坐进宇航员救援船中，借助于降落伞，平安地滑落到地球上。在 2001 年 12 月，一架样机在13 700米的高空从一架 b-52 轰炸机上被抛下后，成功地降落在了美国加利福尼亚沙漠上。

1999 年 10 月，俄罗斯、美国、挪威和乌克兰合作，首次从美国加利福尼亚州的海上浮动发射平台上成功地发射了一颗商业卫星，把人类航天史册从陆地写到了海洋。较之在陆地上发射，海上发射有什么优势吗？为什么要到海上发射卫星呢？

首先，海上发射卫星提高了火箭的运载能力。发射船台可以行驶到赤道上，赤道是距离地球同步轨道最近的地方，这就最大限度地利用了地球自转的能量作为火箭的推动力，运载能力可提高30%左右，并且节约了燃料。其次，发射能力的提高使单位发射成本相应降低，价格降低了20%左右。最后，从海上发射卫星安全性高，无论是发射失败还是火箭子级坠落，残片都会落在水中，不必再担心造成人员伤亡。

录入技巧：

（1）三音略码词语。

平方米　轰炸机

（2）四音略码词语。

坐以待毙

（3）多音略码词语。

加利福尼亚

（4）选词。

流星（2）　远离（2）　只能（2）　食物（4）　救援（2）　现今（3）　样机（2）

（5）联词消字定字。

舱（门）　单（位）　伞（兵）　架（构）　抛（弃）　极（为）　残（疾）

（6）高频特定单音词。

话

精打七（难度系数 78.4%）

载人空间站是一种在近地轨道长时间运行，可供多名航天员在其中生活工作和巡航的载人航天器。小型的空间站可一次发射完成，较大型的可分批发射组件，在太空中组装成为整体。空间站中要有人能够生活的一切设施，不再返回地球。其结构特点是体积比较大，在轨道飞行时间较长，有多种功能，能开展的太空科研项目也多而广。空间站的基本组成是以一个载人生活舱为主体，再加上不同用途的舱段，如工作实验舱、科学仪器舱等。空间站外部必须装有太阳能电池板和对接舱口，以保证站内电能供应和实现与其他航天器的对接。

到目前为止，全世界已发射了9个空间站。按时间顺序讲，苏联是首先发射载人空间站的国家。其礼炮1号空间站在1971年4月发射，后在太空与联盟号飞船对接成功，有3名航天员进站内生活工作近24天，完成了大量的科学实验项目，但这3名航天员乘联盟11号飞船返回地球过程中，由于座舱漏气减压，不幸全部遇难。礼炮2号发射到太空后由于自行解体而失败。苏联发射的礼炮3、4、5号小型空间站均获成功，航天员进站内工作，完成多项科学实验。其礼炮6、7号空间站相对大些，也有人称它们为第二代空间站。它们各有两个对接口，可同时与两艘飞船对接，航天员在站上先后创造过210天和237天的长期生活记录。

美国也曾研制空间站，它的第一个空间站由土星5号火箭末级改装而成，被命名为“天空实验室”。它于1973年5月发射到太空近地轨道，入轨后一分钟就发生了太阳能电池板卡住，不能全部供应电力的故障。后经航天员在太空进行维修，才转危为安。这个空间站共接收3艘从地面发射来的飞船与它对接，航天员曾在站内创造连续生活84天的当时最高纪录，并完成多项科学实验。

苏联发射的和平号空间站是第三代空间站。它由1个主舱和5个实验舱组成。这5个实验舱是用于天文观察的量子1号舱，用于观测地面和出入太空的量子2号舱，号称“太空工厂”的“晶体”舱，用于大气研究的“光谱”舱和“自然”舱。主舱可对接2艘载人飞船和1艘货运飞船。这个空间站组装完成后是一个100多吨重的庞然大物，有人把它叫作“人造天宫”。其主舱是1986年2月苏联用质子号火箭送入太空的。自此之后，其他各舱段像积木一样一个一个地对接上去。当发射到第三个舱体——“太空工厂”时，正是1991年苏联解体的时刻，剩下的两个舱段又拖延了近4年的时间，于1995年和1996年才完成组装。整整费了近10年功夫，人们才把这个人造天体建造完毕。

录入技巧：

（1）双音略码词语。

一切

（2）四音略码词语。

转危为安　庞然大物

（3）多音略码词语。

到目前为止

（4）选词。

载人（2）　组件（3）　不再（2）　仪器（2）　不幸（2）　自行（1）　土星（4）　天宫（4）　积木（2）　功夫（2）

（5）高频特定单音词。

广　讲　乘　入　重

（6）联词消字定字。

近（来）　巡（视）　访（问）　舱（体）　获（得）　些（须）　末（期）　级（别）　轨（道）　接（着）　费（德）

（7）捆绑。

再加上

精打八（难度系数74.2%）

所谓“秋冻养生”，是指随着秋季的到来，气温逐渐降低，人应该适当地少穿点衣服，有意识地让身体冻一冻，以便逐渐提高人体的抗寒能力，逐渐地适应寒冷天气，以达到强身健体少生病的目的或效果。

“秋冻”应看“天时”。当天气变化比较平缓时，使身体略感凉意，但不感觉寒冷，即“冻一冻”是可以的。但一旦有强冷空气活动，造成气温急剧下降时，还一味地追求“秋冻”而不及时、适当地增衣保暖，不但达不到强身健体的目的，反而会招灾惹病，感冒和某些呼吸道疾病就会“不请自来”；“秋冻”也应因人而异，要根据自己的体质条件即抗寒、抗病能力量力而行，不可急于求成。

我国医学界自古以来十分强调要“秋冻”，教人们秋季不要急忙添衣，这是因为：秋天是冷空气与热空气交替的季节，气温变化不大，中秋以后还会有暖空气流动，尤其是东南沿海城市，秋凉来得更迟，立秋以后才有几分凉意。每隔四五天气温下降1摄氏度，属于秋风拂面不冻身的季节。如果刚冷一点就给孩子穿很多衣服，孩子活泼好动，极易出汗而把内衣浸湿，待安静下来时，风一吹，就易伤风感冒。为了迎接更加寒冷的冬天，抵御严寒气候的侵袭，提高自身抗寒的能力，减少冬季疾病的发生，秋凉之际，正在生长发育的儿童最好不要过早地多穿衣服。

秋天是锻炼孩子御寒能力的最好时段，通过对外界气温突然变化的逐渐适应，可提高肌体的适应能力，使自身抗病能力不断增强，可预防上呼吸道感染、肺炎等各种疾病的发生。即使患了病，病症也比较轻，好得也快。同时加强“秋冻”锻炼，还能提高肌肉和关节活动的能力，促进血液循环，流向四肢骨骼的血液也随之增加，对儿童的生长发育有益。但是家长也应该注意，不要为使孩子得到御寒锻炼而着凉生病，应根据孩子的年龄、体质和大气温度变化灵活掌握，使其逐渐适应。

深秋季节气温变化大，温差、风速、大气压都处于较大的波动状态。这种变化多端的天气会使人的皮肤、皮下组织血管收缩，周围血管阻力增大，导致血压升高，也会引起血液黏稠度增高，还会导致冠心病患者发生心绞痛、心肌梗死等症状，会使血管脆裂发生中风，引起偏瘫，危及生命。

所以，凡是患有心脑血管疾病的老人，在深秋季节不但不应该秋冻，相反还应该注意保暖，随着天气的变化及时增添衣服，以免旧病复发影响身体健康。那些身体调节功能已较差的年老体衰者、正在生长发育的婴幼儿和那些长期病号、弱不禁风的人则是不宜“秋冻”的。此外，有支气管病、哮喘病等病史的人也不宜“秋冻”。

录入技巧：

(1) 双音略码词语。

儿童

(2) 四音略码词语。

强身健体　量力而行　急于求成　活泼好动　生长发育　皮下组织　心肌梗死
旧病复发　弱不禁风

(3) 多音略码词语。

上呼吸道感染

(4) 选词。

凉意（4）　急剧（1）　一味（1）　不及时（2）　保暖（2）　体质（2）
秋凉（2）　立秋（2）　每隔（4）　极易（9）　伤风（2）　抵御（4）
之际（3）　肌体（3）　即使（2）　随之（2）　有益（3）　着凉（2）
中风（2）　偏瘫（2）　危机（1）　不宜（2）　病史（3）

(5) 联词消字定字。

秋（收）　冻（伤）　寒（噤）　感（觉）　衣（服）　惹（事）　添（加）
迟（滞）　拂（晓）　浸（渍）　湿（润）　待（遇）　易（于）　患（者）
脆（弱）　裂（纹）　衰（弱）

(6) 高频特定单音词。

穿　病　请　教　身　刚

(7) 捆绑。

达不到　因人而异

精打九（难度系数 79.2%）

我们身体所需要的许多营养来自摄入的蔬菜。日常生活中，一个成年人每天应摄入200～500 克蔬菜才能满足人体的需要。在生活中，人们往往凭着蔬菜价格与味道作为选用标准，其实这根本不科学。判断蔬菜的营养价值主要是看蔬菜内含有多少人体必需的维生素以及铁、盐和纤维素等。

科学家通过对多种蔬菜营养成分的分析，发现一种非常有趣的现象：我们所需的营养价值与蔬菜的颜色密切相关。颜色深的蔬菜营养价值高，颜色浅的蔬菜营养价值低，其排列顺序是“绿色的蔬菜—黄色红色蔬菜—无色蔬菜”。

科学家还研究发现：同类蔬菜中由于颜色不同，营养价值也不同。紫茄子含有丰富的维生素 P，它能增加微血管壁的抗压能力，改善血管功能，对高血压、皮肤紫癜、易发生出血倾向的疾病患者，有相当裨益。黄色胡萝卜比红色胡萝卜营养价值高，其中除了含有大量的胡萝卜素外，还含有强烈抑制癌细胞作用的黄碱素，有预防癌症的功用。

科学家还发现，同一株菜的不同部位，由于颜色不同，其营养价值也不同。大葱的葱绿部分营养比葱白部分营养价值要高得多。每 100 克葱绿含维生素 A1750 国际单位，而葱白几乎不含维生素 A，维生素 B1 及维生素 C 的含量也不及葱绿部分的一半。颜色较绿的芹菜叶比颜色较浅的芹菜叶和茎含的胡萝卜素多 6 倍，维生素 D 多 4 倍。

由于每种蔬菜所含营养种类和数量各异，而人体的营养需要又是多方面的，所以，在选用蔬菜时除了要注意蔬菜的颜色深浅外，还应考虑多种蔬菜搭配及蔬菜和肉食混吃。

“喝浓茶好还是不好?”这不能一概而论，应该根据不同的情况，因人而异。一般来说，正常人每天宜饮中等浓度的茶，一杯水放三克茶叶就够了（大约是一勺），每杯茶以冲泡三次为适宜。一般人常饮太浓的茶不妥，因为太浓的茶中含有大量的咖啡因，可以刺激神经，特别是晚上饮浓茶可造成失眠。患有心脏病、高血压、胃病、便秘、失眠、神经衰弱、甲状腺亢进、缺铁性贫血的人，喝浓茶等于“雪上加霜”，会引起胃肠不适。正在哺乳的妇女，不要喝浓茶，因为茶中多酚，对乳汁有收敛作用，影响乳汁分泌。

大量饮用浓茶会使心跳加快，这对心动过速的冠心病人，有诱发和加重病情的作用。但有些人，有些情况饮浓茶反而有利。浓茶有清热解毒、润肺化痰、利水通尿、消食去腻的功用。“上了火”的人，喝浓茶可利水通尿；口腔发炎，咽喉肿痛的人，饮浓茶有消炎杀菌作用；患有龋齿的人，饮浓茶有防治作用；患窦房传导阻滞或完全性房室传导阻滞的冠心病人饮浓茶，可提高心率，有辅助治疗作用。

录入技巧：

（1）双音略码词语。

满足　含有　多少　排列　顺序　绿色　红色　刺激

（2）三音略码词语。

科学家

（3）四音略码词语。

日常生活　密切相关　神经衰弱　雪上加霜

（4）多音略码词语。

缺铁性贫血

（5）选词。

摄入（2）　必需（2）　裨益（3）　抑制（6）　部位（1）　适宜（2）
失眠（3）　不适（2）　哺乳（3）　多酚（2）　化痰（3）　消食（9）
发炎（2）　肿痛（2）　消炎（4）　防治（2）　阻滞（4）　房室（3）

（6）联词消字定字。

盐（水）　浅（薄）　紫（杉）　微（机）　碱（性）　株（连）　菜（根）

绿（色） 叶（子） （根）茎 喝（水） 浓（郁） 茶（水） 宜（宾）
饮（水） 克（服） 杯（赛） 利（益） 尿（液） 腻（味） 火（花）
窦（唯） 房（子）

精打十（难度系数73.8%）

壁虎为何能飞檐走壁?

壁虎飞檐走壁的秘密就在它脚丫子那神奇的构造上。它的每只脚底部都长着数百万根极细的刚毛，而每根刚毛末端又有400根至1 000根更细的分支。这种精细结构使得刚毛与物体表面分子间的距离非常近，从而产生分子引力。虽然每根刚毛产生的力量微不足道，但累积起来就很可观。根据计算，一根刚毛能够提起一只蚂蚁的重量，而100万根刚毛虽然占不到一枚小硬币的面积，但却可以提起20千克的重量，如果壁虎同时使用全部刚毛，就能够支持约125千克的重量。

人不喝水可以活多久?

处于温度湿度适宜环境下的成年人，不喝水也可能存活一个星期或更久。人要健康，必须维持水分的平衡。我们从食物及饮料中获取水分，多数则从汗水及尿液中流失，还有少量存于粪便中。出汗是人类防止身体过热的唯一生理机制，汗液的蒸发可降低流经皮肤血管中血液的温度，也就有助于降低全身体温。如果出汗过多而不补充水分，则全身体液的含量就会迅速下降，最严重的后果就是导致血液体积减小，血压下降，体温上升得更高，在这种情况下，大多数人都活不了多久。

为何南极比北极还冷?

南极的高纬度及冰封的大地让这里成为地球上最寒冷的地区。根据当地观测站的人工记录，南极最低温度曾到－80.6℃，而北极透过卫星所测得的最低温是－48.9℃，还差南极一大截。当然，地球的两极都很冷，主要是因为两极所接收到的太阳辐射远不如中纬度及赤道那么多。另外，极地所接收到的日照大多数被雪白的地表反射掉了。在南极，冰层的表面比海平面高出2千米，在这种高地里，空气较稀薄也较冰冷。平均来说，南极目前是地球上最高的一块大陆。相对而言，北极位于北极海之中，浮冰的表面仅突出海平面约30厘米。南极地表下有大片土地，包围着北极的北极海却是个绝佳的热调节器，在冬天它温暖冷空气，在夏天它从大气中吸收热量。

录入技巧：

（1）双音略码词语。

构造 分子 水分 多数 含量 吸收

（2）四音略码词语。

飞檐走壁

（3）选词。

壁虎（2） 神奇（2） 适宜（2） 汗水（2） 粪便（2） 生理（2） 汗液（2）
冰封（2） 赤道（1） 极地（5） 浮冰（2） 包围（2）

（4）联词消字定字。

细（致） 近（来） 枚（恩） 氧（气） 测（量）

（5）高频特定单音词。

只 活

精打十一（难度系数 71%）

与地球上非常不适于居住的海洋、沙漠和极地等区域一样，月球也有一些使人类难以在它上面生活和工作的环境特征，包括真空、极端冷热、辐射和资源难以利用等。虽然有诸多缺点，但月球也有一些“与人为善”的优点。

首先，月球上有近一半的地区对着地球，而且位置和距离基本不变，这将为通信提供极大的便利。

其次，月球的整个表面都没有水、雪、植被或灰暗大气的遮挡，看上去一目了然。月面很大，相当于非洲和澳大利亚的面积之和。月球表层 1 米厚的月壤之下还是月壤，但这里温度恒定，不受昼夜交替造成的极地冷热环境的影响。在这样的深度之下没有地下水，仅有极少的月岩，而且温度不像地球上那样随深度增加而明显上升。

最后，月球上有我们在地球上体会不到的恒久性。如果我们把一个物体放到月面上，它将静静地躺在那里待上数年、数十年、几个世纪，甚至几千年。与在轨道上或深空中不同，它既不会慢慢飘走，也不会掉转方向；与地球上常要应付的情况不同，它不会生锈，不会腐烂，不会燃烧，也用不着担心风霜雪雨的侵蚀。

由于月球的个头儿“娇小”而且转动缓慢，在月面上旅行很容易与太阳保持同步。只要你以 16 千米/小时的速度在月面上沿赤道乘车西行，太阳就可以一直留在你头顶上的同一相对位置。在两极附近，留住阳光所需的速度就更低了。如果你驾乘的是一辆太阳能动力汽车，那么只要车况允许，路就会一直在你的车轮下延伸下去。利用这一点，人类可以在月面上成组地部署一些大型移动式实验室和前哨基地，让它们追随着太阳一路向西行驶，以开展研究和生产工作，并定期地互换或卸掉所生产的一箱箱货物。

另外，由于地势和轨道动力学两方面的原因，靠近月球南极的一些地方具有地球上看不到的奇特现象。在这里，有些月坑的坑底已有几十亿年不见阳光，很可能有水冰沉积。距这些月坑相当近的地方还有山峰，峰顶上有充足的阳光照射，可用于发电。不仅如此，这些山峰还总是处在地球的视线之内。这么理想的所在就好像大自然有意设计的一样，诱使人类前去建站设点。

月球更适于发射在太阳系中旅行的飞行器，甚至包括向地球轨道的发射在内，原因是摆脱月球引力场的束缚要比摆脱地球引力场的束缚更容易。最终使我们到月球上工作的技术目前发展迅速。与此同时，实现这些技术的成本也在不断下降。可以预言，一旦向月球移民的价值超过预期成本，一场“大戏”就将上演。而且开弓没有回头箭，人类一旦“攻占”了月球，就会继续走下去：走向火星，走出太阳系，走向新的太阳、新的希望。

录入技巧：

（1）双音略码词语。

缺点　燃烧

（2）四音略码词语。

澳大利亚　不仅如此

（3）多音略码词语。

开弓没有回头箭

（4）选词。

优点（2）　植被（2）　极地（5）　世纪（2）　深空（2）　娇小（2）　旅行（2）

西行（3）　赤道（1）　驾乘（3）　向西（2）　行驶（5）　不见（1）　视线（3）
好像（2）　诱使（5）　预言（2）　预期（2）　大戏（2）
（5）高频特定单音词。
区　沿
（6）联词消字定字。
极（为）　雪（花）　厚（度）　（土）壤　呆（了）　飘（雪）　雨（水）
踢（踏）　低（涡）　（车）辆　箱（子）　底（座）　冰（花）
（7）捆绑。
极大的　一目了然

精打十二（难度系数68%）

推支持实体经济发展新举措　增加小微企业贷款

国务院总理李克强主持召开国务院常务会议，听取今年减税降费政策措施落实情况汇报，决定再推新举措支持实体经济发展；部署完善国家基本药物制度，保障群众基本用药需求、减轻药费负担。

会议指出，减税降费是实施积极财政政策、保持宏观经济稳中向好的重要举措。今年以来，有关部门出台了一系列减税降费措施，支持小微企业发展、推动创业创新等积极效应不断显现。会议确定，在实施好已出台措施的同时，再推出支持实体经济发展的新举措。

一是对因去产能和调结构等政策性停产停业企业给予房产税和城镇土地使用税减免、对社保基金和基本养老保险基金有关投资业务给予税收减免、对涉农贷款量大的邮政储蓄银行涉农贷款利息收入允许选择简易计税方法按3%税率缴纳增值税。

二是为鼓励增加小微企业贷款，从9月1日至2020年年底，将符合条件的小微企业和个体工商户贷款利息收入免征增值税单户授信额度上限，由此前已确定的500万元进一步提高到1 000万元。

三是为推动更高水平的对外开放，鼓励和吸引境外资本参与国内经济发展，对境外机构投资境内债券市场取得的债券利息收入暂免征收企业所得税和增值税，政策期限暂定3年，完善提高部分产品出口退税率。采取上述措施，预计全年再减轻企业税负超过450亿元。

会议要求，已定和新定的各项减税降费政策要尽快落实到位，国务院督查组和审计署要加强督查推动，各部门都要主动拿出减轻市场主体负担的措施，让企业和群众切实有感受。

录入技巧：

（1）双音略码词语。
增加　召开　措施　落实　情况　决定　国家　群众　重要　有关　措施　发展
推动　确定　土地　投资　选择　方法　条件　水平　提高　部分　产品　超过
加强　切实
（2）三音略码词语。
国务院　一系列
（3）四音略码词语。
经济发展　宏观经济　今年以来　储蓄银行　对外开放　会议要求

(4) 多音略码词语。

养老保险基金　个体工商户　进一步提高　境外机构投资　企业所得税

(5) 捆绑。

李克强　增值税　督查组　审计署　市场主体

(6) 选词。

实体(2)　实施(2)　减免(2)　简易(3)　计税(5)　授信(6)　额度(2)

上限(2)　债券(2)　督查(2)　推出(2)

(7) 高频特定单音词。

再　是 在　已 调　量 各

(8) 联词消字定字。

微(米)　降(格)　费(得)　稳(步)　单(一)　暂(无)　免(疫)　至(于)

(9) 后置成分特定码。

企业　制度

精打十三(难度系数 77.8%)

中药的品种、产地、采药季节、储藏条件及剂量、剂型、给药途径、加工炮制、个体差异、生活环境等，均对中药作用的发挥有着显著的影响。

(1) 中药基原对药理作用的影响。中药大多数是天然药，其中又大多为植物药，由于产地不同，其有效成分的含量往往也不同。中药材绝大多数是中国自产的，少数为移植或进口的。在品种上，历代本草著作中屡有增加。不少本草书中指出了历史上中药品种的混乱情况。例如，目前全国用的贯众、独活、厚朴等中药，就来源于 20 多种不同种属的植物；同一中药大青叶，各地用的药材又有不同，有蓼科蓼兰、十字花科松兰、爵床科马兰、马鞭草科大青等，药用部分也有用叶及带叶茎枝的不同。另外同名异物的现象也很普遍。由于品种不清，其化学成分的含量和药理作用均有差异。

(2) 中药产地影响。药材产地对药物质量和疗效有着直接关系，自古即有“道地药材”的讲法。中药之中大部分都为植物药，自然生长环境具有一定的区域性，各地区的土壤、水质、气候、雨量等自然条件都能影响药用植物生长、开花、结果等一系列生态过程，特别是土壤成分更能影响中药内在成分的质和量。产地不同，同一植物所含有效成分不完全相同，从而使药理作用有别，临床疗效不稳定。如长白山的野山参，东北各省与朝鲜、日本的圆参，不但含人参总皂苷的量不同，而且不同皂苷单体的含量也不一样。又如人参茎叶中皂苷含量在吉林省 7 个产地所得样品，含量差别相当悬殊。不同产地及不同加工方法，人参提取物的量也不同。

(3) 采收季节及药用部位的影响。不同植物的根、茎、叶、花、果、种子或全草都有一定的生长和成熟期，故采药时间及采收方式随着中药的品种和入药部位而有不同。有效成分的含量随不同生长季节及不同入药部位而异，如人参中皂苷以 8 月后含量最高，麻黄中生物碱秋季含量最高，槐花在花蕾时芦丁含量最高，青蒿中青蒿素的含量以 7 月中至 8 月中花蕾出现前为高峰，应在开花前采收，薄荷在部分植株开始有花蕾时，挥发油含量大。臭梧桐有降血压作用，在五月开花前采摘的叶，对动物的降压作用强，开花后所采集的叶，降压作用减弱。再以人参为例，季节变化对圆参根中的皂苷和糖分含量有显著影响，故采收应在 6 至 9 月，而不应在冬季。不同的药用部位所含化学成分的质和量都可能不同，所以其药理作用也不同。曾有人比较了各地所产白参、红参的不同部位的人参皂苷含量，发现有较大差异。又如麻黄生物碱的含量，以麻黄茎的髓部含量最高，麻黄节中含量较少，而根中则不含生物碱。

录入技巧：

(1) 双音略码词语。

少数 疗效 样品 五月

(2) 四音略码词语。

绝大多数 十字花科 完全相同

(3) 选词。

中药 (2) 剂型 (8) 移植 (8) 大青 (2) 异物 (6) 道地 (3)

讲法 (2) 圆参 (2) 部位 (1) 麻黄 (2) 槐花 (2) 植株 (2)

(4) 联词消字定字。

药 (物) 基 (础) 屡 (次) 贯 (通) 众 (多) 厚 (道) 朴 (素)

属 (于) 蓼 (科) 兰 (花) 松 (柏) 爵 (位) 科 (目) 叶 (子)

(根) 茎 枝 (丫) 质 (子) 参 (加) 花 (朵) 果 (实) 异 (常)

芦 (花) 丁 (丁) 臭 (气) 降 (低) 例 (如) (骨) 髓

(5) 高频特定单音词。

采 均 原 自 种 量 期 白

(6) 捆绑。

天然药 植物药 中药材 生物碱

精打十四 (难度系数 75.2%)

同一种中药制成不同剂型，由于制造工艺和给药途径不同，往往影响药物的吸收和血液浓度，直接关系到药理作用的强弱。如枳实或者青皮煎剂口服，未见升高血压记载，但制成注射剂静脉注射，却出现强大的升压作用。同一中药或复方，即使剂量相等，剂型相同，但由于各药厂生产制剂的工艺不同，疗效和毒性也往往有所区别，甚至同厂不同批号的产品也不尽相同。在一定范围内，药物剂量的大小与其有效成分在血液中浓度的高低及其作用强度呈依赖关系。

机体因素也是影响药理作用重要因素，它包括生理情况、病理状态等。生理情况的影响，体质、年龄、性别、情志等，对药物的作用的发挥影响甚大。中医学很强调禀赋不同对药效的影响，意指遗传因素、身体素质对抗病能力及药物反应存在较大差异。年龄不同，对药物的反应也不同。少儿期与老年人对药物的反应与一般成年人有区别。少儿期正在发育阶段，许多器官的发育尚未完善，老年人肝肾功能普遍减退，都会影响药物的体内代谢及排泄功能，故用量应适当减少。中医学认为老年人体虚，对药物的耐受力较弱，故用攻病祛邪药物时宜减量使用；幼儿稚阳之体不能峻补，故小儿不宜用参、茸骤补。不同性别，对药物的反应也有明显差异，妇女一方面因体重差异，一方面由于激素的影响，对某些药物的敏感性颇有不同。如定坤丹、调经丸、乌鸡白凤丸适用于妇科；而催吐药、峻泻药则禁用于孕妇。精神状态对药物的作用也有影响，喜、怒、忧、思、悲、恐、惊等七情对药物作用的发挥，显有影响。此外，药物的个体差异，有量的和质的两种表现。既有药理学上高敏性、耐受性，也有极个别病人对某种药物发生的过敏反应，如口服人参糖浆、静滴生脉液等，都有过敏反应的报道。

病理状态也可以影响药物的作用，例如黄芩、穿心莲等药，对正常体温并无降低作用，只有发热病人用后出现解热作用。环境对药物的影响也众所周知，例如地理条件、气候寒暖、饮食起居、家庭环境、居住部位，都对人的健康有较大影响。人被环境影响精神不舒畅时，可直接影响药物的治疗效果。一般在四肢运动时，腹腔内脏的血流量减少，这对一些腹部疾患的恢复是不利的。此外，有些疾病在治疗过程中需要很好的休息，如果得不到正常的休息，就会影响治疗效果，如在肺部炎症时，如被迫过多劳动，可使炎症向周围组织扩散，病情恶化，使药物不能发挥正常的治疗效果。近年根据生物活动表现的昼夜节律，体温、肾上腺素、皮质激素分泌等的昼夜波动常与外界环境的昼夜变化有关。

录入技巧：

（1）双音略码词语。

相等　区别　反应

（2）四音略码词语。

静脉注射　众所周知　地理条件　饮食起居　家庭环境　病情恶化　昼夜节律
肾上腺素

（3）多音略码词语。

乌鸡白凤丸

（4）选词。

未见（3）　升压（3）　复方（2）　即使（2）　依赖（3）　机体（2）
病理（3）　生理（2）　体质（2）　禀赋（2）　减量（2）　不宜（2）
妇科（2）　气候（2）　腹腔（2）　炎症（2）
近年（2）

（5）联词消字定字。

枳（形码20）　实（际）　煎（熬）　剂（量）　呈（现）　情（况）
志（气）　甚（至）　意（思）　虚（伪）　攻（打）　袪（斑）　邪（恶）
宜（宾）　稚（嫩）　阳（刚）　峻（拔）　补（助）　（鹿）茸　骤（然）
坤（表）　丹（阳）　丸（药）　催（债）　吐（水）　禁（止）　喜（歌）
怒（容）　忧（伤）　思（想）　悲（愤）　恐（惧）　惊（吓）　显（得）
极（为）　静（止）　滴（水）　脉（搏）　液（体）　芩（11）

（6）高频特定单音词。

厂　期

（7）捆绑。

不尽相同　穿心莲

精打十五（难度系数81.2%）

脊髓以其在人身体中的首脑地位而被悬吊在椎管的中央，受到层层套管状保护。然而脊柱的多方位生理运动，使脊髓处在摇篮式的椎管中。为适应椎管运动的需要，脊髓进化成为具有特殊力学结构的半流体性黏聚体，在其总长度延伸10%的范围内，有极大的伸缩可塑性，可以在很小的外力作用下，像手风琴样折叠、展开或产生各种弹性形变。只要不超出延伸10%的极限，运动中的脊髓可以维持自身的动态平衡而安然无恙。由脊髓发出的脊神经，其神经根有椎间孔的环状保护，神经干有肌筋膜间隔或骨纤维管的环状保护。周围神经更具有延伸能力，以适应四肢超大范围的生理运动。

复杂的安全结构有其安全的一面，也有其隐患的一面。一旦机体内外环境发生超限度变化，神经保护管将会变成神经卡压环。环状卡压会造成脊髓和脊神经的严重损害。椎管狭窄可以引起脊髓的环状卡压。椎间孔或侧隐窝的狭窄可以引起神经根的环状卡压。肌筋膜间隔或骨纤维管的狭窄可以引起神经干的环状卡压。不同部位的卡压，以其所支配的区域而出现不同的神经卡压综合征。

人们多重视神经根或神经干的卡压，而轻视脊髓的卡压，殊不知神经根、神经干的卡压，因其疼而被早发现早治疗，脊髓的卡压，常因局部无疼而被误诊误治。如脊髓的多段卡压常被误诊为侧索硬化症而束手无策。颈胸段的脊髓卡压所引起的心脏和胃肠道功能障碍，常被误诊为心脏或胃肠道疾病而久治不愈。脊髓卡压综合征的早期常出现肢体感觉异常，中期神经反射亢进，肌痉挛；晚期肌萎缩，肌乏力，或大小便功能障碍。下腰段脊髓卡压则出现典型的间歇性跛行。脊神经根的卡压，则出现沿该神经干的放射疼，有关腱的反射迟钝或消失。

临床上能引起脊髓或脊神经根卡压的病很多，其中椎管狭窄症为世人所公认。常说的椎管狭窄，是以椎管骨性管道在统计学上的平均值为标准。只讲骨性管道，不讲纤维管道；只说管腔大小，而不论内容物粗细，就一概而论判定椎管是否狭窄，难免以偏概全。解剖学的椎管结构，除了骨性管道外，还有椎间盘后纵韧带、黄韧带、小关节囊等组成的纤维管道。李氏倡导临床椎管狭窄症，即凡经过X光、CT或MRI等影像学检查，证实神经受到卡压，以及临床体征明确的，应列入此症范畴。广义的椎管狭窄具有临床价值，如黄韧带肥厚可以使并不狭窄的骨性管道变得拥挤不堪。关节突或勾突的增生肥大，可以使椎管变形，侧隐窝狭窄。椎间盘向椎管内膨出、突出、脱出或椎体后沿增生，或后纵韧带骨化，均可不同程度地引起局段椎管狭窄。

录入技巧：

(1) 双音略码词语。

长度　人们

(2) 四音略码词语。

束手无策　拥挤不堪

(3) 选词。

脊柱 (3)　生理 (2)　环状 (2)　机体 (2)　消失 (2)　世人 (3)

公认 (2)　影像 (3)　证实 (3)　骨化 (2)

(4) 高频特定单音词。

超　凡

(5) 联词消字定字。

椎 (骨)　状 (况)　粘 (度)　聚 (集)　像 (章)　肌 (肉)　骨 (骼)

愈 (合)　环 (境)　隐 (秘)　窝 (火)　疼 (痛)　误 (诊)　治 (安)

索 (要)　症 (状)　颈 (部)　胸 (部)　腰 (子)　跛 (20)　腱(子)6

腔 (镜)　偏 (激)　概 (述)　纵 (横)　李氏 (14)　突(然)　勾 (结)

膨 (大)

（6）捆绑。

半流体性　极大的　可塑性　脊神经　神经根　殊不知　久治不愈

二、泛打训练

泛打训练需寻找多于精打文章3～5倍的文章或者影音资料，难度系数在70%以上。

三、生文章训练

本教材提供速度为190～300字/分钟的生文章160篇，声音文件及文本文件见网络资源。

露露：这阶段我处于十分茫然的阶段，有的时候难度系数在62%左右的220字/分钟的生文章，我的准确率能达到95%以上；有的时候难度系数在68%左右的180字/分钟的生文章，我的准确率反而仅达到90%左右。

李老师：这是正常现象，速录的速度是相对而言的，准确率也随着难度的变化而变化，因此首先应该用难度系数为65%左右的文章将速度提升至220字/分钟，在该速度上再将难度系数提升至68%左右，在速录的技能上就已经达到了高级速录师的水平。

但高级速录师不仅仅指速录的技能，还包含速录师的综合素质，例如，与人交往能力、应对突发事件的能力、知识的广博积累、教师职业能力等。因此成为高级速录师需要不断完善自己、不断进步，不是一蹴而就的事。

第七章 高级速录师工作实务阶段

本阶段要点

1. 信息采集。
2. 高级编辑功能介绍。
3. 速录人员的培训。

露露：现在我的速度已达到220字/分钟，是不是我就已经成为一名合格的高级速录师了？

李老师：一个人的技能只是一个职业的一部分能力，我们要结合高级速录师这个职业，熟悉相关的工作实务，再进行一段时间的实践工作经验的积累，方可成为一名合格的高级速录师。

以前我们学习了速录员、速录师工作实务，但高级速录师的工作实务与前两种工作实务稍有不同，让我们开始这一阶段的学习吧。

第一节　信息采集

一、语音信息采集技巧

（一）动态造词

1. 动态造词的概念

“动态”即可以随时改变，“造词”即“制造词语”，动态造词就是向个人词库中添加新词。

2. 动态造词的步骤

（1）录入词语。在速录工作中，速录师根据实际记录的需要，可将所需动态造词的内容录入速录系统中，然后认真核对，做到正确无误。

（2）选择词语。将光标移动到词语的头或尾。用“XWU：E”后移或“XWU：W”前移光标，即可选中词语，如图7-1所示。

（3）动态造词。用“XWU：XBW”将录入并选择好的词语添加到个人词库中。

图7-1　动态造词操作

3. 个人词库的整理

（1）打开“造词”对话框。

通过速录系统中的“词库整理”菜单，打开“造词词库”对话框，如图7-2所示。

图7-2　“动态造词”对话框

（2）个人词库的整理操作

在“查找词”一栏中填写要找的词语。在“词条”栏中找到要找的词语，可以对该词语进行删除。

4. 动态造词的规则

（1）允许7个字以内的任何词语被添加为新词。

（2）个人词库中不能有同音词。

（3）个人词库中的词语如果与系统词库中的词语同音，个人词库中的词语自动优先上屏。

（4）个人词库中的词语在记录时必须使用全音节码。

（5）动态造词后，从该词开始，其后面的所有同音词都自动修改成新词。

高手指点

（1）尽量不造单音词。

（2）双音词同音的多，盲目地进行动态造词反而不好。可以结合略码，合理地添加词语。三音词及三音词以上的词语，基本上可以根据需要任意添加。

（3）个人词库中的词语一般不要超过10 000条。个人词库要经常整理，删除无用的词，以减轻系统的负担。

（4）动态造词仅仅是对系统词库的补充，不要盲目地任意添加。

（5）一般在会议记录准备阶段要对会议中可能出现的词汇进行预先动态造词。

（二）系列功能码的翻页功能码

功能码：移动到文章开头“XUW：INA”，移动到文章末尾“XUW：UEO”，向文章开头方向移动一屏“XU：INA”，向文章末尾方向移动一屏“XU：UEO”。

在添加状态，翻页功能是经常需要使用的，因此学习者在平时练习时，应注意加强该功能的使用，以适应今后的速录工作，最常用的是“移动到文章末尾”功能。

（三）同音字词的准确录入方法

1. 同音字词简介

速录技术是以记录音节为手段来记录人们的讲话的。汉语的一个突出特点就是音节数量少，汉字数量多，有很多同音字词。

手写速记的速记稿就是由一串串代表音节的符号构成的，在进行整理的时候，必须根据上下文来正确判断同音字词。

速录系统充分利用了计算机的技术优势，让计算机同步地将音节信息流转换为汉字信息流。在这个转换过程中，有时很难做到完全的正确无误，这就需要使用各种方法对同音字词进行识别并准确记录，这些方法统称为速录技巧。

2. 速录技巧

（1）软件捆绑法。

亚伟速录系统采用了先进的字词捆绑技术，多数词语可由软件识别，无须选择。如“世纪末”，击打“XZ：GI”，提示行显示“实际”，继续击打“XBO”，则捆绑为“世纪末”。另外，还可以通过动态造词提高软件捆绑的准确率。

（2）汉字特定法。

此法采用汉字特定码，将文章中出现的单音字词进行特定，使其不参与捆绑，从而提高准确率。如“有证据”的“有”需用“X：IEO”进行特定，否则会被捆绑为“邮政局”。

（3）以词定字法（联词消字定字）。

这是亚伟速录技术特有的方法，即将要特定的汉字组成一个双音词，通过删除其中一个字，而留下另一个字的方法实现特定。如“布”没有特定码，而又需要准确击打时，则可先击打“布置”一词，删除“置”（右手 W）而留下“布”。有的字比较常用，而词库中没有合适的词，就可以造一个词，然后方便地定字。用作定字的词不仅仅是双音词，还可以是唯一的三音词、四音词或多音词。只要这些词中的前两个字在词库中没有同音词，那么在录入这两个音节以后，提示行首先出现的是这个词的前两个字，也可以方便地进行定字。

（4）以字定词法。

这是用双音词中的某个字再组词来特定双音词的方法。例如“市集”这个词在重码提示行的第二页，选择起来不方便，就可以用“市”组一个词“市场”来确定“市集”。

规则如下：

双音词中用作组词的那个字的音节码用“GWU”或“GWE”代替，如果使用双音词中的第一个字组词，用“GWU”代替；如果使用双音词中的第二个字组词，用“GWE”代替。“市集”的录入方法如下：

击打“XZ：GI”（“市集”的音节码）；击打“GWU：BZNO”（组词为“市场”，由于“市”是“市集”的第一个字，所以用“GWU”代替“市”的编码）。

屏幕上即显示“市集”。

（5）使用略码。

由于略码是唯一确定的，出现频率高，也没有重码，并且击打简单，所以合理地使用略码可以大大提高录入的准确性。

（6）拆打法。

速录机最大的优势就是并击，但是由于软件的自动捆绑功能，会把一些由单音词构成的词语捆绑成双音词，因此在个别情况下需要进行拆打处理，即将两个字分别单打，左右手均可，但是一般按照并击的方法，左手打第一个字，右手打第二个字。例如，“人的”，如并击则为“认得”；由于“人”和“的”都是高频字，因此拆开单打即可准确显示为“人的”。

（7）在提示行中选择。

有时一些常用词语不在提示行中的第一位，但是在前 10 位，这些词语又没有略码，因此均可直接选择（对部分词语甚至应该记住它在提示行中的位置）。由于频繁地在重码提示行选择会严重影响记录的速度，容易丢话，使记录不完整、不准确，因此应尽量先使用其他技巧对同音字词进行处理。实际上，速录员在正常工作中对这种方法的使用并不多，即使使用，也是记住了常用词语的位置直接进行选择操作，根本不看提示行，或是遇到人名、地名、专业术语中非常不好处理的字词时才看一下提示行（进行选择），有时干脆就留给后期校对处理。

（8）形码法。

有一些字没有合适的词可以定字，在提示行中的位置又需要翻页进行选择，但这些字恰在形码中处在第一的位置，对于这些字就可以使用形码进行记录。

（9）后期校对。

这里的“后期”不是指记录完毕后，而是在记录的同时，利用讲话人发言的空隙，迅速调用“同音字词查找替换”窗口进行替换。

一般情况下，首先需要迅速移动光标，然后进行替换（此时，必须使用“添加”状态工作，即光标移动时不影响录入)。有时需要利用两个空隙（在第一个空隙时移动光标，在第二个空隙时进行替换)。

高手指点

(1) 以上技巧中，以词定字法是最常用也是最好用的，尽量少用在提示行中选择法。

(2) 特定码和略码也是很简便的方法，建议熟练掌握。

（四）边采集边校对边整理

1. 概述

(1) 同步校对整理的必要性。

速录师在采集过程中，不可避免地会出现一些错误。有些错误有可能是事后整理不容易发现的。另外，演讲者的语言并不能保证是完全符合逻辑和语法的，有时甚至口语化非常明显。如果如实记录，恐怕演讲者本人都不会满意。对于这样的速录稿件，必须进行整理。因此，在采集过程中，同步进行校对整理对保证立即提供高质量的速录稿件有很大的帮助。在采集过程中进行同步校对整理时，一般需要两个人相互配合。对于高水平的高级速录师，也可以一个人独立完成。

当然，在采集完成以后，再对速录稿进行校对整理也是可以的。但是，从追求效率最大化的角度考虑，应该要求专业速录师能够在速录结束后，立即或尽快提交速录稿。

(2) 同步校对整理的内容。

速录稿的错误包括同音错误和记录错误，记录错误又包括多记、漏记、错记等。一般来说，对于高水平的高级速录师，其速录稿中主要是同音错误，记录错误应当接近于零。因此，同步校对主要是针对速录稿中的同音错误而言的。当然，在有人配合的情况下，多记、漏记、错记等错误也应该尽量校对整理。

2. 边记、边校对、边整理的操作

(1) 双人操作。

双人操作即一个速录师负责速录，另一个速录师负责校对整理，比较从容，包括以下两种方式：

1) 速录机＋标准键盘。速录师操作速录机进行速录，另外一个人操作计算机的标准键盘和鼠标进行校对和整理，主要是修改同音字，删除多余的字，尤其要注意对数字进行校对。

2) 速录机＋速录机。负责校对的速录师与负责速录的速录师各用一台速录机同时工作，可以进行任意的校对与整理。

(2) 单独操作。

若速录师在速录的同时对已经速录的内容进行校对整理，就需要有很高的录入速度、敏捷的反应能力、娴熟的操作技巧。具体来说，速录师必须具备以下能力：必须使用速录系统的“添加”状态进行速录；必须熟练、快速移动光标；必须熟练、快捷切换“添加/

插入”状态；必须熟练、快速调用同音字词替换功能；必须熟练、快速进行动态造词的操作；必须迅速、准确地增补遗漏的文字；必须能够记住需要修改的内容；必须机敏、果断地抓住每一个时间空隙从容操作。

高手指点

（1）操作的范围一般不超过一屏，否则很容易弄巧成拙，顾此失彼，相互影响。

（2）操作要抓住重点，不可能所有的错误都同步修改，一定要先修改刚发生的、必须要修改的错误。

（3）专门负责校对的速录师也必须认真听讲，在校对的同时不放过演讲者说的每一个字，否则无法校对。

（4）速录师必须保证速录内容的低错误率，在此前提下才可能进行同步校对整理。

（五）常用英文词汇及缩写

英语作为世界性的语言，其许多词汇已经融入了其他许多国家的语言当中。在中国的日常交流中，也有不少英语词汇或缩写，随着中外经济文化交流的日益频繁，这种现象越来越普遍。人们在使用它们的时候，常常是直接说出或写出英语的原文，而不翻译成汉语，这就对速录人员提出了更高的要求，即在高速记录汉语语言的同时，还要留意里面夹带的英语，并把它们如实地记录下来，这样才能更准确地反映演讲者的语言特点和语言内容的原貌。

表格里所列的20个英语词汇或缩写是当今生活中出现频率比较高的一些英语词汇（见表7-1)。社会在发展，生活在变化，语言作为人们思想和情感交流的工具，无时无刻不在发生着广泛而多样性的变化。速录人员要想出色地胜任自己的工作，就应该在工作和生活中不断地学习，发现和积累这方面的知识。

表 7-1

序号	英语词汇或缩写	汉语译义
1	O. K.	好，可以（表示同意或赞许）
2	W. C.	厕所，洗手间
3	CPU	（计算机）中央处理器
4	Internet	国际互联网
5	Modem	调制解调器，也称“猫”
6	Pizza	比萨饼
7	T-shirt	T恤衫
8	Yes	是，好的
9	No	不，不行
10	MBA	工商管理硕士
11	NBA	美国职业篮球联赛
12	Pie	派
13	VCD	视频高密光盘或其播放器
14	DVD	数字化视频光盘或其播放器
15	LD	激光视盘

续前表

序号	英语词汇或缩写	汉语译义
16	SARS	非典型性肺炎
17	BP	寻呼机
18	pH	酸碱度
19	AA	大家均摊的付款方式
20	Party	社交晚会

注意事项：在讲话中遇到不熟悉的英文单词时千万不要乱猜，实在不懂的话，可以在演讲结束后询问演讲者。

（六）非语音信息的语义采集

1. 非语音信息中的语义

（1）通过非语音信息表达语义。

会议上，有时候演讲者与听众情感相融达成了一种默契，或有时有些内容演讲者不愿意直接说出来，这时，演讲者会用动作即非语音信息的方式，把这些思想和情感表达出来。这就要求速录师能从这些非语音信息中判断语义，并及时地给予采集记录。

（2）推测不完整语句中的语法结构。

有的演讲者语言水平不高，在情急之下，在讲话中会遗漏很多句子成分，而恰恰这些内容对听众理解讲话内容又是很重要的，或这些内容是不应该被省略的，这时，速录师就应该把遗漏的重要内容补充好，使讲话完整、通顺、准确。速录师要能够根据上下文以及演讲的整体内容进行合理的判断和推测，并把这些内容正确而及时地记录下来。

2. 非语音信息的语义采集

（1）准确推测非语音信息的含义。

速录师在会议记录过程中，若要想正确采集非语音信息中的语义，就必须随时注意演讲者的表情、动作、手势甚至眼神等细微信息。只有这样，才能够准确地理解演讲者的这些非语音信息，才能尽可能地了解演讲者的演讲习惯，才能在需要的时候把演讲者的非语音信息转换成正确的文字记录下来。为了实现这个目标，速录师需要做以下工作：

1）尽量与会议举办者沟通、协商，把速录席安排在既可以清晰地听到声音又能够清晰地看到演讲者的地方。

2）在进行会议记录时，要注意观察演讲者，要看着演讲者进行记录，以便捕捉到演讲者的眼神、手势、表情等信息。如果需要看着屏幕，也要用余光随时观察演讲者。

3）在演讲者声音比较小的时候以及有异常情况时，一定要仔细观察演讲者以及周围的现场情况，这样才能够准确及时地捕捉到非语音信息。

4）在速录稿中，对非语音信息最好让读者能通过判断和推测得到，对非语音信息在速录稿中进行适当的描述，这样可以互相补充，使人们在阅读速录稿时能更准确地把握讲话者的原意。

（2）正确推测不完整的句子成分。

正确推测不完整句子成分的方法有：通过上下文理解语义；通过语法结构确定词性；

通过全文内容选择词语；用括号表明是速录师推测和添加的内容。

高手指点

（1）不要任意推测，只有在必要的时候才进行推测。

（2）不要随意推测，一定要依据上下文和整个讲话的内容进行推测，要符合逻辑。

（3）注意把推测的内容与记录的讲话内容作明显区分，以便于人们阅读时能够明白哪些是原话，哪些是补充上去的。

二、校对符号的用法

（一）手写文稿的识别方法

（1）手写文稿。手写文稿有时比较潦草，因此速录师应具备识别行书、草书并规范简化字的能力。一个人所写的文字通常都有一定的规律性，仔细辨认和琢磨就能发现其中的特点，从而正确地识别其中大部分的文字，个别一下子识别不出来的文字，可以等校对时再补上。

（2）手工校对稿。校对稿件时应仔细、认真，看清校对的文字和要替换的文字，包括标点符号，都要对照文稿认真核对。

（3）手写文稿的手工校对稿。这样的文稿识别起来最困难，也最容易出错，可以在仔细阅读后再录入，这样困难就会小一些了。

（二）校对符号的用法

作为文章的校对人员，在进行校对时，一般应该使用规范的符号来标注所校对出的错漏。运用校对符号，既能减轻用文字作标注的麻烦，同时也为抄写者或录入人员依据校对符号进行校正提供了方便，从而能提高文稿的录入速度和质量。作为一名速录师，完全有必要掌握规范校对符号的用法，以利于提高自己的工作水平和看打文稿的速度与质量。

校对符号的用法如下所示。

（1）字符的改动。

1）改正字符。

正：提高出版物质量。

提

误：增高出版物质量。

2）删除字符。

正：提高出版物质量。

误：提高出版物物质质量。

3）增补字符。

正：要搞好校对工作。

误：要搞好校 工作。（对）

4）调换损污字符。

正：坏字和模糊的字要调换。

误：坏字和模糊的字要调换。

（2）字符方向、位置的移动。

1）转正字符。

正：字符颠倒要转正。

误：字符颠倒要转正。

2）对调位置。

正：认真总结经验。

误：认真经验总结。

3）字符转移。

正：要重视校对工作，提高出版物质量。

误：校对工作 要重视 ，提高出版物质量。

4）接排。

正：要重视校对工作，提高出版物质量。

误：要重视校对工作，

提高出版物质量。

5）另起段排。

正：……完成了任务。

明年……

误：……完成了任务。明年……

6）上下移。

正：

序号	名称	数量
01	×××	2

误：

序号	名称	数量
01	×××	2

说明：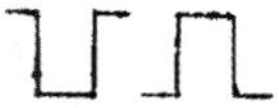字符上移或下移到缺口左右水平线处。

字符上移或下移到箭头所指的短线处。

7）左右移。

正：要重视校对工作，提高出版物质量。

误：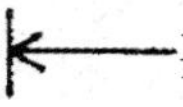要重视校对工作，提高出版物质量。

说明：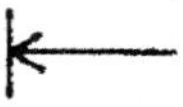字符左移到箭头所指的短线处。

正：

3　4　5　6　5

欢呼　歌　唱

误：

3　4　5　6　5

欢呼　歌　唱

说明：字符左移到缺口上下垂直线处。

正：硫酸的分子式是：

$$H_2SO_4$$

误：硫酸的分子式是：

说明：字符移动稍多或复杂，可两个符号合用。

8）排齐。

正：校对工作非常重要。

误：校对工作非常重要。

正：　　必须提高印刷
质量，缩短印制的
周期。

误：　　必须提高印刷
质量，缩短印　制的
周期。

9）移动角字符。

正：$16=4^2$

H_2SO_4

尼古拉·费欣

0.25＋0.25＝0.5

X∶Y＝1∶2

误：

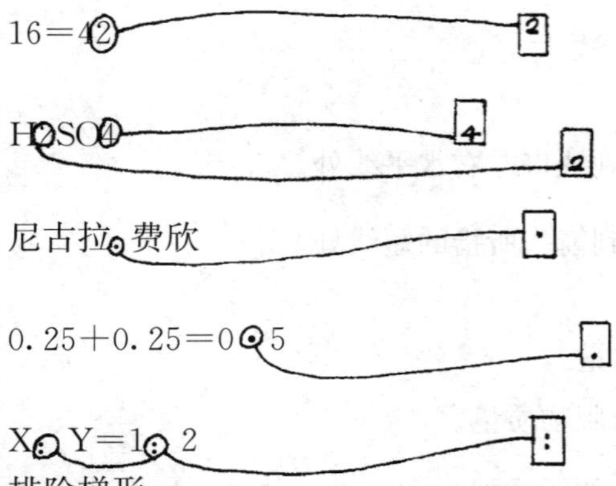

10）排阶梯形。

正：$^{R}H_{2}$

误：RH_2

11）正图。

正：

误：

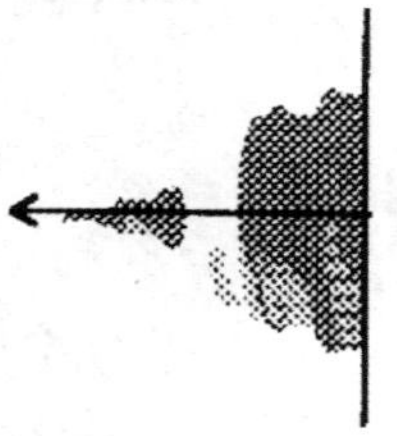

（3）字符间空距的改动。

1）加大空距。

正：　　　　一、　校　对　程　序

误：　　　　一、校对程序

正：　　校对胶印读物、影印
　　　　书刊的注意事项：

误：　　校对胶印读物、影印
　　　　书刊的注意事项：

2）减小空距。

正：　　　一、校对程序

误：　　　一、校对程　序

正：　　校对胶印读物、影印
　　　　书刊的注意事项：

误：校对胶印读物、影印

书刊的注意事项：

3）空一字距。

正：第一章　校对职责和方法

误：第一章校对职责和方法

说明：空 1/2 字距为“卄”，空 1/3 字距为“卅”，空 1/4 字距为“卌”。

4）分开。

正：Good　morning!

误：Goodmorning!

说明：用于外文。

（4）其他。

1）保留原字符。

正：认真搞好校对工作。

误：认真搞好校对工作。

2）代替某字符。

正：机器由许多零件组成，有的零件是铸出来的，有的零件是锻出来的，有的零件是……

误：机器由许多另件组成，有的另件是铸出来的，有的另件是锻出来的，有的另件是……

○＝零

3）说明。

正：**第一章　校对的职责**

误：第一章　校对的职责　改三黑

高手指点

（1）要注意在实践中提高自己的校对质量。

（2）掌握规范的校对符号，最好自己动手修改几篇文章。

三、运用播放软件及因特网采集信息

（一）播放软件的操作

计算机上的各式各样的音频和视频文件必须使用相应的播放软件才能播放出来。传统的播放软件功能比较单一，如“录音机”主要是播放声音文件的，“媒体播放器”主要是播放视频文件的，另外还有一些专门播放特殊格式文件的播放软件。

随着计算机软、硬件技术的发展，现在的播放器一般都可以兼容很多种媒体文件格式，可以播放各种常用的音频视频文件。下面就以“暴风影音”为例，简单介绍一下播放软件的操作。

1. 界面介绍

(1) 播放窗口，如图 7-3 所示。

图 7-3 播放窗口

(2) 状态显示。显示文件播放的进度、当前时间、总长度、音量、播放状态等信息。

(3) 操作按钮。可以实现对播放的各种控制操作。

2. 基本操作

(1) 播放。该按钮的功能为正常播放当前文件，最常使用。

(2) 停止/暂停。这两个按钮的功能皆为停止文件的播放，较常使用。

(3) 快进/快退。这两个按钮分别实现文件的快速前进和快速后退，用于快速找到相应的位置。

(4) 前/后段落。同时有多个文件在列表中准备播放时，这两个按钮实现前后文件之间的快速转换。

(5) 步进。在视频文件播放时，可用此按钮逐帧查看图像，按一下移动一帧。

高手指点

(1) 播放软件的种类很多，掌握最基本的播放、停止、快进、快退等功能即可。
(2) 播放软件发展很快，要不断学习。

3. 常用技巧

(1) 视频抓图的方法。首先播放视频，到待截取画面处暂停播放，选择“文件→保存图像”将其保存为 bmp 或 jpg 格式的文件。不过需要提醒大家的是，这种方法并非对所有格式的视频有效，如果程序提示“保存图像失败，hr=...”则表明该方法对当前视频无效。

（2）视频画面比例调节的方法。选择“查看→全景→编辑”菜单，单击“新建”按钮，并在“位置”和“缩放”栏设置大小参数，其中“位置”栏的数字设置在0.0～1.0，“缩小”栏的数字设置在0.2～3.0，并为该方案起个名字（如 New），完毕后单击“保存”按钮。当我们需要调节大小时，只需选择“查看→全景→New”即可，如果想恢复窗口的大小，只需选择“查看→全景→复位”或者直接按下数字键5。

（3）断点续看的方法。其实，暴风影音已经为我们想到这一点了，它提供了一个类似于下载软件的“断点续传”的功能。选择“收藏→添加到收藏夹”，在“请选择一个快捷方式名称”栏设置一个名字，再勾选“记住位置”，单击“确定”按钮。下次播放的时候只需要选择“收藏”菜单中设置的快捷方式名称就可以继续观看了。不过该功能同样并非支持所有格式，至少在测试播放 rmvb 格式时不支持。可以选择“收藏/管理收藏夹”来管理添加的收藏项，包括给文件重命名、移动其顺序等。

（4）电视剧的播放方法。方法一：首先将要观看的电视剧都添加到暴风影音的播放列表中，调整其播放次序为正常次序，接下来选择“查看→选项”，切换到“播放器”标签，勾选“使用全屏方式打开文件”，在每集开始的时候按下“Ctrl+G”键打开“转到”窗口，在“时间”栏中填写电视剧片头显示需要的时间后，回车或者点击“转到”按钮即可。方法二：首先选择“查看→选项”菜单打开“选项”设置窗口，切换到“其他”标签，在“步进间距（小，中，大；毫秒）”栏将连续剧的片头时间填写进去（注意此处单位为毫秒），接下来在播放的时候只需要按下热键“→”就行了，或者选择“播放→逐帧步进”并开始播放即可。

（5）声道切换的四种方法。很多电影光盘使用双语压制而成，可能会需要切换声道。在 Windows Media Player 或者超级解霸中切换声道非常简单，在暴风影音中同样可以。在需要切换声道时，可以做以下尝试：首先选择“播放→滤镜→音频切换器”进行切换；如果该菜单呈灰色不可选状态，或者其中只有一个声道子菜单，可以选择“查看→选项”，切换到“回放”标签中，在“均衡”栏拖动滑竿来设置左右声道。或者切换到“滤镜”栏下的“音频切换器”标签中，勾选“启用自定义声道映射”，将“扬声器配置为2个输入通道”，并按住 Shift 键，分别将“前左”“前右”“前中”等栏都勾选“1”或者“2”（这取决于你想切换到哪个声道）。当然，如果尝试了所有方法都不行，那就只有使用最后的办法：打开“音量控制”，拉动“波形”处的滑竿来调节左右声道。

（6）在线视频的方法。首先运行暴风影音目录下的 mpcassoc.exe 文件，该文件是用来重新建立文件关联的程序，选中“进行文件关联”，单击“下一步”，在“关联列表”中选中“流媒体协议 mms：//”“实时流协议（rtsp：//）”“RealNetworks 流协议（pnm：//）”三项，确认后就可以观看在线视频了。然后设置一下 Real 格式在线视频参数，运行暴风影音安装目录下的 realcfg.exe 文件，这里分别设置带宽、连接超时时间、缓冲时间、代理服务器以及播放性能等。

（7）备份暴风影音中的所有设置。每次重装系统后我们不但要重新安装一遍暴风影音，而且其中的设置也要重新操作一下。如何解决这个麻烦事呢？选择“查看→选项”菜单，在“播放器”标签中勾选“保存设定于.ini文件”。这样大家可以看到暴风影音安装目录下有个名为mplayerc.ini和realcfg.ini的文件，其中便记录了我们对暴风影音和Real在线视频播放的所有设置，只需要将它们保留备份起来，下次再覆盖回原目录即可。

（二）因特网相关知识及操作

1. 因特网的相关知识

（1）因特网。

因特网是一种计算机网络，它是由遍布全球的很多台服务器互联所组成的一个全球最庞大的资源共享网络。

（2）因特网的主要应用。

1）信息共享。通过因特网可以制作一个网站，将自己整理的信息通过因特网发布。

2）通信。通过因特网可以互相传递信息（电子邮件、即时通信软件、网络音频/视频应用），既快捷、方便，又价格低廉。

3）信息化生存。任何电器设备，只要能够接入因特网，都可以随时随地被操控，这大大方便了人们的生活。

2. 因特网的基本操作

（1）因特网的接入

接入因特网有以下几种方式：

1）拨号上网：安装调制解调器。拨号上网时，调制解调器是必备的设备。其作用是将音频信号“调制”成数字信号在线路中传递，接收方再将调制好的数字信号还原成音频信号。

申请账号。常用的是中国电信的169，账号和密码都是169，可以直接使用。

设置拨号网络。进入“拨号网络”，添加新的网络连接，填入电话号码、账号、密码后即设置完成。

2）通过局域网上网：在上网服务场所（网吧），通常是将所有的计算机先连接成一个局域网，再用共享方式共同接入因特网。

3）其他上网方式：DSL。使用普通电话线路，常用的是ADSL，可以提供速度较快的网络连接。

有线电视光缆。通过有线电视网进行连接，速度快，运行稳定。

电力网络。通过电网进行网络信息传输，使用方便，速度快。

专线连接。直接与因特网用专线连接，速度快，费用高。

无线上网。使用手机等设备通过移动通信网络接入因特网，如GPRS、CDMA以及4G等。

（2）浏览网页。

因特网上的操作主要是通过浏览器实现的。

1）打开浏览器。在桌面上可以找到一个“e”形的图标，这就是浏览器的快捷方式，双击即可启动浏览器。

2）填写网址。网址是不同的网站在因特网上的唯一地址，通过网址才可以访问到相应的网站。

3）在浏览器的地址栏里正确填写网址后回车，即可访问该网站。

4）下载。实际上，网站的内容必须下载到浏览器中才可以浏览，有一些内容（如压缩文件、程序等）是不可以直接浏览的，必须下载到个人的计算机上才可以解压、运行。

在因特网上下载文件非常简单，只要用鼠标单击要下载的文件就会出现一个对话框，提示您是保存在计算机上还是直接运行该文件，一般选择“保存”该文件，然后开始选择目录，选择完成并确认后，就开始下载了。根据网速的不同以及被下载内容的不同，下载的时间长短也不同，有时需要耐心等待一段时间。

（3）网络聊天。

利用因特网进行即时信息交流是很方便的，可以进行一对一的聊天，也可以同时与多个网友交替或轮流聊天。只要您有计算机，能上网，就可以方便地与同样有计算机并上网的朋友聊天。当然，聊天的效果与录入文字的速度密切相关，速录师在网络聊天时显得更加得心应手。

网络聊天软件发展得很快，它不仅可以传递文件，而且支持音频和视频，但很多人依然习惯使用打字的方式进行网络聊天，这也是网络聊天的魅力所在。

高手指点

（1）浏览因特网内容前必须事先连接上因特网。

（2）有很多病毒是通过因特网传播的，要注意做好病毒防护工作。

第二节　高级编辑功能介绍

一、版面编排

（一）插入图片

（1）已有的图片。在计算机上保存的图片，大多都可以直接插入文件中。直接在排版软件中选择“插入/图片”命令，到计算机相应的位置上找到图片文件确认即可。如果图片比较大，还需要调整到合适的大小。

（2）绘制图片。有的排版软件提供了绘制图片的功能，但那都是比较简单的、用线条和形状组成的图形。除非所需要的图形就是很简单的，绘制比较容易，否则一般不适用这种方式产生图片。

（3）注意事项。插入图片时要进行调整，要注意图片的长宽比例，否则图片会因变形而不好看。

（二）图文混排

根据文档内容的需要，把图片和文字统一编排在页面上的排版方式，就是图文混排。

这时需要处理好图片与文字的关系。

1. 文字不绕排

图片单独占一行，左右没有排列文字，这就是不绕排。这样的排列一般出现在文章的开始和结束位置，或在文章中间，或选择的图片比较大又需要突出图片时。文字不绕排，处理起来就比较简单，但在图片比较小而又少的情况下，版面就显得不好看。

2. 文字绕排

图片的左右分别或都有文字环绕，这就是绕排。这样排列时，图片就好像是“长”在文字里一样，图文结合得比较紧凑，结构比较合理。这时，图片的相对位置就需要做一些设置。

(1) 图片居左。图片放在页面的左边，文字在图片的右边排列。

(2) 图片居中。图片放在页面的中间，文字在图片的两端排列。

(3) 图片居右。图片放在页面的右边，文字在图片的左边排列。

高手指点

(1) 图文混排时，图片最好不要将连续的语句分割开来，一般最好安排在段落之间。

(2) 图文混排时，要围绕主题统一协调它们之间的比例。

二、整理、输出与提交

(一) 速录机的高级编辑功能

如同很多软件中都有快捷键一样，速录机的编辑功能也有一些快捷键，这就是速录机的高级编辑功能，使用这些功能可以大大提高编辑操作的效率。

1. 光标的快速移动

(1) 行首/行末。

1) 将光标快速移动到行首。功能键：XU：XZEO，右手为“首”的音节码，代表“行首”。

2) 将光标快速移动到行末。功能键：XU：XBO，右手为“末”的音节码，代表“行末”。

(2) 前一屏/后一屏。

1) 将光标向文件首移动一屏。功能键：XU：IAN。

2) 将光标向文件末移动一屏。功能键：XU：UEO。

(3) 文件首/文件末：

1) 将光标移动到文件首。功能键：XWU：IAN。

2) 将光标移动到文件末。功能键：XWU：UEO。

2. 文字块操作

(1) 块的定义/取消。

1) 定义块首。功能键：XEO：XBG、XZEO，右手连续按“K首”，代表“块首”。

2）定义块尾。功能键：XEO：XBG、UE，右手连续按“K尾”，代表“块尾”。

3）取消定义。功能键：XEO：XBG、XIAO，右手连续按“K消”，代表“块（取）消”。

（2）块的复制/粘贴。

1）将文字块复制到内存：功能键：XEO：XBG、XBU，右手连续按“K复”，代表“块复（制）”；功能键：XWU：XZ，代表标准键盘快捷键：Ctrl+C。

2）将内存中的文字块粘贴到光标位置：功能键：XEO：XBG、ZAN，右手连续按“K粘”，代表“块粘（贴）”；功能键：XWU：XI，代表标准键盘快捷键：Ctrl+V。

（3）块的移动。

块的移动，实际上是两个操作：

1）块剪切。用速录功能键“XEO：XBG、GIAN”将需要移动的块从当前位置上删除。

2）块粘贴。将光标移动到位后，用速录功能键“XEO：XBG、ZAN”将块粘贴在移动目的地。

3. 字词处理

（1）造词。

将光标放在词语的前面或后面，按功能键“XWU：E”或“XWU：W”，然后按功能键“XWU：XBW”，将词语添加到“YWDAN”中。

（2）自定义。

1）选择。如果自定义的内容短，可采用在“造词”中选中词语的方法；如果自定义的内容长，可采用块定义的方式选择。

2）开始定义。按功能键“XWU：D”，弹出“自定义”对话框。

3）定义键位。双手并击相应的键位进行定义。如果按错了，可以重新按，系统以最后一次击键为准。

4）确认、取消。如果确认，按“XWU：XBW”，否则按“XAN：O”取消。

（3）字词的前后联想。

以某字为双音词的第一个字进行词前联想，功能键：XWU：A；以某字为双音词的第二个字进行词后联想，功能键：XWU：O。

高手指点

（1）注意指法的准确。

（2）有一些功能键是模拟标准键盘快捷键的，如果对计算机操作比较熟练，则可以不必掌握速录机专用功能键。

（3）速录机专用功能键多是两击，但左手击键相同时，可以采用左手不松开，连续按右手键位的方式进行。

（二）文本信息的常规加密

1. 概述

计算机内存储的文本信息通常以纯文本文件和其他格式的文本文件方式存在。如果要对其进行加密，主要是对文件本身进行加密，常规加密的方法是设定密码，只要别人不知道密码，就无法得到文本的内容。当然，更加高级的加密手段和方法还有很多，在这里不去过多地讨论，也不要求速录人员必须学习和掌握。

2. 文本信息常规加密的方法

(1) 压缩加密。

这是利用压缩软件将文件进行压缩并加密的方法，它在制作压缩文件的同时设置密码。在将文件解压缩时，必须正确输入密码，否则无法解压缩，即无法阅读文本内容。此方法适用于任何文本信息，因为压缩是不考虑文件具体内容的，只要是计算机上的文件都可以进行压缩。压缩加密一方面可以实现加密的功能，另一方面节省了存储空间。

(2) 文件加密。

1) WPS-Office：选择“文件/文档加密/密码”命令，即可在打开的对话框中填写密码；保存后再打开文件就会要求输入密码，密码正确才可以打开文件。

2) MS-Word：在将文件“另存为”时，选择“选项”命令，在打开的对话框中就可以填写“打开权限”和“修改权限密码”，保存后再打开文件就会要求输入密码，密码正确才可以打开、修改文件。

高手指点

(1) 常规加密主要是依靠密码，一定要记住密码并保存好密码。

(2) 加密的文件可以被删除，因此用加密的方式存储文件是不能保证文件不被毁坏和丢失的。

第三节 速录人员的培训

一、教学培训

(一) 培训计划的制订

作为一名高级速录师，不仅要具有丰富的速录实践经验，能够出色地完成各种速录任务，还必须具备一定的速录专业培训和指导能力以及完成各项速录任务的组织协调能力。

1. 速录培训计划

高级速录师要想具备一定的专业培训和指导能力，首先要学会针对不同类型的速录学员制订速录培训计划。

(1) 速录培训的主要内容。

对于初学速录的学员，必须从速录的基础知识学起，其中主要包括：

1) 速录音节码。包括基本键盘键位、速录声码、速录韵码、速录音节码等。

2) 速录特定码。包括速录单音词特定码、双音、三音、四音、多音略码，后置成分双音词特定码，包含后置成分的词语的略码，中文大、小写数字和数字词语特定码等。

3）速录功能码。包括阿拉伯数字和数学符号、拉丁字母、编辑功能、标点符号、符号录入、形码等。

4）速录系统。包括速录系统的安装、调试、调整、设置、功能、使用等。

5）速录技巧。包括使用特定码和略码、单击、捆绑、动态造词、联词消字定字、自定义、选择等。

6）速度训练。包括初级训练、中级训练、高级训练，看打和听打训练、熟文章和生文章训练、专项训练等。

7）速录考评。包括词语的测试，熟文章的看打、听打、测试，生文章的看打、听打、测试等。

（2）速录培训的阶段。

人们的认知具有明显的阶段性，速录这一操作性技能的学习更是如此，制订速录培训计划必须遵循这一规律。学习速录技能主要有以下五个阶段：

1）入门阶段。学习指法和操作。

2）初级速度训练。训练基本功和部分熟文章、生文章。

3）中级速度训练。训练熟文章和生文章。

4）高级速度训练。训练生文章、口语训练、高速听打训练、高速熟文章训练等。

5）强化训练。集中、高强度地看打、听打各种内容。

2. 速录培训计划的制订

（1）培训计划的制订原则。

1）循序渐进的原则。速录技能的培训与任何其他技能的培训遵循同样的原则，就是一定要循序渐进，不能跨越性地安排培训，否则学员不容易接受，培训效果不好。当然，对于知识的掌握，由于原理简单，容易接受，基本上可以灵活安排。

2）学而时习原则。速录是一项技能，必须不断地实践、重复。因此，在安排培训计划的时候，必须考虑复习的问题，要让学员扎扎实实、一步一个脚印地牢固掌握。

3）规范准确原则。速录有严格的指法和操作规范，这都是有很多科学依据的，不能马虎，一定要规范、准确。当然，根据个人手指条件的不同，在一定程度上进行适当调整也是必要的，但不能违反原则。

4）因人施教原则。每一个人的条件不相同，同样的安排，训练时的效果也不相同，必须针对不同人群的不同个性特点进行合理的安排，千万不能“一刀切”。

5）灵活调整原则。俗话说：“计划赶不上变化。”再好的计划都不可能十全十美。一旦实际情况证明现有的计划不能取得很好的效果，就应该适当地进行调整。因此，在计划制订的开始阶段，就要充分考虑到适应变化的问题，不能过于死板。

6）形式多样原则。速录训练是很枯燥的，但是训练的内容实际上是丰富多彩的，如何使学员在训练时不感到枯燥，是保证训练效果的重要环节，必须使每天的训练形式多种多样，符合学员的兴趣和特点。

7）精讲多练原则。学习速录的关键在于训练，对于原理的讲解要适可而止，不可过于详细，以免占用大量的时间而影响训练。

8）快慢兼顾原则。学员情况不同，进度肯定不同。在计划的安排上，一定要兼顾快慢程度不同的学员的需求。不能紧紧抓住“尖子”不放而不考虑其他学员的感受；也不能过分照顾学习进程较慢的学员，耽误了其他学员的进度。一般要以大多数学员的水平为依据，适当照顾两头的学员。

此外，培训计划的制订还要兼顾以下三个方面：

第一，培训计划的制订要先大后小，先长期、后短期，先框架、后具体。

第二，培训计划的制订要有目标、有方案、有安排。

第三，培训计划的制订要有重点、有难点、有问题。

（2）各个阶段培训计划的制订。

1）入门阶段。

本阶段培训的特点。入门阶段需要掌握全部的速录编码以及速录系统、速录机的操作使用，速录学习的主要内容都集中在这个阶段。学员如果对这个阶段的学习内容掌握得不完整、全面，势必会给以后的进一步学习与训练造成困难。这个阶段也是整个速录学习的基础阶段，要掌握速录机的键盘键位、基本指法、坐姿。如果这些基本功不规范、不正确、不牢固，将不利于正确习惯的养成，影响速度的提高。

本阶段培训计划的制订。本阶段的培训重点是速录编码，尤其是速录音节码的速录指法。培训计划要本着先易后难的顺序制订，要以训练为主，例如：键盘及基础指法；声码、韵码；音节码；特殊编码；功能码。上述内容要用大量的练习来保证短时间内对少数几个编码指法的最大限度地重复，并合理地安排进度，使后面内容的学习同时又是前面内容的复习。如有必要，也应该安排集中复习，如声码总复习、韵码总复习、音节码阶段复习等。关于速录系统及速录机的操作使用可以根据需要在适当的时候进行训练，并结合集中讲授和学员自学，以保证学员能完整、全面地掌握。如果采用全日制白天上课，本阶段的培训时间一般安排1个月。如果采用的是按课时授课，本阶段的培训时间一般安排100课时。

具体教学安排概要。在实施具体教学的时候，可以采用如下安排：复习学过的内容；讲解新的内容；由学员自己熟悉新内容；教师带领学员由慢到快熟悉新内容；进行一次测试；对学员的试卷进行评判，帮助学员找到错误原因并加以改正；学员自己继续有针对性地熟悉新内容；按要求反复播放录音听打，要求学员努力跟上；进行测试并总结。

2）初级速度训练。

本阶段培训的特点。初级速度训练阶段要求全面熟练基本功，基本掌握速录编码的指法，通过训练达到一定的熟练程度。这个阶段也是速度提高的关键阶段，如果基本功不扎实、不全面，对以后速度的提高会产生不利的影响。如果不认真进行这个阶段的训练，速录学习就会走弯路。

本阶段培训计划的制订。本阶段的重点是速录编码的强化熟练，对学员的要求不能满足于会，而是一定要熟！培训计划要突出强化性，兼顾全面性。要把培训目标分解成为若干个小目标，把速录编码合理地分解为若干组。对于难度大的要单独安排，集中强化。

如果采用全日制白天上课，本阶段的培训时间一般安排4个月。如果采用的是按课时授课，本阶段的培训时间一般安排600课时。

具体教学安排概要。本阶段的培训目标比较单一，内容也比较死板，应适当安排一些其他的训练项目穿插进行。例如：复习前一天的内容；学员自己训练当天的内容；听打训练当天的内容；生文章的看打训练；测试当天的内容；熟文章的训练；数字、字母等专项训练。

3）中级速度训练。

这个阶段也要经常复习基本功。熟文章训练以学员看打为主，训练若干遍以后，进行测试。教师要带领学员熟悉文章中的技巧，然后再开始训练，一般是一篇达到要求以后再换另一篇，最好不要规定一篇文章训练多少时间。生文章训练以教师带领听打为主，可以根据培训对象的实际速度制订训练计划，以 5 个字的速度增长，每一阶段安排一篇新的文章进行训练，努力达到速度要求。每天安排一次测试。

如果采用全日制白天上课，本阶段的培训时间一般安排 3 个月。如果采用的是按课时授课，本阶段的培训时间一般安排 400 课时。

4）高级速度训练。

本阶段的训练重点是音节码熟练程度的进一步提高，并基本达到条件反射的程度；另外是反应能力的提高，基本达到记一句听一句的要求；还要重点训练击键的高速连贯性，通过熟文章高速听打、口语记录等进行训练。对于熟文章主要是达到 300 字/分钟的熟练程度；生文章重点在于掌握技巧，需要大量不同类型的文章，难度系数为 70%左右；高速听打训练的主要目的是训练反应能力，要求能够尽量跟打下来，完整记录；口语记录属于综合训练，检验和训练学员的速度水平。高级速度训练阶段的安排一定要本着从施展出发，以提高学员的实际工作能力为出发点和目标。经过高级速度训练，学员虽然没有进行实际的会议记录，但是也获得了与实习相同的效果，即高级速度训练相当于给学员提供了实习的机会，让学员获得实际工作经验。

如果采用全日制白天上课，高级速度训练阶段的培训时间一般安排 3 个月。如果采用的是按课时授课，本阶段的培训时间一般安排 400 课时。

5）强化训练。

强化训练属于超强度、短时间、不定期的集中训练。目的是使学员在短时间内集中注意力，强化大脑的运动，提高反应能力和综合发挥速录技能的能力；学员通过超强度的训练，逐渐适应紧张的速录工作，不至于在实际工作时手忙脚乱。训练安排以超强度为主：高速度、高紧张度、高疲劳，几乎全是听打训练。在训练过程中，穿插安排一些调整性练习，以缓解训练的压力。

本训练在学员基本上可以胜任工作时进行。一般安排每次 2～3 小时，1～2 周为一个训练周期。每周进行 1～2 次测试，以掌握学员的进步情况。经过训练，学员应能够全面提高速录水平，再经过自身的努力，即可轻松胜任速录工作。

高手指点

（1）培训计划的制订要循序渐进，不可急于求成。

（2）培训计划的制订要因人而异。

（3）培训计划的制订要各种形式穿插进行，有张有弛。

（4）各阶段的目的不同，在训练安排上采用的训练方式也要有所不同，不可千篇一律。

(5) 强化训练要讲求效率，不能搞疲劳战术。

(6) 训练计划要遵循心理学规律，避免使学员出现厌倦、烦躁、疲沓、松懈等不良的情绪反应。

(二) 培训讲义的编写

高级速录师不仅应该是一名优秀的速录能手，而且还应是一名好的教练员和培训师，在实施培训过程中，还要具备编写本专业培训讲义的能力。

1. 培训讲义的作用

速录培训虽然是以技能培训为主、理论培训为辅，但是，作为速录教师，如果不会制订培训计划而盲目地实施教学，学到哪里就练到哪里，这样有违技能训练的规律，不仅学员速录的速度提升很慢，培训的综合效果也不会好。

培训讲义是教师在课堂上实施培训的根据，是培训讲授的指南，也是培训实际情况的备忘录。编写培训讲义的过程，是备课的过程，也是落实培训实施计划的过程，培训教师必须认真对待。

(1) 培训的根据。培训讲义要把培训的目标、内容、进度和要求等都详细编写在内，培训实施时基本上以此为根据，按计划和要求一步步地实施，这样可以做到心中有数。

(2) 培训的指南。如何安排，如何讲授，如何操作，课堂上可能会出现哪些问题，应该怎么办……这些都需要事先有所考虑，并落实到讲义上。这样，培训有了具体指导，课堂效果才能得到保证。

(3) 培训的备忘录。都培训了什么，培训到什么程度，翻看一下以前的讲义，就清清楚楚、历历在目了。下一步应该如何进行，就可以根据这些内容进一步安排，这就是培训讲义的备忘录功能。

2. 培训讲义的内容

(1) 培训目标。培训要达到的目标是编写培训讲义必须紧紧围绕的主题，而且一定要详细、具体、可量化、可检查。

(2) 重点难点。培训中哪些是重点内容，必须严格要求学员达到的目标，哪些是难点内容，学员会遇到什么困难，如何解决，这些都必须写到讲义中。只有这样，培训时才能重点突出，难点清晰，方法明确。

(3) 培训内容。这是培训讲义的主要部分，占篇幅最大，要详细地写明，最好按教学要点和训练流程把培训内容一一写好。

(4) 时间安排。培训的具体实施过程中，重点、难点安排在什么时间训练，训练、测试等各个环节具体需要进行多长时间等，都要严谨地列出明确的时间表。这样可以避免在具体培训时过于松散或过于紧迫，影响培训的效果。

(5) 培训记录。培训的效果如何、学员的成绩如何，存在哪些问题，是否完成了计划，哪里安排得不好，哪些没有进行……这些是培训讲义中不能事先具体写好的。这些需要在具体培训实施过程中随时如实记录，作为下一次备课时的重要参考。培训记录有时甚至会影响到整个教学计划的调整，因此必须认真、如实、详细地记录清楚。由于培训记录是培训计划执行情况的记录，因此，为了能清晰地反映教学计划执行情况，一般都在教案上留下一定的空白并做清晰而简单的标记。当然，学员的成绩必须单独做记录。培训记录的样式见表 7-2。

表 7-2　　培训记录

姓名	练习时间	练习内容	速度	准确率

高手指点

(1) 培训讲义要紧密结合教材和教学大纲。
(2) 培训讲义不要脱离实际，要切实可行。
(3) 培训讲义要清晰、工整、实用。
(4) 培训讲义一定要作为教学的第一手资料认真保存。

（三）速录考评

考评是对速录学员实际学习情况和真实水平进行量化和评价的基本方法，速录作为以技能为主的培训，尤其不能忽视这一教学方法的运用，在培训的不同阶段合理地进行考评，可以动态地反映学员学习提高的幅度，可以检验教学的效果，可以诊断和发现培训中存在的问题，它是搞好下一阶段教学的依据。

1. 速录考评的内容

速录考评的内容主要包括：考评指标、考评标准、考评方法、考评要求等。

(1) 考评的主要指标包括：击键速度和实际速度；相对准确率和绝对准确率；一次上屏准确率。

(2) 考评标准可分为以下情况：

1) 速录员，要求能记录 140 字/分钟的匀速朗读内容，绝对准确率 98%以上，一次上屏准确率 95%以上。

2) 速录师，要求能记录 180 字/分钟的匀速朗读内容，绝对准确率 98%以上，一次上屏准确率 95%以上。

3) 高级速录师，要求能记录 220 字/分钟的匀速朗读内容，绝对准确率 98%以上，一次上屏准确率 95%以上。

(3) 具体的考评有三种方法：播放录音，现场记录；人工朗读，现场记录；提供稿件，看打记录。

(4) 实施考评时应做到：录音或朗读清晰、标准；准确计时、公平评判；一人一套设备，同一考场同时进行。

2. 速录考评的主要标准及定义

速录是一种新的技能，在这几年的教学测评实践中，速录教师们归纳总结出了几个本专业技能特有的测试评估指标，并且给予了具体定义。

（1）速录速度。

速录速度即在单位时间内速录的字数，包括击键速度和实际速度。速录考评中一般采用“分速”的概念，即1分钟速录多少字，单位是“字/分钟”。

1）击键速度。这个速度计算的是被测者单纯击键的频率，以每分钟所打包括所有正确或别字在内的所有字的字数。这个速度指标通常要与准确率一起使用才能准确说明被测者的真实水平和能力。

2）实际速度。这个速度计算的是与原稿进行对比后所得正确的字数体现出来的分速即字/分钟。这个速度能够准确严格地体现被测者速录的真实水平和能力。在实际操作中，有计算标点（看打测试）与不计算标点（听打测试）两种。

（2）速录准确率。

速录准确率包括以下三种：

1）相对准确率。这是用正确的字数除以所速录的字数得到的比值（正确的字数÷速录所有字数＝相对准确率），是被测者所速录的内容中正确字所占的比例，同样能够反映被测者真实的速录水平和能力。

2）绝对准确率。这是用正确字数除以原始文本字数得到的比值（正确的字数÷原始文本字数＝绝对准确率），是被测者所速录内容中正确字数在原稿字数中所占的比例。这种测评由于有原稿作参照，所有参与测试的人员的评判标准是客观一致的，便于进行横向比较。

3）一次上屏准确率。这个数字指标是指测试结束后，不给校对时间，经评判计算后得到的绝对准确率。（未经校对的正确的字数÷原始文本字数＝一次上屏准确率）。

3. 速录考评的标准和要求

（1）速录考评的标准。

按照《速录师国家职业标准》，技能考评的时间是90分钟，全部为听打，具体参考标准如下（国家职业资格鉴定的标准以相应的鉴定办法为准）：

1）速录员，记录40分钟，校对50分钟。评判计算绝对准确率，达到98%以上为合格。

2）速录师，记录60分钟，校对30分钟。评判计算绝对准确率，达到98%以上为合格。

3）高级速录师，记录80分钟，整理10分钟。评判计算绝对准确率，达到98%以上为合格。

（2）速录考评的要求。

1）考试场所设备。具备统一软硬件配置的计算机，具备与计算机数量相同的速录机设备，有配套的音响设备。

2）考试环境。考场应该光线适中、安静，通道宽敞、畅通。

4. 速录考评的方法

（1）看打。

1）限时看打。准确足够长的文章，在规定时间内进行看打。到时间停止，不校对，直接评判计算，标准符号计算在内。

2）计时看打。准确好文章后开始看打，同时记录时间，直到这篇文章看打完毕，再记录看打时间。不校对，直接评判计算，标点符号计算在内。

（2）听打。

听打的方式很单一，就是播放录音或朗读文章，由被测者耳听速录，听打结束后，视文章长短可以给被测者一定的校对时间。

二、指导操作

（一）速录指导与演示

一名称职的高级速录师，不仅要能够出色地完成各种速录任务，还必须具备一定的速录专业培训能力和具体指导下级速录员完成任务的能力。

1. 速录指导

速录指导，具体是指高级速录师在速录培训的过程中，对下级速录员给予具体的帮助和辅导。

（1）速录培训指导。

1）指导学员训练。

入门学习阶段。这个阶段的学员由于是初次学习速录，最容易出现指法问题和不认真练习基本功的问题，因此，对初学者的指导，主要是检查其坐姿是否正确，指法是否规范，操作是否准确，心态是否平和，是否始终坚持盲打等。在这一阶段，要反复强调基本功的重要性，要对学员的每一点进步都给予充分的鼓励。

巩固提高阶段。这个阶段的学员由于认为自己有了一定的速录基础，最容易产生急于求成心理，但往往表现为个人感觉良好，但实际上基本功并不扎实的情况。因此，对他们的指导主要是通过基本功的测试，了解他们对音节码词语的熟练程度和准确率，并有针对性地指出存在的问题，让其了解自身的弱点，在打牢基本功的基础上，进行有针对性的训练。

实习应用阶段。这个阶段的学员心理问题较多，通常是对速度提高信心不足，或对同声听打不适应。对其进行指导，要以增强其信心、鼓励其训练的斗志为主，帮助其正确看待自己的成绩，客观分析自己的错误，全面掌握速录技能与技巧，积累同声听打的经验。

2）辅导教学。

辅导是教学的重要方法之一，速录技能的学习与掌握，虽然主要靠学员自己的领悟与练习，但是也离不开教师的耐心辅导。指导教师在进行教学辅导时，重点是培养学员的各项基本素质和能力。让学员自行练习时，既不能放任自流，也不能过于刻板、教条。指导教师进行辅导时，要强化责任意识，对学员负责，如果离开教师适当的辅导，学员容易走弯路，养成不良的习惯，这一点一定要给学员讲清楚。

速度提高的过程，就是不断训练的过程。教师要能够合理地安排训练，正确地使用不同的训练手段。指导教师训练，主要是把握住不同速度阶段训练的特点，把训练安排得紧凑、有效、不疲沓。指导教师对学员的训练必须全面，不留死角。

教师必须不断地进行测试与考评，这是了解学员真实水平的重要手段。指导老师进行测试与考评，关键是让教师明白测试与考评的重要性，合理地运用测试与考评，了解学员的实际水平，制订和调整教学训练计划，激励、引导学员，形成比、学、赶、帮的良好教学氛围。

(2) 速录工作指导。

1) 会议记录指导。

会议记录指导主要是通过“师傅带徒弟”的方式进行，即由指导者和被指导者组成一个服务组，以指导者为主，被指导者为助手。在实际工作中，被指导者注重体会会议记录的具体过程。指导者也要适当地让被指导者做主打，以磨炼其心理素质和运用速录技巧的能力。

2) 录音/录像整理指导。

这方面的工作相对简单，因为不是在现场，所以经常出现机械记录的情况。对被指导者进行指导，主要是要让其以会议记录的状态进行工作，观察其工作过程，分阶段抽查其工作任务完成情况，多肯定其成绩，鼓励其继续努力。当然，如果客户有特殊要求，例如录像带配字幕等，就必须一字不差地实施记录。

另外，资料中的问题，如有听不清或外文听不懂的情况，只要在记录稿中的相应位置加以说明即可，不必为了一个单词而影响整个工作任务的完成。

2. 速录演示

速录演示是展现速录师自我能力、展示速录团队整体实力、宣传速录工作的特点和魅力的重要活动。

(1) 熟文章高速看打。

熟文章是速录师经过反复训练，看打速度非常快的文章。这是对速录技术突破速度极限能力的最好的证明，要求速度比较高，至少在400字/分钟以上，同时一次上屏准确率至少在95%以上，否则没有说服力。

(2) 看打比赛。

这是通过与非速录操作人员进行打字比赛来显示速录的速度优势的，采取的方法是：让非速录操作人员在计算机上开始看打文章；当屏幕上的文字达到一定行数时，由速录师开始看着屏幕录入；当速录师完全追上非速录操作人员时，比赛结束。

(3) 现场记录同步投影。

在讲话的现场，由速录师实时同步记录，与此同时把记录的内容由投影仪投射到大屏幕上，让在场的人员都能看到速录的进度和效果。要想取得良好的效果，演示的质量必须要保证，这就对速录师提出了很高的要求。记录内容必须做到完整、准确、可读。

(二) 速录任务的组织与协调

高级速录师不仅应该具备较高的速录水平，还要有本专业技能的培训能力，同时还应该具备带领下级速录员去完成各项速录任务的组织和协调能力。

1. 速录任务的种类

高级速录师带队接受任务后，首先要收集有关资料，了解和分析任务的类型，这是制订任务计划和组织完成好速录任务的前提。

(1) 听打录入。

1) 现场同声记录。包括会议、会谈、谈判、采访、接待、询问、口授等的记录。

2）网络文字直播记录。主要是当网站在各种场合进行文字直播时进行记录并实时将文字传送到网络上。

3）远程同声记录。主要是电话记录和电视/电话会议记录以及网上录音记录等。

4）录音/录像整理记录。包括录音带、录音笔等的文字整理以及录像带配字幕等。

（2）看打录入。

1）印刷体文稿看打录入。包括报纸、杂志等印刷稿或复印稿等。

2）手写体文稿。包括各式各样的手稿等。

2. 速录任务的组织与协调

高级速录师作为任务的组织协调者，必须对自己团队成员的综合能力和业务特点了如指掌，这样才能做到量才适用，把成员分配到最适合的岗位，这是组织协调完成好任务的关键。

（1）速录员的安排。

速录员的速录速度应达到平均 140 字/分钟，主要安排他们做看打录入，有时也可以安排做语音信息的整理记录工作，以及法院的庭审记录工作。

（2）速录师的安排。

速录师的速录速度平均应达到 180 字/分钟，可以安排语音信息的整理、口授、询问、采访、接待等速录任务，也可以安排与高级速录师一起做会议记录服务，做高级速录师的助手以适应和胜任会议记录工作。

（3）高级速录师的安排。

高级速录师的速录速度平均应达到 220 字/分钟以上，一般的速录任务都能够独立完成，主要承担要求比较高的大中型会议的速录工作。因此，在实际工作安排中，除特别重要的会议场合外，一般不安排两个高级速录师为一组。在多数情况下，要么安排高级速录师独立承担任务，要么给高级速录师选配一名普通速录员做副手，目的是让高级速录师通过会议记录的实战，对副手进行全面的传、帮、带，使普通速录员的心理素质和业务技能在工作实践中不断地成熟起来，尽快成长为一名高级速录师。

高手指点

（1）高级速录师接受任务后，要注意收集有关任务的资料。

（2）必须根据速录人员的业务水平、特点等分配具体岗位和任务。

C 附　录

附录一　高频特定单音、双音、三音略码词语对照表

高频特定单音词		双音略码词语		三音略码词语	高频特定单音词		双音略码词语		三音略码词语
X：	W：	：X	X：	W：	X：	W：	：X	：W	X：X
				阿拉伯			揣测	揣摩	
		爱情	爱国	爱好者	穿	船	传播	传统	传染病
按	案	按照	安全	安理会	闯		创造	创作	创始人
			昂贵				垂直	吹捧	
		澳门		奥运会			春天	春秋	纯利润
把		巴黎	爸爸	芭蕾舞	此	次	刺激	此外	
			（八月）	（八路军）	从		从而	从事	
百	白	白色	百万	百分点					凑热闹
半	办	办理	办法	办公室			促成	促进	促进派
帮		帮忙	帮助				摧残	摧毁	
报	包	保证	包括	保护人	村	寸	存在	存贮	
被	倍	北京	北方	被告人	错		措施	错误	
本		本质	本身	本部门	大	打	大家	达到	大规模
		崩塌	崩溃		带	代	代替	代表	代用品
比	笔	比较	必须	必需品	但		但是	单位	单方面
便	变	变成	变化	辩护人	当	党	当然	当时	党中央
表	标	表示	表现	标准化	到	道	到底	道路	到时候
别		别离	别人	憋足劲	的	得	得到	德国	得罪人
		宾客	宾馆		等		等等	等于	等于零
并	病	并且	病人	并没有	地	第	地方	地区	第一次
		玻璃	剥削	博览会	点	电	电脑	电话	电视机
不	部	不能	部分	不能不	调	掉	调查	调动	
才	采	才能	采用	财产权	定	顶	定理	定律	
		参加	参考	参加者	动	东	东西	动作	东南亚
		仓促	仓库				都是	斗争	斗争性
草		操作	操纵			度	独立	赌博	独立性
侧		测定	测量		短	段	锻造	锻炼	短训班
层	曾	曾经	层次		对	队	对象	对于	对立面

续前表

高频特定单音词		双音略码词语		三音略码词语	高频特定单音词		双音略码词语		三音略码词语
X：	W：	：X	X：	W：	X：	W：	：X	：W	X：X
差	查	差别	差距	差不多	吨		蹲点	吨位	
		拆卸	拆开	拆墙脚	多	夺	多少	多数	多方面
		产品	产生	颤巍巍			恩情	恩爱	
长	厂	长期	长度	常见于	而		而且	儿童	
朝	超	潮流	超过		法	发	发展	法国	发言人
车		彻底	车间		凡	反	反应	反对	反革命
陈		沉淀	沉重	沉甸甸	放	防	方面	方法	房地产
称	成	成为	程度	成活率	非	飞	飞机	非常	废品率
吃	尺	持续	持久	吃不上	分	份	分析	分子	分界线
虫	重	重新	充分	充其量	风	封	封建	丰富	丰产田
		抽象	仇恨	筹备会			佛教	佛祖	
出	除	出来	出去	出发点	否		否则	否认	否决权
副	富	复杂	负责	服务员	较	教	交换	叫做	交易所
该	改	改变	改革	概念化	节	届	解决	结果	解放军
干	敢	感到	感觉	感觉到	斤	进	近来	进行	尽可能
刚	钢	钢铁	刚才	港澳台	经	竟	经济	经过	经济学
高	搞	告诉	高度	高强度	据	举	举行	具有	具体化
各	个	革命	各个	革命化	就	旧	就是	就要（九月）	就是说
给									
根	跟	根本	根据		卷				
更					绝		决定	绝对	绝对化
公	共	工业	工作	共产党	均	军	均匀	军队	军事化
够		构造	构成	购买力	卡				
故	股	固定	古代	顾不上	开		开展	开放	开发区
挂					看		看到	看出	看样子
管	关	关系	管理	冠军赛	靠		考验	考虑	
光	广	广大	广泛	光秃秃	可		可能	客观	科学家
归		规定	规律	规范化	肯		肯定	恳求	肯尼亚
过	国	国家	过程	国务院			坑害	坑人	
				哈尔滨	空		空气	控制	空架子
还	海	还是	孩子	海南岛	口		口号	口头	扣帽子
汉	含	含量	含有	含水量	苦	哭	苦难	库存	哭鼻子
行							夸大	跨度	
好	号	好像	豪华	好容易	快	块	快餐	快速	
和	合	和平	合乎	核试验	宽		宽大	宽广	
黑		黑天	黑暗	黑龙江	矿		况且	狂欢	
很		很小	很快	很难看			困难	困苦	
横		横行	衡量				扩大	扩充	扩大化
红		红色	宏观	轰炸机	拉		拉扯	拉开	拉关系
后		后来	后面	候选人	来		来宾	来源	来得及

续前表

高频特定单音词		双音略码词语		三音略码词语	高频特定单音词		双音略码词语		三音略码词语
X:	W:	:X	X:	W:	X:	W:	:X	:W	X:X
户		忽然	互相		蓝		篮球	蓝图	拦河坝
化	话	化学	划分	划时代			浪潮	浪费	
坏				坏分子	老		劳改	劳动	劳动力
换		环境	欢迎	欢送会	了		乐趣	乐观	乐天派
黄		荒谬	荒废		类		类型	类似	雷雨云
会	回	回来	恢复	会员国			冷藏	冷却	冷冷的
		混淆	混合	婚姻法	里	离	利用	例如	利润率
活	或	货币	或者	火车站	连	联	联系	连续	联合国
及	几	基础	技术	积极性	两	量	粮食	良好	两手抓
加	假	加强	加快	加拿大			了解	疗效	了不起
间	件	建设	坚决	柬埔寨			劣迹	列车	列车员
将	讲	将来	讲话	讲排场			临时	邻国	临时工
另	领	领导	领袖	领事馆	浓	弄	农民	农村	农产品
流	留	留恋	流动（六月）	留学生			努力	怒容	奴隶制
					女		女士	女人	女主人
		隆重	垄断						暖洋洋
楼		楼房	漏洞				偶然	欧洲	偶然性
路		路线	录用	录像机	怕		怕死	怕羞	
率		履行	绿色	旅游业	派	排	排列	排除	派出所
乱				乱糟糟			攀登	判决	判决书
		掠夺	略去	略高于	旁		旁边	旁观	旁观者
		论证	论述	轮训班	跑		抛弃	抛售	泡病号
落		落实	落后	逻辑性	配		配合	培养	陪审员
马		马上	麻烦	马尼拉	喷				
买	卖	买卖	埋头	卖力气	碰		膨胀	朋友	
满	漫	漫谈	满足	慢慢地	批	皮	批评	批判	批评家
忙		盲从	盲人	盲目性	片	篇	偏差	片面	片面性
		贸易	茂盛	毛织品			飘然	漂亮	飘飘然
没	每	每年	没有	没什么			撇下	撇开	
		闷热	门口	门市部			品种	频率	贫困户
		猛烈	猛攻	猛回头			平行	平均	平方米
米	密	密切	密谋	密密的	破		迫害	破坏	破天荒
面	棉	面貌	面前	免不了			剖析	剖开	剖面图
秒		描写	描绘				普遍	普通	普遍性
		蔑视	灭亡		其	期	起来	其他（七月）	企业家
民		民族	民主	民主党					
名	命	明显	明确	明细账			恰当	恰如	
			谬论		前	千	前来	前面	潜伏期
末		摩擦	磨损	莫斯科	强	抢	强调	强度	强有力
某		某些	谋划				巧妙	侨眷	瞧不起

续前表

高频特定单音词		双音略码词语		三音略码词语	高频特定单音词		双音略码词语		三音略码词语
X：	W：	：X	X：	W：	X：	W：	：X	：W	X：X
亩		目的	目前	穆斯林	且		切实	切断	怯生生
那	拿	那么	那样		亲		亲自	侵略	侵略者
乃		耐心	耐用	耐寒性	请	轻	青年	情况	轻工业
难	男	难道	南方	男子汉			穷困	穷人	
		脑袋	恼怒	闹革命	求		求证	秋收	球迷们
内		内勤	内容	内蒙古	去	区	去年	区别	
能		能力	能够	能动性	全	权	权利	全国	全国性
你	泥	你们	拟稿	尼泊尔	却	确	确定	缺点	
年		年来	年代	年产量			群体	群众	群众性
				娘儿俩	然	染	燃烧	然后	
您					让				
		宁可	宁愿	凝聚力			饶命	扰乱	
热		热烈	热心	热心肠			损失	损害	
人		人们	人民	人贩子	所		所谓	所有	所有权
仍		仍然	仍旧		他	她	他们	她们	
日		日期	日本	日用品	太	台	态度	台湾	太平洋
		溶解	溶液		谈		谈到	谈话	贪污犯
		柔和	柔软		唐	糖	搪塞	倘若	
如	入	如下	如果		套		逃犯	讨论	讨论会
		软件	软化	软弱性	特		特点	特别	特别是
		润色	润滑				腾空	疼痛	
若	弱	若是	若干		题	提	提高	提出	体育场
塞					天	田	天下	天津	天安门
散		散漫	散布（三月）		条	跳	调整	条件	
					铁		铁证	铁路	
		丧失	丧命		听	停	停止	听见	
色		色彩	色盲		同	通	同志	通过	统治者
		森林	森严		头	投	投资	投入	投保人
杀		杀死	杀人	杀人犯	图	土	突然	土地	土耳其
山	善	陕西	山区		团		团结	团体	团体赛
上	伤	上来	上面	商标法	推	退	推行	推动	推销员
少	稍	少年	少数	少先队					吞吐量
社	设	设计	设备	奢侈品	脱			妥协	托儿所
深	身	什么	深入	审判员	无		武装	无论（五月）	无线电
生	升	生产	生活	生产量					
使	时	时间（十分）	时候（十月）	事实上	挖		瓦解	挖掘	
					外		外交	外国	外交部
受	收	受到	首先	受不了	完	万	完成	完全	
数	书	数量	属于		往	望	往来	妄图	

续前表

高频特定单音词		双音略码词语		三音略码词语	高频特定单音词		双音略码词语		三音略码词语
X：	W：	：X	X：	W：	X：	W：	：X	：W	X：X
				要花招	为	位	为了	委员	为什么
		率领	衰落		问	文	问题	文化	文学家
双		双手	双方	双职工	我		我们	我国	
水		水分	水平	水电站	系		吸收	希望	吸引力
顺		顺利	顺序		下		下来	下面	下意识
说		说明	说话	说不上	现		现在	现象	现代化
似	死	思想	饲料	思想家	向	想	相等	相同	相适应
		四川	四月		小	笑	小姐	效果	消费者
送	宋	送人	送出	送人情	写		协定	协调	
		搜集	搜查		新	信	心里	信号	新加坡
素	速	塑料	速度	诉讼法	星		形式	形成	形式上
算		算是	酸痛	酸牛奶					凶杀案
虽	岁	虽然	随着		修		修理	修改	休假日
需	须	需要	许多	叙利亚	周		周期	周围	周期性
选		选择	宣传	选举权	住	主	主要	主席	主席团
		学习	学生	学术界	抓		抓紧	抓住	
		训练	迅速	训练班	转	传	专门	转动	专利权
		一切	一般	一系列	装		状态	状况	装饰品
以	已	已经	以后	以色列			追求	追究	
压		压力	压迫		准		准备	准确	准确性
言	沿	研究	严重	严重性			着手	着重	
样		样品	养成		自	字	自然	自己	自动化
要		要是	要求	邀请赛	总		总是	总统	总产量
也	页	业绩	也许	野战军	走		走向	走狗	走后门
因	引	因此	因为		组		组成	足球	
应		应该	影响	营业员			钻研	钻营	
用		勇于	永远	用不着	最		最小	最后	
有	由	由于	有关	优越性				遵守	
于	与	于是	舆论	于是乎	作	做	作用	作为	
原	元	原则	原料	原则性					
月		约束	月份						
运	云	运用	运动	运动员					
		杂质	杂用						
在	再	在于	再生						
		咱们	赞成						
		葬礼	藏族						
早		遭到	造成						

续前表

高频特定单音词		双音略码词语		三音略码词语	高频特定单音词		双音略码词语		三音略码词语
X：	W：	：X	X：	W：	X：	W：	：X	：W	X：X
则		责备	责任						
		怎么	怎样	怎么样					
		增加	增长						
		诈骗	榨取	诈骗犯					
		摘要	债权	债权人					
占	站	战争	战斗	战斗力					
长		障碍	账户	掌权者					
着	找	照片	召开	招待所					
着	者	折价	折算	哲学家					
		这些	这样						
真		真正	镇压	真实性					
正		正确	政府	政治犯					
之	只	知道	只有	指战员					
中	种	重要	中国	重要性					

附录二　后置成分高频特定双音词一览表

1. 活动　XGWUEO

大肆活动	政治活动
党团活动	思想活动
恐怖活动	准备活动
社会活动	

2. 阶级　GWIE

剥削阶级	统治阶级
地主阶级	无产阶级
反动阶级	有产阶级
工人阶级	中产阶级
农民阶级	资产阶级

3. 矛盾　XBWN

敌我矛盾	内部矛盾
根本矛盾	外部矛盾
基本矛盾	制造矛盾
阶级矛盾	主要矛盾
民族矛盾	自相矛盾

4. 企业　XGWIE

大型企业	科技企业
独资企业	民办企业
工业企业	合资企业
国有企业	乡镇企业
技术企业	中型企业

5. 社会　XZWUE

封建社会	奴隶社会
阶级社会	原始社会

6. 世界　XZWIE

称霸世界	内心世界
宏观世界	外部世界
精神世界	微观世界

7. 系统　XWUEO

灌溉系统	排水系统
光学系统	神经系统
呼吸系统	消化系统

8. 学校 XWAO

高等学校
师范学校
公立学校
商业学校
教会学校
私立学校
会计学校
体育学校
民办学校
专科学校
农业学校

9. 制度 ZWU

宗法制度
经济制度
剥削制度
会计制度
耕作制度
陪审制度
工作制度
社会制度
规章制度
司法制度
国家制度
选举制度
货币制度
政治制度
婚姻制度
专制制度
教育制度

10. 主义 ZWI

爱国主义
盲动主义
霸权主义
冒险主义
拜金主义
民主主义
保守主义
命令主义
本位主义
平均主义
帝国主义
人道主义
法西斯主义
沙文主义
封建主义
社会主义
改良主义
实用主义
个人主义
投降主义
共产主义
无政府主义
官僚主义
唯物主义
国际主义
现实主义
集体主义
新民主主义
教条主义
形式主义
经验主义
虚无主义
军国主义
殖民主义
浪漫主义
折中主义
利己主义
种族主义
列宁主义
主观主义
马克思主义
资本主义

宗派主义

11. 科学　XBGWIUE

材料科学
社会科学
基础科学
应用科学
军事科学
自然科学
人文科学

附录三　四音略码词语一览表

A

爱国热情	安全生产	安装工程	按劳分配
爱国人士	安于现状	安分守己	澳大利亚
安定团结			

B

八五计划	保卫祖国	冰天雪地	不可思议
白色恐怖	本世纪末	拨乱反正	不良倾向
百花齐放	比例失调	剥削制度	不切实际
百家争鸣	必不可少	播种面积	不屈不挠
百折不挠	边远地区	薄弱环节	不以为然
半途而废	变本加厉	不好意思	不言而喻
半殖民地	表演艺术	不骄不躁	不折不扣
包产到户	别有用心	不仅仅是	不正之风
保加利亚	别出心裁	不可避免	不知不觉

C

财务监督	常规武器	乘胜前进	触犯刑律
财政收入	长期以来	成本核算	传统教育
财政收支	长远利益	吃大锅饭	创汇产品
裁减军备	长治久安	赤手空拳	匆匆忙忙
彩色电视	超级大国	充分发挥	从严控制
产权管理	超额利润	充分认识	从业人员
产业工人	彻底清查	丑恶事物	粗制滥造
产业开发	乘风破浪	初级阶段	错综复杂

D

打成一片	当家做主	地方政府	调动起来
打击报复	当前形势	地理环境	斗志昂扬
大公无私	当务之急	地下水位	独立自主
大好时机	党的纪律	电话会议	堵塞漏洞
大好形势	党和政府	电视广播	对立统一
大惊小怪	倒行逆施	电子工业	对外开放
大量生产	道德规范	掉以轻心	对外贸易
大势所趋	德才兼备	调查取证	多种多样
大专院校	敌对势力	调查研究	多种经营
代表大会			

F

发达国家	反对霸权	非法行为	风险机制
发愤图强	反法西斯	废寝忘食	风云变幻
发展目标	反腐倡廉	奋斗目标	奉公守法
法定程序	犯罪分子	奋发图强	服务行业
法律手段	方方面面	奋勇进取	服务质量
法律行为	方针政策	奋勇前进	腐败行为
繁花似锦	纺织工业	丰富多彩	富有成效
繁荣昌盛	非法倒卖	丰功伟绩	复员军人
繁荣富强			

G

改革开放	各行各业	工作作风	广播电台
概括地说	各式各样	公共交通	归根到底
干干净净	各行其是	供不应求	国防工业
感性认识	根本利益	共产党员	国防力量
干群关系	购销两旺	共同富裕	国际环境
港澳同胞	工程设计	古今中外	国际形势
高速发展	工程项目	工业生产	国家机构
高速增长	工人运动	顾全大局	国家权力
搞好团结	工业结构	寡不敌众	国家机关
革命战争	工业企业	关心群众	国家利益
个人利益	工业增长	管理技能	国民经济
个人消费	工艺流程	管理体制	国民收入
个体经济	工作方法	贯彻落实	国内战争
各国政府	工作起来	贯彻执行	过快增长

H

海洋资源	和平演变	宏观控制	化学肥料
好上加好	狠抓落实	宏观调控	化学工业
毫不动摇	后来居上	互相补充	环境保护
浩浩荡荡	轰轰烈烈	互相配合	换句话说
和平共处	宏观管理		

J

基本方针	基层组织	集中力量	加快改革
基本观点	积极分子	技术革新	价值规律
基本建设	积极因素	技术培训	坚定不移
基本路线	集体创造	计划生育	坚决贯彻
基本原理	集体利益	计划指标	艰苦创业
基本原则	集体经济	加快发展	艰苦奋斗

艰苦朴素
艰巨复杂
见义勇为
检查部门
检举揭发
建立健全
建立起来
建设时期
建设项目
建筑工程
建筑艺术
健康发展
讲求实效
讲求效益
教学改革
教育部门
教育革命
竭尽全力
结合起来
结合实际
解放思想
解放战争
金融形势
金融秩序
尽力而为
经济发展
经济管理
经济规律
经济工作
经济核算
经济基础
经济结构
经济领域
经济生活
经济手段
经济体制
经济危机
经济稳定
经济效益
经济增长
经济秩序
经济作物
经营方式
经营思想
经营指标
精神文明
竞相攀比
就业门路
局部利益
举世瞩目
具体部署
具体实际
具体实践
巨大变化
巨大增长
决定力量
决定因素
军备竞赛
军事基地

K

开动脑筋
抗日战争
科学技术
科学研究
客观规律
刻苦钻研
克己奉公
会计核算
快速增长
扩大开放
扩大会议
扩大投资
扩军备战

L

来之不易
劳动改造
劳动纪律
劳动竞赛
劳动模范
劳动强度
劳动群众
劳动时间
劳动英雄
老老实实
乐不可支
雷厉风行
理所当然
理性认识
利税收入
厉行节约
励精图治
立案侦查
联合公报
廉洁奉公
廉政建设
两条道路
两种制度
粮食作物
量力而行
临危不惧
零售价格
领导核心
领导机构
领导机关
令行禁止
流通领域
垄断资本
垄断组织
楼堂馆所

M

马马虎虎
蒙特利尔
煤炭工业
民主党派
民族团结
民族压迫
面向未来
莫名其妙
墨守成规

N

农村工作
农副产品
农民起义
农民战争
农田水利
农业机械
农业技术
农业生产
弄虚作假

P

培养人才
蓬勃发展
蓬蓬勃勃
平方公里
平均利润
平均收入
破案效率
普遍规律
普遍真理

Q

齐心协力
企业集团
千差万别
千方百计
千千万万
前所未有
强调指出
切切实实
敲诈勒索
侵略扩张
侵略战争
青红皂白
清理整顿
清清楚楚
轻重缓急
全国纪录
全国人民
全局观念
全面改革
全面贯彻
全面进步
全面落实
全民所有
全体会议
确确实实
群众利益
群众路线
群众团体
群众运动
群众组织

R

人口控制
人口质量
人均收入
人民法院
人民代表
人民军队
人民团体
人民武装
人民政府
人民战争
人造卫星
认真贯彻
认真落实
认真学习
认真总结
日新月异
日益加强
日益深入
日益增长
软件开发

S

三个世界
三座大山
森林资源
商品经济
商品流通
商品生产
商业利润
商业资本
上层建筑
上行下效
少数民族
舍己救人
社会发展
社会风气
社会关系
社会科学
社会稳定
社会生活
社会治安
社会制度
社会秩序
社会组织
身体力行
深化改革
深入人心
深入实际
生产方式
生产关系
生产能力
生产指标
生产资料
生动活泼
生机勃勃
生态平衡
生育高峰
剩余产品
剩余价值
剩余劳动
胜利前进
施加压力
食品工业
实际成本
实际情况
实践证明
实事求是
十年规划
始终不渝
世界大战
世界市场
事业单位
市场繁荣
市场供应
市场机制
市场价格
市场经济
市场需求
适销对路
受贿贪污
率先垂范
水利工程
水土保持
水土流失
说来说去
思想工作
思想建设
思想教育
思想路线
思想体系
思想武器
思想准备
司法机关
四化建设
四面八方
虽然如此
随心所欲
随行人员

损人利己	所有这些		

T

贪污盗窃	天气预报	同心同德	突飞猛进
贪污腐化	体制改革	同心协力	突然袭击
贪污受贿	田径运动	通货膨胀	团结和睦
提高警惕	条件反射	统一战线	团结起来
提高质量	同甘共苦	投机倒把	推向前进
体育运动	同时进行	投机取巧	妥善处理

W

外交使节	文化教育	乌鲁木齐	武装部队
微不足道	文教卫生	无可奈何	武装力量
违法乱纪	文学艺术	无期徒刑	物价管理
违法行为	稳产增产	无私奉献	物价上涨
维护和平	稳定发展	无法无天	物质文明
伟大理想	稳定增长		

X

习惯势力	想方设法	欣欣向荣	行政手段
先锋模范	消费结构	星球大战	行之有效
先进分子	消费资料	形而上学	兴高采烈
先进技术	销售总额	形形色色	雄心壮志
先进水平	小康生活	行政处分	学生运动
显而易见	新生事物	行政管理	循序渐进
显著成效			

Y

研究执行	一技之长	英雄气概	由此可见
严格控制	一劳永逸	拥军优属	友好合作
严肃查处	一氧化碳	拥政爱民	有禁不止
严肃认真	以权谋私	勇于创新	有利时机
阳奉阴违	以身作则	勇于开拓	有令不行
也就是说	议事日程	勇于思考	又快又好
冶金工业	意识形态	勇于探索	舆论监督
一成不变	阴谋诡计	勇往直前	与此同时
一点一滴	因地制宜	优良传统	约束机制
一分为二	引吭高歌	优良结构	愈演愈烈
一个中心	英雄事迹	优良作风	运行机制
一国两制	英雄人物	优生优育	

Z

再接再厉	责任事故	增产节约	增强团结

增长速度
祖国统一
扎扎实实
朝气蓬勃
战斗堡垒
战略部署
战略目标
战无不胜
沾沾自喜
掌握规律

这就是说
这是什么
针锋相对
振兴经济
振兴中华
整体利益
政权机关
政治力量
政治体制
政治稳定

政治协商
知识分子
知识青年
职能转变
指导方针
指导思想
治理整顿
质量管理
至关重要

中共中央
中华民族
中心任务
重要力量
种族歧视
众所周知
忠于职守
助人为乐
抓住时机

附录四 多音略码词语一览表

被压迫民族	社会生产力	经济结构调整
不结盟国家	社会总需求	经济体制改革
不结盟运动	深度和广度	科学技术水平
从实际出发	实现现代化	理论联系实际
厂长负责制	是否有利于	立场观点方法
大大地发扬	桃李满天下	两个文明建设
大大地提高	为人民服务	路线方针政策
第三次会议	无政府状态	民族文化传统
发展生产力	为人民服务	民主法制建设
发展中国家	唯物辩证法	农村包围城市
反革命分子	文化大革命	全面深化改革
丰富的经验	现代化建设	人民民主专政
岗位责任制	学习和借鉴	认真贯彻落实
个体所有制	伊斯坦布尔	社会主义经济
更上一层楼	优点和缺点	社会主义建设
巩固和发展	有中国特色	市场经济体制
国内外形势	正因为如此	思想政治工作
集体所有制	指导性计划	四项基本原则
集团购买力	指令性计划	提高工作效率
继承和发扬	中国共产党	提高经济效益
加强和改善	中央政治局	物质文明建设
加利福尼亚	爱国统一战线	物质文化生活
经济开放区	持续快速健康	伟大光荣正确
扩大再生产	党的基本路线	违法乱纪分子
劳动生产率	党中央国务院	维护世界和平
两个基本点	富强民主文明	为群众办实事
两手都要硬	高标准严要求	现代企业制度
面向现代化	各地区各部门	宣传思想工作
毛泽东思想	工农业总产值	一百年不动摇
民主集中制	宏观调控措施	优化经济结构
全民所有制	基本建设投资	在党的领导下
群众的力量	计划经济体制	在很大程度上
热烈的掌声	坚持改革开放	在这个基础上
人民武装部	精神文明建设	在这种情况下

政治体制改革	经久不息的掌声	现代化建设事业
中央工作会议	欧洲经济共同体	宣传思想工作者
走自己的路	批评和自我批评	一个巴掌拍不响
半殖民地半封建	勤俭办一切事业	以阶级斗争为纲
改革开放的步伐	生产资料公有制	中华人民共和国
国民经济总产值	维护群众的利益	资产阶级共和国
加快改革和发展	新民主主义革命	资产阶级自由化

附录五　形码元一览表

笔画数	形码元	读法（音码）
1	丶	点（DIAN）
1	丨*亅	直（Z）
1	一	横（XGNE）
1	丿	撇（BGIE）
1	㇀	提（BDI）
1	㇏	捺（XBDA）
1	㇜㇉㇛㇇	折（ZE）
1	*乚	乙（I）
2	亠	头（BDEO）
2	二	二（XWE）
2	冫	两（XDINO）
2	卜	卜（BO）
2	十	十（XZW）
2	*乂	叉（BZA）
2	人亻𠂉	人（XBZN）
2	八	八（BA）
2	冖	秃（BDU）
2	*冂门	门（XBN）
2	*匚	方（XBUNO）
2	厂*𠂇	厂（BZNO）
2	*勹	包（BAO）
2	刀*⺈刂	刀（DAO）
2	*几	风（XBUNE）
2	厶	私（XDZ）
2	*卩*㔾	节（GIE）
2	阝	耳（XE）
2	*丂	考（XBGAO）
2	*凵*屮	出（BZU）
3	宀	宝（BAO）
3	辶*廴	走（DZEO）
3	*丬*爿	壮（ZUNO）
3	艹	草（BDZAO）

续前表

笔画数	形码元	读法（音码）
3	弋	弋（I）
3	*亍	亍（GIE）
3	兀	无（U）
3	*廾*丌	卉（XGUE）
3	小⺌	小（XIAO）
3	*囗	围（UE）
3	彳	双（XZUNO）
3	三*彡	三（WN）
3	纟糸	丝（XDZ）
3	川*巛*⺓	川（BZUAN）
3	*尢	尤（IEO）
3	么	么（XBE）
3	幺	幺（IAO）
3	凡*卂	凡（XBUAN）
3	*彐*⺕	雪（XIUE）
3	巳	巳（XDZ）
3	子孑*孓	子（DZ）
3	*昜	扬（INO）
3	文*攴攵	文（UN）
4	火灬	火（XGO）
4	礻示	示（XZ）
4	亢	亢（XBGNO）
4	犬犭	犬（XGIUAN）
4	心忄⺗	心（XIN）
4	*冘	沈（XZN）
4	丐*丏	丐（GIO）
4	长*镸	长（ZNO 或 BZNO）
4	丰*丯*⺷*丰*龶	丰（XBUNE）
4	韦	韦（UE）
4	戈*戋	戈（G）
4	水氵氺	水（XZUE）
4	内*冈	内（XBDE）
4	*⺍	兴（XINE）
4	爪*爫	爪（ZAO）
4	月*夕	月（IUE）
4	日曰	日（XBZ）

续前表

笔画数	形码元	读法（音码）
4	殳	殳（XZU）
4	*聿聿	聿（IU）
4	币 *币	币（BI）
4	*夬	决（GIUE）
4	手 *手扌	手（XZEO）
4	氏 *氏	氏（XZ）
5	癶	登（DNE）
5	疒	病（BING）
5	耒	春（BZUE）
5	戋	戋（GIAN）
5	*吕吕	吕（XDIU）
5	刍	皱（ZEO）
5	氐	氐（DI）
5	疋 *𤴓	疋（BGI）
5	穴 穴	穴（XIUE）
6	衣 衤	衣（I）
6	着 *羊 羊	羊（INO）
6	*圭	圭（GUE）
6	老 *耂	老（XDAO）
6	*虍 虎	虎（XGU）
6	缶	否（XBUEO）
6	*舛	川（BZUAN）
6	艮	艮（GN）
6	竹 ⺮	竹（ZU）
6	言 讠	言（IAN）
6	来耒	来（XDIO）
7	呙	涡（O）
7	走 *走	走（DZEO）
7	卤	卤（XDU）
7	豸	豸（Z）
7	佥	检（GIAN）
8	隹	隹（ZUE）
8	*黾	黾（XBIN）
8	金 钅	金（GIN）
9	食 饣	食（XZ）
10	鬲	鬲（G）

C 参考文献

1. 唐亚伟，关保昌 . 速录师（基础知识）. 北京：中国劳动社会保障出版社，2006.

2. 唐亚伟，费觉敏，关保昌 . 速录师（速录员、速录师、高级速录师）. 北京：中国劳动社会保障出版社，2006.

3. 黄伯荣，廖序东 . 现代汉语 . 3 版 . 北京：高等教育出版社，2002.

后　记

为适应高等职业技术院校中文速录技能教学的需要，在辽宁公安司法管理干部学院党委的大力支持下，我们借鉴了社会培训机构先进的教学经验，经过数年的高职教学实践和精心准备，编写了适合高职技能教学的《中文速录》一书。中文速录是一项新型技能，进入高等职业技术院校的时间较短，在编写过程中没有成型的教学材料可供借鉴，因此，本书虽经多次讨论和修改，但由于我们的水平有限，缺点和不足之处在所难免，恳请使用本书的教师和同学提出宝贵的意见。

为了有利于学生考取速录师职业资格证书，本书在编写过程中参考和引用了唐亚伟、关保昌主编的《速录师（基础知识）》《速录师（速录员、速录师、高级速录师）》中的一些内容，在此一并表示感谢。

本教材由辽宁公安司法管理干部学院中文速录学院主管教学副院长、副教授张素德主持编写，副主编由具有丰富教学经验、获得全国 CCTV 第一届看打比赛冠军的李艳蛟与张晓丹、韩诗奇共同担任，张晓丹老师负责与速录有关的现代汉语知识的编写，并负责本书的文字校对工作，韩诗奇老师负责速录专用软件的介绍。参加通稿修改工作的老师还有姜希、赵楠、杨烨、曾伟等。

编　者

2019 年 3 月

图书在版编目（CIP）数据

中文速录/张素德主编. —2版. —北京：中国人民大学出版社，2019.5
21世纪高职高专精品教材．现代秘书系列
ISBN 978-7-300-26752-4

Ⅰ.①中…　Ⅱ.①张…　Ⅲ.① 汉字-速记-高等职业教育-教材　Ⅳ.①H126.1

中国版本图书馆CIP数据核字（2019）第028583号

普通高等职业教育“十三五”规划教材
高等职业教育文秘专业“十二五”规划教材
21世纪高职高专精品教材·现代秘书系列
中文速录（第二版）
主　编　张素德
副主编　李艳蛟　韩诗奇　张晓丹
Zhongwen Sulu

出版发行	中国人民大学出版社		
社　　址	北京中关村大街31号	**邮政编码**	100080
电　　话	010－62511242（总编室）		010－62511770（质管部）
	010－82501766（邮购部）		010－62514148（门市部）
	010－62515195（发行公司）		010－62515275（盗版举报）
网　　址	http://www.crup.com.cn		
	http://www.ttrnet.com(人大教研网)		
经　　销	新华书店		
印　　刷	中煤（北京）印务有限公司	**版　　次**	2008年10月第1版
规　　格	185 mm×260 mm　16开本		2019年5月第2版
印　　张	17.75	**印　　次**	2019年5月第1次印刷
字　　数	422 000	**定　　价**	39.00元